HANGIL
GREAT BOOKS

인류의위대한지적유산

HANGIL
GREAT BOOKS
131

대학
大學

주희 지음 | 최석기 옮김

한길사

HANGIL
GREAT BOOKS
131

朱熹
大學

Translated by Choi Seok-ki

Published by Hangilsa Publishing co., Ltd., Korea, 2014

공자와 주자

현대 학자 채상사(蔡尚思)가 공자와 주자의 문화사적 위상을 간결하게 언급한 말이다.
"동주 시대에는 공자가 태어나고, 남송 시대에는 주자가 태어났네.
중국의 옛 문화는 공자가 살던 태산과 주자가 살던 무이산에 깃들어 있네."

주자 자화상

주자가 직접 그린 자화상과 그 자화상에 쓴, 스스로를 경책하는 자경문이다.
예법이 있는 곳에서 조용히 지내면서 인의(仁義)의 본성에 깊이 침잠하며 살고자 하는
주자의 학문정신이 고스란히 담겨 있다.

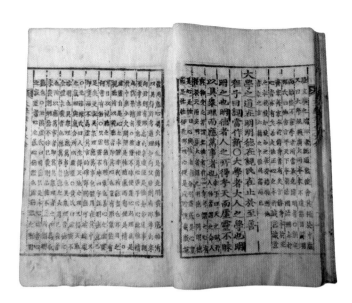

『대학』
주자가 일생의 정력을 기울여 해석한 『대학장구』.
장구라는 책 이름은 장(章)과 구(句)로 나누어 해석했다는 뜻으로 붙인 것이다.
이 판본은 조선시대 금속활자로 찍은 것이다.

「고정서원도」(위), 고정서원-패방(아래)

주자가 만년에 은거하며 강학한 곳으로 복건성 건양에 있던 고정서원(考亭書院)을 그린 그림(위).
현재 남아 있는 고정서원 입구의 패방(아래).

대학

주희 지음 | 최석기 옮김

한길사

대학

대학혹문(大學或問)

일러두기

1. 이 책은 주희의 『대학장구』와 『대학혹문』을 『대학』을 이해하는 기본서로 삼아 번역한 것이다. 『대학장구』는 주희가 편차를 개정하고 빠진 부분을 보충하여 경일장·전십장 체제로 새롭게 해석한 책이며, 『대학혹문』은 자신이 『대학』을 해석하는 관점을 문답식으로 설명한 책이다.

2. 『대학장구』의 주석만으로 이해하기 어려운 경우 『대학혹문』을 참조하면 『대학』의 내용을 이해하는 데 도움이 되므로 한 책으로 묶은 것이다. 『주자어류-대학』도 『대학』을 이해하는 데 도움이 되지만, 분량이 방대해 함께 수록하지 못하였다.

3. 『대학장구』와 『대학혹문』 모두 명나라 초에 간행된 대전본(大全本)을 저본으로 하여 번역하였다. 『대학장구대전』에 실려 있는 「대학장구서」(大學章句序)와 「독대학법」(讀大學法) 등도 번역하여 실었다.

4. 『대학』에 대한 기초적인 이해를 돕기 위해 앞머리에 '대학은 어떤 책인가'에 대해 문화사적 연변과정과 그 성격을 해제로 첨부하였다.

5. 번역문은 가능한 한 현대어로 쉽게 풀이하려 하였고, 한문고전을 공부하는 사람들을 위해 주석을 상세히 달았으며, 원문의 문장이 생략되어 이해하기 어려운 경우 〈 〉 속에 생략된 내용을 보충하여 이해하기 쉽도록 하였다.

6. 『대학장구』는 경서를 주석한 책이므로 원문과 주에 모두 토를 달았으며, 『대학혹문』은 참고서이므로 토를 달지 않았다. 전해 내려오는 토에 문제가 있는 경우 〈 〉 속에 다른 토를 달아 이해하기 쉽도록 하였으며, 한자의 독음(讀音)이 문제가 되는 경우 ( ) 속에 한글로 음을 표기하였다.

7. 『대학혹문』은 원문의 의미를 손상시키지 않도록 문장구조에 맞추어 번역하였기 때문에 한 문장에 길게 이어지는 만연체로 되어 있다.

8. 주석은 대부분 각주(脚註)로 처리하였으며, 간단한 역자의 주석은 간주(間註)로 처리하였다.

9. 한자는 모두 괄호 속에 표기하였다. 다만 『대학혹문』의 각주에는 원전의 원문을 그대로 인용해놓은 경우도 있다.

10. 원문 그대로 번역하면 이해하기 어려운 경우 〔 〕 속에 보충역을 넣었다.

11. 각 장 뒤에 해설을 붙여 그 장의 요지와 의미를 풀이해놓았다.

12. 이 책에 사용된 부호는 다음과 같다.

　　( ): 번역문과 음이 같은 한자를 묶는다.

　　〔 〕: 번역문과 음이 다른 한자를 묶는다.

　　" ": 대화 등의 인용문을 묶는다.

　　' ': " " 안의 재인용문 또는 강조 문구를 묶는다.

　　『 』: 책명.

　　「 」: 편명.

『대학』은 어떤 책인가

최석기

경상대 교수 · 한문학

1. 사서(四書)와 『대학』

주희(朱熹)는 「중용장구서」(中庸章句序)에서 도통(道統)의 문제를 거론하여 요(堯) - 순(舜) - 우(禹) - 탕(湯) - 문왕(文王) - 무왕(武王) - 주공(周公) - 공자(孔子) - 안회(顔回) · 증삼(曾參) - 자사(子思) - 맹자(孟子)로 도통이 계승되다가 맹자 이후 1000년 동안 끊어져 문자 속에만 남아 있었는데, 북송 때 정호(程顥) · 정이(程頤) 형제가 나와 끊어진 도통을 다시 이었다고 하였다. 이런 계통으로 이어진 학문을 도학(道學)이라고 하며, 그 핵심은 미미한 도심(道心)을 확충하고 위태로운 인심(人心)을 절제하여 중용(中庸)의 도를 지켜나가는 데 있다.

이런 도통으로 볼 때 공자는 예전 성인들의 심법을 계승하여 후학들에게 길을 열어준 인물로 평가된다. 그것은 공자가 예로부터 전해진 문명을 집대성하여 육경(六經)을 편찬해 유교(儒敎)를 창시했기 때문이다. 공자가 편찬한 육경은 진시황(秦始皇) 때 분서갱유(焚書坑儒)를 거치면서 악경(樂經)이 없어져 오경(五經)으로 줄어들었다. 이 오경을 간략히 정리하면 다음과 같다.

경전명	편찬자	내용
주역(周易)	복희: 64괘(卦) 문왕: 괘사(卦辭) 주공: 효사(爻辭) 공자: 십익(十翼)	· 우주만물의 생성과 변화를 말함 · 점을 치는 상수학(象數學)과 이치를 살피는 의리학(義理學)으로 분화함
서경(書經)	공자	요(堯) · 순(舜) · 하(夏) · 은(殷) · 주(周)의 정치이념
시경(詩經)	공자	은 · 주 때의 민간가요 · 관료문학 · 종묘제례악
예경(禮經)	공자	의례(儀禮): 사관례(士冠禮) 등 생활예절 주례(周禮): 주나라 때의 관직제도 예기(禮記): 고례(古禮)를 해석한 글
춘추(春秋)	공자	노나라 역사에 미언대의(微言大義)를 붙여 사회의 기강을 바로세우는 대의를 천명한 글

오경은 고전 사료에 공자가 자기 사상을 더하여 편찬한 책이다. 한(漢)나라 때 오경이 복원되어 통치이념으로 정착하면서 경전의 지위를 얻게 되었다. 그후 예경은 삼례(三禮)라 일컬어지며 『의례』 『주례』 『예기』로 분화되고, 『춘추』를 부연 해석한 『춘추공양전』(春秋公羊傳), 『춘추곡량전』(春秋穀梁傳), 『춘추좌씨전』(春秋左氏傳) 삼전(三傳)도 모두 경전의 반열에 올라 『주역』 『서경』 『시경』과 합해 구경(九經)이 되었다. 또 송나라 때에 이르러서는 이 구경에 『논어』 『맹자』 『효경』(孝經) 『이아』(爾雅)를 더해 십삼경(十三經)이 되었다. 이것이 주희가 사서오경(四書五經)으로 재정립하기 전의 경전이다.

남송시대 주희에 이르러 공자 이전의 사료를 토대로 만들어진 오경보다는 공자로부터 전해진 사서에 더 비중을 두게 되었다. 그리하여 주희는 공자의 말씀을 기록한 『논어』, 공자의 도를 전해 받아 증삼이 전한 『대학』, 증삼의 제자 자사가 지은 『중용』, 자사의 학맥을 이은 맹자의 『맹자』를 사서라고 명명하고, 이를 재해석하여 신유학의 체계를 수립하였다. 이후로 사서는 오경보다 더 중요한 위치를 차지하게 되었다. 신유학은 사서로 학문의 기초를 삼아 공자-증자-자사-맹자로 전해진 도통에 중점을 두고 있다.

『논어』는 공자의 말씀을 유별로 모아 편찬한 책이다.『논어』의 편찬자에 대해서는 여러 가지 설이 있는데, 증삼과 유약(有若)의 문인들이 공동으로 만들었을 것이라는 설이 일반적으로 통용된다.『논어』의 요지는 한마디로 인(仁)이다.

공자가 세상을 떠난 뒤 증삼이 그 도를 계승하였다. 증삼은 공자가 말한 대학(大學)의 도를 부연하였는데, 제자들이 그 내용을 기록하여『대학』을 만들었다. 그래서『대학』은 공자의 말씀인 경문(經文)과 증자의 말씀이 전문(傳文)으로 되어 있다.『대학』은 삼강령(三綱領)과 팔조목(八條目)으로 구성되어 있는데, 진리를 탐구하는 지(知), 심신을 수양하는 행(行), 남들에게 펴나가는 추행(推行)이 그것이다.

증자의 도는 공자의 손자인 자사에게 전해졌다. 그는 공자의 도가 없어질까 우려하여『중용』을 지었다. 이『중용』은 공자의 말씀을 근간으로 하여 만든 책으로, 사람(人)과 하늘(天)의 관계를 설명한 것이다. 만물의 근원인 하늘의 도에 합치되는 삶을 살기 위해서는 중용의 도를 따라야 한다는 내용인데, 중(中)은 치우치거나 의지하지 않고 지나치거나 모자람이 없는 균형 잡힌 마음을 의미하고, 용(庸)은 그런 마음가짐을 한순간도 해이하지 않고 줄곧 지속해 나가는 것이다.

자사의 도는 그의 제자를 통해 맹자에게 이어졌다. 맹자는 추(鄒)나라 출신으로, 제자백가가 다투어 일어나던 시기에 공자가 전한 도를 세상에 널리 편 인물이다. 맹자는 공자가 말한 인과 아울러 의(義)를 적극 설파하였다. 인이 사랑의 이치라면 의는 사회의 정의를 뜻한다. 맹자는 또 성선설(性善說)을 주장하고, 본성을 회복하기 위해 측은지심(惻隱之心)·수오지심(羞惡之心)·사양지심(辭讓之心)·시비지심(是非之心) 등 사단(四端)을 확충해나갈 것을 역설하였다. 그리고 자신과 가장 가까운 관계에 있는 사람들과의 좋은 관계를 지속적으로 유지하기 위해 오륜(五倫)을 언급하였다. 여기에서 유교의 다섯 가지 떳떳한 본성인 인(仁)·의(義)·예(禮)·지(智)·신(信)이 정립되었다.

주희는 사서에 대해 『대학』과 『중용』을 중시해서 편차를 개정하고 장구(章句)를 나누어 논리구조를 체계화하여 재해석하였다. 그래서 『논어』와 『맹자』를 재해석한 『논어집주』(論語集註), 『맹자집주』(孟子集註)와는 달리 『대학장구』(大學章句), 『중용장구』(中庸章句)라고 명명하였다. 그리고 이 사서 가운데 학자가 공부해야 할 내용이 『대학』에 모두 갖추어져 있어 학문의 규모가 된다고 생각해 제일 먼저 읽어야 할 책이라 하였다. 그리고 그다음에 『논어』와 『맹자』를 읽고, 『중용』은 천명(天命)·천도(天道) 등을 언급한 부분이 있어 맨 뒤에 읽어야 한다고 하였다.

『논어』와 『맹자』는 논리적 체계를 갖춘 글이 아니고, 공자와 맹자가 제자나 타인들과 문답한 내용을 모아놓은 것이다. 반면 『대학』과 『중용』은 논리적 구조를 제대로 갖추어 쓴 한 편의 글이다. 그래서 주희는 『대학』을 해석하는 데 일생의 정력을 다 쏟았고, 임종하기 직전까지 『대학장구』와 『중용장구』에 대해 수정을 거듭하였다. 그러므로 주자학의 근원은 이 두 책에 있다고 해도 과언이 아니다.

『대학』에는 나를 경영하여 덕을 밝히고 그 덕을 바탕으로 남들에게도 영향을 미쳐 세상을 평안히 하는 내용이 들어 있다면, 『중용』에는 나의 마음가짐을 중용에 두어 선을 밝히고 자신을 진실로 가득 채워 천도에 배합하는 삶을 지향하는 내용이 들어 있다. 요컨대 『대학』은 수평적으로 나와 남의 관계를 중심으로 세상을 경영하는 인도(人道)를 말하고 있는 반면, 『중용』은 수직적으로 나의 심성의 문제에 주목하여 인도와 천도를 아울러 말하고 있다.

2. 『대학』 해석의 주요 관점

예로부터 『대학』을 해석할 때는 아래와 같은 몇 가지 사안이 중요한 문제점으로 부각되어 이를 중심으로 논의가 전개되었다.

첫째, 『고본대학』(古本大學)에 착간(錯簡, 자구 또는 지면의 전후가 뒤바뀐 것) 또는 일실(逸失)된 궐문(闕文, 빠진 문장)이 있다는 관점이다. 여기에는 다시 두 가지 관점이 있다. 착간만 있고 일실된 궐문이 없다는 관점과 착간도 있고 일실된 궐문도 있다는 관점이다. 주희는 착간도 있고 궐문도 있다는 관점에서 편차를 개정하고, 일실된 격물치지전(格物致知傳)을 자신의 견해로 보충해 넣었다.

대체로 주희 이전의 정호·정이·임지기(林之奇) 등은 착간만 있다는 관점에서 편차를 개정하였다. 그런데 주희는 착간만 있는 것이 아니라 궐문까지 있다고 생각하여 보망(補亡)의 차원에서 격물치지전을 만들어 넣었다. 그러나 주희의 『대학장구』를 보완하기 위한 후대의 개정설은 대부분 이 점에 문제의식을 두고 있다. 즉 궐문은 없고 착간만 있다는 관점에서 격물치지전에 해당하는 구절을 찾아 체계를 일부 개정하는 방식을 취한 것이다. 그런 설 가운데에는 착간을 인정하지만 후세 사람이 궐문을 보충해 넣는 것은 옳지 않다는 인식이 주류를 이루고 있다.

남송 말 동괴(董槐)·왕백(王柏)·차약수(車若水) 등이 주희의 『대학장구』를 일부 개정한 것은 대체로 주희의 보망장(補亡章)을 인정하지 않고 격물치지전을 찾아 그 자리에 넣으려는 문제의식에 따른 것이다. 남송 말부터 주희의 『대학장구』를 일부 개정하여 격물치지전으로 삼은 다양한 설들은 모두 궐문이 없고 착간만 있다는 관점에서 제기된 것이다. 이는 주희처럼 1000여 년 뒤 글을 지어 경전에 삽입하는 것이 적절치 못하다는 인식에서 연유한 것이다.

둘째, 경문·전문의 구분 여부에 관한 관점이다. 여기에도 두 가지 견해가 있다. 하나는 한나라 때부터 전해 내려온『예기』의「대학」에는 원래 경문과 전문의 구분이 없다는 점에서 불분경전(不分經傳)을 주장하는 견해이며, 또 하나는 경문이 공자의 말씀이고 전문이 증자의 말씀이라는 성경(聖經)·현전(賢傳)의 시각에서 경과 전으로 나누어야 한다는 견해이다.

경문과 전문으로 나누는 견해는『대학』의 작자 문제와 긴밀하게 연관되어 있다.『대학』의 저자에 대해 정자(程子)는 '공씨(孔氏)의 유서(遺書)'라고 하였다. 정자는『대학』의 저자를 누구라고 명확히 말하지는 않았지만 공자로부터 비롯되어 그의 후학들이 저술한 것으로 보았다. 이러한 설을 이어받은 주희는『대학장구』에서 "경일장(經一章)은 아마도 공자의 말씀인데 증자(曾子)가 기술한 듯하고, 전십장(傳十章)은 증자의 생각인데 그의 문인들이 기록한 것인 듯하다"라고 하였다. 주희는『대학』을 경문과 전문으로 나누고, 경문은 공자의 말을 증자가 기록한 것으로, 전문은 증자의 말을 증자의 문인이 기록한 것이라 했다.

주희는 이런 관점에서 경일장·전십장의 체계로 분장(分章)하여 논리구조를 명확히 하였다. 이러한 주희의 설은 명나라 중기까지 그대로 전승되며 그 내부에서 약간의 개정을 통한 보완작업이 이루어졌다. 그러나 주희의 설에 회의적이었던 왕수인(王守仁)은『예기』에 들어 있던「대학」(『고본대학』으로 칭함)을 취하여 새로운 해석을 시도함으로써 경문과 전문으로 나누는 것을 인정하지 않았다. 이러한 설은 양명학이 유행하는 16세기 이후 급속히 전파되었다.

셋째, 편차를 개정할 것인가 말 것인가 하는 관점이다. 어떤 텍스트를 저본으로 새로운 해석을 하더라도 그 편차대로 해석할 것인가, 아니면 개정하여 논리구조를 새로 구성할 것인가 하는 문제가 제기된다. 우선

『고본대학』을 저본으로 하되 그 편차대로 해석하는 관점을 먼저 살펴보기로 한다. 이는 대체로 16세기 학자들에 의해 제기되기 시작하였는데, 왕수인은 경문과 전문으로 나눌 수 없다고 하였다. 그는 주희처럼 분장하면 고경(古經)의 본지(本旨)를 잃게 되니, 구본(舊本)에 따라 해석하면서 성인의 본지를 터득해야 한다고 주장했다. 우리나라에도 조선 후기에 이런 주장을 한 학자들이 나타난다.

다음은 『고본대학』을 저본으로 편차를 개정한 해석에 대해 살펴보기로 한다. 『고본대학』을 저본으로 개정한 설도 왕수인과 비슷한 시기인 명나라 중기에 나타난다. 그 대표적인 인물이 왕도(王道)·최선(崔銑)·계본(季本) 등이다. 우리나라에서도 조선 후기에 『고본대학』의 편차를 개정하여 새로운 주장을 하는 설이 나타난다.

다음은 『대학장구』의 편차를 일부 개정하여 자신의 설을 개진한 해석에 대해 살펴보기로 한다. 앞에서 언급했듯이 이는 주로 주희가 격물치지전을 궐문으로 보아 보망한 것에 찬성하지 않고 궐문이 없다는 관점에서 격물치지전을 경문이나 전문에서 찾아 편차를 개편함으로써 논리구조를 완성하고자 한 것이다. 이에 대한 설은 남송 말부터 명나라 중기까지 지속적으로 나타났는데, 주로 어떤 구절을 격물치지전으로 보아 편차를 개정하느냐 하는 문제가 관건이다.

3. 주희 이전의 『대학』 편차 개정설

1) 『고본대학』과 후대의 문제의식

「대학」은 본래 한나라의 대성(戴聖)이 편찬한 『소대례』(小戴禮)(『예기』) 49편 중 제42편에 수록되어 있는 글이다. 후한의 정현(鄭玄)은 이 『예기』에 주(注)를 달았다. 그리고 당나라의 공영달(孔穎達)이 황제의

칙령을 받들어 오경정의(五經正義)를 편찬하였는데, 이때『예기』에는 정현의 주와 황간(皇侃)의 소(疏)를 채용하고, 다른 설은 모두 폐기하였다. 이로부터『예기』는 정현의 주와 황간의 소 그리고 공영달의 정의(正義)가 수록된 것을 관본(官本)으로 삼게 되었다. 이것이 송나라 때 간행된 십삼경주소본에 수록되어 지금까지 전하는 구설(舊說)이다.

당나라 때에는 학관(學館)에 구경(九經)을 두고, 이 구경을 위주로 인재를 선발하였다. 당나라의 과거제도가 시행된 뒤로 오경정의의 하나였던『예기정의』도 학자들에게는 필독서가 되었다. 이러한 여파는 중국에서 최초로 사대부정치 시대가 열리는 송나라 때까지 이어졌다. 이런 분위기 속에서 10세기 말 당나라 때에 만들어진 구경정의(九經正義)에 송나라의 형병(邢昺)이 편찬한『논어』『효경』『이아』의 소가 나와 십이경주소(十二經注疏)가 완성되었고, 남송 초기에 손석(孫奭)의 소로 알려진『맹자정의』(孟子正義)가 더해져 십삼경주소(十三經注疏)가 완성되었다.

남송 때 주희는『예기』에 들어 있던「대학」「중용」을 별책으로 독립시키고 편차를 개정하고 주석을 새롭게 하여『대학장구』『중용장구』를 만든 뒤, 자신이 새롭게 주석한『논어집주』『맹자집주』와 함께 사서라 명명하고, 이를 학문의 근간으로 내세움으로써 종래 오경 중심의 체제를 사서 중심으로 바꾸었다. 그후 주희가 만든 사서 주석서가 학문의 중심으로 자리 잡음으로써 십삼경주소본은 역사의 뒤안길로 물러나게 되었다.

십삼경주소본의『예기주소』에 실린「대학」은 정현의 주와 공영달의 소를 덧붙인 것이다. 이 주소본에 실린「대학」을 편의상『고본대학』으로 칭한다. 이『고본대학』을 보면 정현의 주는 각 구(句)·절(節) 뒤에 분산되어 있는 반면, 공영달의 소는 크게 두 단락으로 나눈 뒤 한꺼번에 모아놓았다. 대체로 주는 자(字)·구(句)의 단편적인 해석이고, 소는 자·

구 위주가 아닌 구·절의 의미를 전체적으로 소통시키기 위한 해석이기 때문에 그렇게 붙였을 것이다. 그런데 정현의 주를 보면, 전체의 구조를 파악하는 언급이나 단락을 나누어 요지를 파악하는 내용이 없다. 곧 장(章)·절(節)을 나누어 주해한 것이 아니다. 그러나『고본대학』의 공영달의 소를 보면, 크게 두 단락으로 나누어 소를 붙여 놓았다. 이는 그가 크게 두 단락으로 나누어본 것이라 할 수 있다. 공영달의 단락나누기는『대학』의 조리를 일목요연하게 파악한 것이라고 보기는 어렵다. 후대의 학자들은 이『고본대학』에 대해 나름대로 단락을 나누어 요지를 파악하려고 전체를 6장·7장·10장·13장 등으로 나누어보는 설이 제기되었다. 이 가운데 전체를 6장으로 나누는 설이 가장 많이 나타나는데, 이를 정리하면 다음과 같다.

제1장: 大學之道……此謂知之至也

제2장: 所謂誠其意者……此謂知本

제3장: 所謂修身在正其心者……此謂修身在正其心

제4장: 所謂齊家在修其身者……此謂身不修不可以齊家

제5장: 所謂治國必先齊其家者……此謂治國在齊其家

제6장: 所謂平天下在治其國者……此謂國不以利爲利 以義爲利也

이런 단락 나누기를 통해 각 단락별 요지를 파악해보면 다음과 같다.

제1장: 삼강령(三綱領)·팔조목(八條目)

제2장: 성의(誠意)

제3장: 정심(正心)·수신(修身)

제4장: 수신(修身)·제가(齊家)

제5장: 제가(齊家)·치국(治國)

제6장: 치국(治國)·평천하(平天下)

그런데 이렇게 요지를 파악하고 나면 첫째, 삼강령에 대한 해석이 없고 둘째, 팔조목에 대한 해석 가운데 격물·치지와 치지·성의 그리고 성의·정심에 대한 해석이 보이지 않는다. 이런 점을 두고 후대의 학자들 사이에 다음과 같은 문제점이 지적되었다.

① 『고본대학』은 착간이 심하다. 따라서 삼강령과 격물·치지에 대한 해석은 궐실(闕失)된 것이 아니라 다른 단락에 잘못 삽입되어 있다.

② 삼강령에 대한 해석은 착간되어 다른 단락에 삽입되어 있고, 격물·치지에 대한 해석은 궐실되어 『고본대학』에 누락되었다.

①은 『고본대학』에 궐실된 것이 없고 착간만 있다는 관점이고, ②는 『고본대학』에 궐실된 것도 있고 착간된 것도 있다는 관점이다. 이런 문제의식은 북송 때 정호·정이 형제에서 비롯되어 그 뒤로 꾸준히 제기되었다. 그리하여 착간된 것을 바로잡으려는 노력의 일환으로 여러 설들이 등장하였다. 이 가운데 몇 가지 중요한 설을 간추려보면 다음과 같다.

첫째, 남송 때 주희는 ②의 관점에 의해 '차위지본 차위지지지야'(此謂知本 此謂知之至也)를 격물치지전의 결어로 보고, 그 앞에 분명히 궐문이 있다고 생각해 보망장을 만들어 보충하였다. 또한 제1단락과 제2단락은 착간이 심하다고 보아 이를 대폭 개편하였다. 그것이 바로 『대학장구』의 체제이다.

둘째, 송나라의 동괴(董槐)·왕백(王柏)·섭몽정(葉夢鼎) 등과 명나라의 송렴(宋濂)·방효유(方孝孺)·채청(蔡淸) 등은 '차위지본 차위지지지야'를 격물치지전의 결어로 보면서도 그것이 궐실되었다고 보지 않고 착간되었을 뿐이라고 생각해 각기 다양한 설을 제기하였다. 이 가운데는 『고본대학』 제1장의 '지지이후유정'(知止而后有定) 이하 42자를 격물치지전으로 보는 설이 우세하다.

셋째, 남송의 여입무(黎立武)와 명나라의 황도주(黃道周)·모기령(毛奇齡)·이광지(李光地) 등은 격물치지장이 일실되거나 착간된 것이 아니라 『고본대학』 제1장에 들어 있다고 주장하였다. 이런 설은 대체로 '차위지본 차위지지지야'를 격물치지전의 결어로 보고, '지지이후유정' 이하 혹은 '자천자이지어서인'(自天子以至於庶人) 이하를 격물치지전으로 본다.

넷째, 청나라의 모선서(毛先舒)·정대중(程大中)·손기봉(孫奇逢) 등은 『고본대학』에는 본디 격물치지전이 불필요하다고 주장하였다. 이 역시 궐문이나 착간이 없다는 관점에서 출발한 설로, 격물치지의 뜻이 성의장(誠意章)에 들어 있다는 것이다.

이러한 설들은 대체로 주희가 『대학장구』를 만든 이후 본격적으로 제기되었다. 주희의 『대학장구』가 나옴으로써 『고본대학』에 대한 문제의식들이 본격적으로 논의되기 시작하였으니, 주희는 『대학』 해석의 새로운 장을 연 것이다.

『고본대학』을 십삼경주소본에 실린 공영달의 소에 따라 2단락으로 나누고, 각 절에 차례대로 번호를 부여해 정리하면 다음과 같다.

01-01 大學之道……在止於至善

02 知止而后有定……慮而后能得

03 物有本末……則近道矣

04 古之欲明明德於天下者……致知在格物

13 詩云 桃之夭夭……可以敎國人

14 詩云 宜兄宜弟……可以敎國人

15 詩云 其儀不忒……民法之也

16 此謂治國 在齊其家

17 所謂平天下在治其國者……君子有絜矩之道也

18 所惡於上 毋以使下……此之謂絜矩之道也

19 詩云 樂只君子……此之謂民之父母

20 詩云 節彼南山……辟則爲天下僇矣

21 詩云 殷之未喪師……失衆則失國

22 是故 君子先愼乎德……有財此有用

23 德者 本也 財者 末也

24 外本內末 爭民施奪

25 是故 財聚則民散 財散則民聚

26 是故 言悖而出者 亦悖而入 貨悖而入者 亦悖而出

27 康誥曰 惟命 不于常 道善則得之 不善則失之矣

28 楚書曰 楚國 無以爲寶 惟善 以爲寶

29 舅犯曰 亡人 無以爲寶 仁親 以爲寶

30 秦誓曰 若有一个臣……亦曰殆哉

31 唯仁人 放流之……爲能愛人 能惡人

32 見賢而不能擧……過也

33 好人之所惡……菑必逮夫身

34 是故 君子有大道 必忠信以得之 驕泰以失之

35 生財有大道……則財恒足矣

36 仁者以財發身 不仁者以身發財

37 未有上好仁……非其財者也

38 孟獻子曰 畜馬乘⋯⋯此謂國不以利爲利 以義爲利也

39 長國家而務財用者⋯⋯此謂國不以利爲利 以義爲利也

2) 정호(程顥)의 「대학」 해석과 특징

정호(程顥, 1032~85)는 『고본대학』에 착간이 있다는 관점에서 개정하였다. 그러나 그가 분장(分章)을 하거나 편차를 개정한 것에 대해 자기의 설을 개진한 것은 전하지 않는다. 정호는 『예기』의 한 편으로 들어 있던 「대학」의 중요성에 주목하고, 착간이 있다고 생각해 편차를 개정하였다. 정호 이후로 청나라 때까지 여러 학자들이 『고본대학』의 편차를 개정하여 논리적 체계를 완성하려고 부단히 노력한 것은 정호가 그 단초를 열었기 때문이다.

정호가 『고본대학』의 편차를 개정한 설은 문연각 사고전서 제183책 『정씨경설』(程氏經說) 권6 「명도선생개정대학」(明道先生改正大學)에 들어 있다. 이를 『고본대학』의 편차와 비교하기 위해 편의상 번호를 붙여 정리하면 아래와 같다. 앞의 원괄호 숫자는 정호가 개정한 차서이고, 뒤의 숫자는 『고본대학』의 차서이다.

① 01-01~01-03 大學之道⋯⋯則近道矣

② **01-15** 康誥曰 克明德⋯⋯皆自明也

③ **01-16** 湯之盤銘曰⋯⋯是故 君子無所不用其極

④ **01-17** 詩云 邦畿千里⋯⋯止於信

⑤ 01-04 古之欲明明德於天下者⋯⋯致知在格物

　　01-05 物格而后知至⋯⋯國治而后 天下平

⑥ 01-06~01-08 自天子以至於庶人⋯⋯此謂知本 此謂知之至也

⑦ 01-09~01-12 所謂誠其意者⋯⋯故君子必誠其意

⑧ 02-02~02-04 所謂修身在正其心者……此謂修身 在正其心

⑨ 02-05~02-07 所謂齊其家在修其身者……此謂身不修 不可以齊其家

⑩ 02-08~02-16 所謂治國必先齊其家者……此謂治國 在齊其家

⑪ 02-17~02-20 所謂平天下在治其國者……辟則爲天下僇矣

⑫ **01-13 詩云 瞻彼淇澳**……民之不能忘也

　　01-14 詩云 於戲……此以沒世不忘也

⑬ **02-01 子曰 聽訟**……大畏民志 此謂知本

⑭ 02-21~02-39 詩云 殷之未喪師……此謂國不以利爲利 以義爲利也

정호가 개정한 것을 보면, ②·③·④의 명명덕·신민·지어지선을 해석한 대목을 앞으로 옮기고, ⑫·⑬을 치국평천하장으로 옮긴 것이 특징이다. 그는 『고본대학』에 착간이 있다는 관점에서 이와 같이 편차를 개정한 것인데, 기본 틀이 삼강령과 그에 대한 해석 그리고 팔조목과 그에 대한 해석으로 되어 있다. 그렇게 보면 ⑤·⑥은 격물치지에 대한 해석이 된다. 또한 ⑫를 치국평천하장으로 옮긴 것은 그 내용이 성의장(誠意章)에 해당하기 어렵다고 느꼈기 때문일 것이며, ⑬의 청송장(聽訟章)도 적당한 위치를 찾지 못하여 치국평천하장으로 옮긴 듯하다.

3) 정이(程頤)의 『대학』 해석과 특징

정호의 동생 정이(程頤, 1033~1107)도 나름대로 『대학』의 편차를 다음과 같이 개편하였다. 앞의 원괄호 숫자는 정이가 개정한 차서이고, 뒤의 숫자는 『고본대학』의 차서이다.

① 01-01~01-07 大學之道……未之有也

② **02-01 子曰 聽訟**……大畏民志 此謂知本

01-08 此謂知本(衍文) 此謂知之至也

③ **01-15** 康誥曰 克明德……皆自明也

④ **01-16** 湯之盤銘曰……是故 君子無所不用其極

⑤ **01-17** 詩云 邦畿千里……止於信

⑥ **01-09~01-12** 所謂誠其意者……故君子必誠其意

⑦ **02-02~02-04** 所謂修身在正其心者……此謂修身 在正其心

⑧ **02-05~02-07** 所謂齊其家在修其身者……此謂身不修 不可以齊其家

⑨ **02-08~02-16** 所謂治國必先齊其家者……此謂治國 在齊其家

⑩ **02-17~02-20** 所謂平天下在治其國者……辟則爲天下僇矣

⑪ **01-13** 詩云 瞻彼淇澳……民之不能忘也

01-14 詩云 於戲……此以沒世不忘也

⑫ **02-27~02-34** 康誥曰 惟命不于常……必忠信以得之 驕泰以失之

⑬ **02-21~02-26** 詩云 殷之未喪師……亦悖而出

⑭ **02-35~02-39** 生財有大道……此謂國不以利爲利 以義爲利也

정이는 『대학』을 경문과 전문으로 구분하지 않고 전체를 14장의 체제로 분장하였다. 정이는 정호의 해석을 수용하면서 다시 편차를 재개정한 것으로 추정된다. 그가 ③·④·⑤와 ⑪처럼 편차를 개정한 것은 정호의 설을 그대로 수용한 것이다. ③·④·⑤는 삼강령을 말한 뒤, 그것을 해석한 전문이다. ⑪ 역시 성의장의 내용과 연관시키기 어렵기 때문에 정호의 설을 따른 듯하다. 정이는 ②에서 보이는 것처럼 청송장을 '차위지본 차위지지지야'의 앞으로 옮긴 뒤, 중복되는 '차위지본'(此謂知本) 4자를 연문(衍文, 쓸데없이 들어간 글)으로 보아 빼고, '차위지지지야'(此謂知之至也) 6자를 그 결어로 보았다.

전체적인 구도에서 정이의 해석을 보면 제1장에서 삼강령·팔조목을 말하고, 제2장에서 격물치지를 해석하며, 제3장~5장에서 삼강령을 다시 해석하고, 제6장 이하에서 팔조목의 성의 이하를 해석한 구조로 파악하고 있다. 그리고 ⑬처럼 치국평천하장 내에서 편차를 개정한 것이 독특하다. 그 의도는 치국평천하장은 크게 혈구(絜矩)·용인(用人)·재용(財用)으로 그 요지를 간추릴 수 있는데, ⑬처럼 『고본대학』의 02-21~02-26을 뒤로 옮겨야 ⑭의 02-27과 자연스럽게 연결되기 때문이라 생각해서인 듯하다. 이 장의 전체적인 문맥으로 보면 ⑬은 용인과 재용의 중간에 위치하여 자연스럽게 앞뒤를 연결해주는 역할을 하고 있다.

정이의 개정은 삼강령·팔조목을 앞에 제시하고, 그다음에 삼강령·팔조목에 대한 해석이 차례대로 전개되는 논리구조를 제시한 데에 의의가 있다. 이런 기본 관점에 의해 그는 청송장을 앞으로 옮겨 '01-08'과 합해 지본(知本)과 지지(知至)를 말한 것으로 본 것이다. 기타 '친민'(親民)을 '신민'(新民)으로 바꾼 것, 몇몇 자구를 연문으로 본 것, 수신장(修身章)의 '신'(身)을 '심'(心)의 오자로 보아 글자를 개정한 것 등도 후대에 지대한 영향을 끼쳤다.

정호·정이의 『대학』 개정은 후대에 상당한 영향을 끼쳤고, 결국 주희는 그에 기초해 『대학장구』 『대학혹문』(大學或問)을 저술하였다. 정호·정이의 『대학』 개정과 해석의 의의를 정리하면 다음과 같이 말할 수 있다.

첫째, 두 설이 다르지만 모두 삼강령·팔조목을 정연하게 배열하려는 의도로 개정하였다는 점이다. 이는 후대 주희의 『대학장구』에 지대한 영향을 끼쳤다. 둘째, 성의장에 착간이 심하다고 판단해 성의와 관련된 것만 남겨두고, 나머지 구절을 다른 곳으로 옮겼다는 점이다. 이 역시 주희의 『대학장구』에 큰 영향을 미쳤다. 셋째, 삼강령의 하나인 '친민'을 '신민'의 오자로 보아 삼강령을 명명덕·신민·지어지선으로 바로잡았다는 점이다. 이 역시 팔조목과 유기적인 연관성을 갖게 하였다. 넷째, 삼강령을 앞에 말하고 뒤에 다시 그것을 부연해 팔조목을 해석한 것으로 논리구조를 설정함으로써 은연중 경·전으로 구분하는 시각을 갖고 있다. 이 설도 주희의『대학장구』체계가 성립하는 데 기초가 되었다. 다섯째, 개정을 통하여 격물치지를 해석한 대목을 설정하려 하였다는 점이다. 두 사람이 개편한 편차를 보면 은연중 격물치지를 해석한 대목을 설정하려 한 것을 알 수 있다. 이 역시 주희에게 영향을 끼쳤다.

4. 주희의『대학』편차 개정과 해석의 논리

1)『대학장구』편차 개정 및 분장

주희는 정호·정이의 정신을 계승하면서 독자적인 해석의 틀을 마련하여 종래와는 달리 전면적으로 편차를 개정하고 분장·분절을 하여『대학장구』를 만들었다. 주희는 43세 때인 1172년『대학장구』의 초고를 완성하였다. 그리고 자신의 설을 다른 사람들에게 보이며 수정해 나갔다. 심지어 임종하기 3일 전까지 자신의 설을 수정할 정도로 심혈을 기울여 수정을 거듭한 것이『대학장구』이다. 그래서 주희의 여러 설 가운데『대학장구』의 설을 만년의 정론(定論)으로 본다.

그는 어느 날 학생들에게『대학』을 보이면서 말하기를 "나의 평생의 정력이 이 책에 있다. 먼저 이 책에 통달해야 바야흐로 독서를 할 수 있다"라고 하였으며, 또 "나는『대학』에 공력을 기울인 것이 매우 많다. 사마온공(司馬溫公, 사마광〔司馬光〕)이『자치통감』을 만들고서 말하기를 '신의 평생 정력이 모두 이 책에 있습니다'라고 하였는데, 나에게도『대학』이 그러하다.『논어』『맹자』『중용』은 도리어 힘을 기울이지 않았다"라고 하였다.

주희의『대학장구』는 경일장·전십장의 체계로 분류하여 성경(聖經)·현전(賢傳)으로 나누었다. 종래의 해석에는 분장(分章)도 명확하지 않았을뿐더러 분경전(分經傳)은 그 누구도 주장하지 않았다. 그런데 주희는 경문이 공자의 말을 증자가 기술한 것이라 하고, 전문은 증자의 말을 그의 문인들이 기술한 것이라 하였다. 이를『고본대학』과 비교해보면 다음과 같다. 왼쪽은『대학장구』의 편차이고, 오른쪽은『고본대학』의 차서이다.

經-01: 01-01 大學之道……在止於至善

經-02: 01-02 知止而后有定……慮而后能得

經-03: 01-03 物有本末……則近道矣

經-04: 01-04 古之欲明明德於天下者……致知在格物

經-05: 01-05 物格而后知至……國治而后天下平

經-06: 01-06 自天子以至於庶人 壹是皆以修身爲本

經-07: 01-07 其本亂而末治者 否矣……未之有也

〈經一章: 三綱領八條目〉

傳1-01: 01-15 康誥曰 克明德

傳1-02: 01-15 太甲曰 顧諟天之明命

傳1-03: 01-15 帝典曰 克明峻德

傳1-04: 01-15 皆自明也

〈釋明明德〉

傳2-01: 01-16 湯之盤銘曰 苟日新 日日新 又日新

傳2-02: 01-16 康誥曰 作新民

傳2-03: 01-16 詩曰 周雖舊邦 其命維新

傳2-04: 01-16 是故 君子無所不用其極

〈釋新民〉

傳3-01：01-17 詩云 邦畿千里 惟民所止

傳3-02：01-17 詩云 緡蠻黃鳥……可以人而不如鳥乎

傳3-03：01-17 詩云 穆穆文王……止於信

傳3-04：01-13 詩云 瞻彼淇澳……民之不能忘也

傳3-05：01-14 詩云 於戲 前王不忘……此以沒世不忘也

〈釋止於至善〉

傳4-01：02-01 子曰 聽訟 吾猶人也……大畏民志 此謂知本

　　　：01-08 此謂知本(衍文)

〈釋本末〉

傳5-01：01-08 (補亡) 此謂知之至也

〈釋格物致知〉

傳6-01~04：01-09~12 所謂誠其意者……故君子必誠其意

〈釋誠意〉

傳7-01~03：02-02~04 所謂修身在正其心者……此謂修身 在正其心

〈釋正心修身〉

傳8-01~03：02-05~07 所謂齊其家在修其身者……此謂身不修 不可以齊其家

〈釋修身齊家〉

傳9-01~09：02-08~16 所謂治國必先齊其家者……此謂治國 在齊其家

〈釋齊家治國〉

傳10-01~23：02-17~39 所謂平天下在治其國者……此謂國不以利爲利 以義爲利也

〈釋治國平天下〉

이러한 『대학장구』는 경일장·전십장의 체계로 구조를 분석해 요지를 파악한 것을 알 수 있다. 이를 도표로 정리하면 다음과 같다.

차례	절수	요지	비 고
경일장	7	三綱領·八條目	三綱領, 六事, 本末, 八條目(工夫), 八條目(功效), 本末
전1장	4	釋明明德	『고본대학』 01-15를 4절로 분절
전2장	4	釋新民	『고본대학』 01-16을 4절로 분절
전3장	5	釋止於至善	『고본대학』 01-17을 3절로 분절하고, 01-13~14를 그 뒤로 옮김
전4장	1	釋本末	01-08의 '此謂知本'을 정자의 설에 따라 연문으로 봄
전5장	1	釋格物致知	01-08의 '此謂知之至也'를 격물치지전의 결어로 보고 보망
전6장	4	釋誠意	『고본대학』과 편차는 동일하되 4절로 분절
전7장	3	釋正心修身	『고본대학』과 편차는 동일하되 3절로 분절
전8장	3	釋修身齊家	『고본대학』과 편차는 동일하되 3절로 분절
전9장	9	釋齊家治國	『고본대학』과 편차는 동일하되 9절로 분절
전10장	23	釋治國平天下	『고본대학』과 편차는 동일하되 23절로 분절, 정이가 개정한 편차를 따르지 않음

주희는 『고본대학』 제3장 정심수신장(正心修身章) 이하는 편차를 전혀 개정하지 않고, 구설을 그대로 수용하였다. 이는 『고본대학』 제1장과 제2장에만 착간과 궐문이 심하다는 관점을 반영한 것이다. 이런 관점에서 정이가 전 제10장을 개편한 설도 따르지 않았다.

2) 『대학』 해석의 특징

주희가 재해석한 『대학장구』의 특징은 다음과 같이 정리해볼 수 있다.

첫째, 전체를 경일장·전십장의 체계로 개편하였다. 주희 이전에는 경·전으로 나누어 체계를 파악한 해석이 없었다. 그런데 주희는 경문과 전문으로 나누고, 또 분장을 하여 경일장·전십장의 체계를 만들었다. 이는 『대학』 해석사에 있어서 새로운 전환점이 된다. 그가 이렇게 경·전을 나눈 데에는 경문이 공자의 말씀이고 전문이 증자의 말씀이라는 성경·현전의 의식이 전제되어 있다. 그리고 이는 공자의 도가 증자로 이어졌다는 도통의식을 반영한 것이다.

둘째, 명명덕·신민·지어지선을 삼강령으로, 격물·치지·성의·정심·수신·제가·치국·평천하를 팔조목으로 보는 설이 확립되었다. 주희 이전의 해석에서는 삼강령·팔조목을 분명하게 말한 것이 없다. 정호가 삼강(三綱)-삼강석문(三綱釋文)-팔조(八條)-팔조석문(八條釋文)의 순으로 편차를 개정하였고, 정이는 삼강(三綱)·팔목(八目)-격치석문(格致釋文)-삼강석문(三綱釋文)-성정수제치평석문(誠正修齊治平釋文)의 순으로 개편하였지만, 주희처럼 삼강령·팔조목의 논리체계를 정립하지는 못하였다.

셋째, 『고본대학』 제2장 성의장(誠意章)에 속해 있던 것을 앞으로 옮겨 삼강령을 해석한 전문으로 개편한 것이다. 주희는 경문 바로 뒤에 명명덕을 해석한 전 제1장, 신민을 해석한 전 제2장, 지어지선을 해석한 전 제3장의 순서로 그 체계를 개정하였다. 물론 이 역시 정자의 영향을 받은 점을 부인할 수 없다. 그러나 그는 정자와 다르게 개정하여 독자적인 설을 제기하였다.

넷째, 삼강령을 해석한 전문 뒤에 본말전(本末傳)을 별도로 둔 것이다. 이 점은 후대에 많은 논란을 불러일으킨 장본이 된다. 주희는 이른바 청송장이라 불리는 대목을 어디에 편차할 것인가를 두고 심각하게 고심한 듯하다. 그는 삼강령·팔조목에 없는 본말전을 굳이 둔 것에 대해 다음과 같이 해석하였다.

① 대개 나의 명덕이 이미 밝아지면 자연히 인민의 심지(心志)를 외복(畏服)시킴이 있게 된다. 그러므로 소송 판결하기를 기다리지 않더

라도 저절로 소송이 없을 것이다. 이 말을 보면 본말(本末)의 선후를 알 수 있다(주희, 『대학장구』 전 제4장 주).

② 전문의 결어인 '차위지본'(此謂知本)으로 보면 이 절이 본말의 뜻을 해석한 것임을 알 수 있다. 경일장의 본문으로 차례를 대조해보면 이 절은 이 자리에 속해야 함을 알 수 있다(주희, 『대학혹문』 전 제4장 해석).

①은 청송장의 내용이 명명덕을 본으로, 신민을 말로 보는 것을 해석한 것이라는 말이다. 그리고 ②는 경일장에 삼강령을 말하고 '물유본말'(物有本末)을 말하며, 팔조목을 말하고 본말을 말했는데, 이런 경일장의 차례로 보면 삼강령을 해석한 뒤에 본말전을 두는 것이 마땅하다는 견해이다.

다섯째, 격물치지전이 일실된 궐문이 있다고 생각해서 자신의 견해로 증보(增補)해 첨입하였다. 그가 만든 보망장은 다음과 같다.

〈所謂致知在格物者 言欲致吾之知 在卽物而窮其理也 蓋人心之靈 莫不有知 而天下之物 莫不有理 惟於理有未窮 故其知有不盡也 是以大學始敎 必使學者 卽凡天下之物 莫不因其已知之理而益窮之 以求至乎其極 至於用力之久而一旦豁然貫通焉 則衆物之表裏精粗 無不到 而吾心之全體大用 無不明矣 此謂物格〉此謂知之至也

〈……〉 속의 문장이 주희가 만들어 넣은 것이다. 주희는 '차위지본'(此謂知本)에 대해 정자의 설에 따라 연문으로 보았지만 이 보망장을 보면 '차위물격'(此謂物格)으로 개정한 것을 알 수 있다. 후대 이 구를 '차위지지'(此謂知止)로 개정하는 설이 나오기도 하였는데, 이 역시 주희의 보망장에서 연유한 듯하다.

여섯째, 『고본대학』 성의장에 속한 여러 절의 편차를 개정하여 성의장의 내용을 명료하게 하는 한편, 삼강령을 해석한 전문을 완비했다는 점이다.

일곱째, 『고본대학』의 01-13과 01-14를 지어지선전 뒤에 붙여 그 의미를 부여한 것이다. 이에 대해 후대에 문제가 제기되기는 하였지만, 01-13을 명명덕의 지어지선으로 보고, 01-14를 신민의 지어지선으로 본 것은 주희가 새롭게 발명한 것이다.

이상에서 주희의 『대학』 해석의 특징을 몇 가지로 정리해보았다. 이외에도 세부적인 측면에서 고찰해보면 전대에 발명하지 못한 의리를 새롭게 발명한 것을 다수 찾을 수 있다.

5. 주희의 『대학』 해석에 대한 의의와 문제점

위에서 주희의 『대학』에 나타난 특징을 몇 가지로 정리해보았는데, 여기서는 그런 해석이 경학사적으로 어떤 의미를 가지고 있는가, 그리고 그런 해석에 대해 어떤 문제점이 지적되었는가를 살펴보기로 하겠다.

주희는 『대학』의 논리구조에 대해 다음과 같이 설명하였다.

무릇 전문은 이리저리 여러 경전을 인용하여 통일된 기강이 없는 것처럼 보이지만, 문리가 접속되고 혈맥이 관통하여 심천(深淺)과 시종(始終)이 지극히 정밀하니, 익숙히 보고 상세히 음미하면 오랜 뒤에 그 본지를 보게 될 것이기 때문에 내가 지금 여기에 다 해석해놓지 않는다(주희, 『대학장구』 경일장 주).

여기서 눈여겨볼 문구가 '문리접속'(文理接續)과 '혈맥관통'(血脈貫通)이다. 주희는 『대학』의 경·전과 삼강령·팔조목의 논리구조를 접속과 관통으로 파악한 것이다. 접속은 전후 문맥의 연결이고, 관통은 전체를 하나로 꿰뚫는 논리를 말한다. 그는 이와 같은 이론을 바탕으로 『대학장구』의 체계를 완성한 것이다.

그는 이런 관점으로 경일장·전십장 체계를 세운 뒤 경일장에서는 삼강령·팔조목을 말하고, 전십장에서는 먼저 삼강령을 해석하고 뒤에 팔조목을 차례로 해석했다고 구조를 분석하였다. 이처럼 그는 삼강령·팔조목으로 명확히 구분하고 각각의 연관성과 통일성을 제시하였다. 이런 점에서 주희의 『대학』 해석은 경학사적으로 일획을 긋는 의미가 있다. 청나라의 호위(胡渭)가 명나라의 고헌성(顧憲成)·나여방(羅汝芳) 등의 학술을 비판하면서 주희의 『대학』 해석을 극찬한 데서 그런 의의를 발견할 수 있다.

그러나 주희의 『대학』 해석에 문제점이 전혀 없는 것은 아니다. 문제점이 전혀 없이 완벽했다면 후대 그의 『대학장구』를 개정하는 논의가 일어나지 않았을 것이다. 그러면 후학들은 주로 어떤 점에 문제의식을 가졌던 것일까?

첫째, 격물치지전이 궐실되었다고 보아 보망장을 지어 첨입한 점이다. 후대 주희의 『대학장구』를 일부 개정한 왕위(王褘)는 주희의 『대학』 해석에 대해 극찬하면서도 격물치지전을 궐문으로 보아 보망한 것에 대해서는 인정하지 않았다.

둘째, 삼강령과 팔조목에 본말(本末)이 없는데 본말전을 둔 것이다. 왕위도 언급했지만, 주희의 『대학』 해석에 대해 후학들이 불만스럽게 여기는 또 하나의 문제가 바로 본말전을 둔 것이다. 왕오(王鏊)는 이렇게 말한다.

"주자의 전문에는 청송장 1절로 본말을 해석한 전을 삼았으니, 의심할 만하다. 본말은 강령이 아니고 조목도 아니다. 그런데 어떻게 그것을 해석할 수 있단 말인가? 또한 본말을 해석하고서 '종시'(終始)는 유독 빠뜨렸단 말인가?"

셋째, 치지·성의에 대한 해석이 없는 점이다. 전문은 격물·치지, 정심·수신(修身), 수신·제가, 제가·치국, 치국·평천하의 경우처럼 팔조목을 두 조목씩 상호 연관시켜 해석하고 있다. 그렇다면 '치지·성의'와 '성의·정심'이 있어야 마땅한데,『대학장구』의 구조로 보면 그런 점을 발견할 수 없다.

이에 대해 주희의 재전 문인 요로(饒魯)는 성의장을 독립시켜 놓은 이유로 성의는 행(行)에 속하고 격물치지는 지(知)에 속하기 때문에 의도적으로 구분해놓은 것이라 하였다. 또한 성의와 정심을 연관시키지 않고 독립시킨 이유로 성의는 단지 정심과 연관되는 구조가 아니라 평천하까지 모두 연관되는 논리구조를 갖고 있기 때문이라고 하였다. 그러나 여전히 의문은 남는다.

넷째,『대학장구』의 치국평천하장은 요지 파악이 모호하다는 점이다. 정이는 이 점을 염려하여 '시운 은지미상사'(詩云 殷之未喪師) 이하 여섯 절을 뒤로 옮겨 '생재유대도'(生財有大道) 앞에 둠으로써 혈구(絜矩)·용인(用人)·재용(財用)으로 그 요지를 파악하였다. 그러나 주희는 이런 정이의 설을 따르지 않고, 혈구에 초점을 맞추어 파악하였다.

이상에서 주희의『대학』해석이 갖는 의의와 문제점을 개략적으로 살펴보았다. 이러한 주희의『대학』해석에 대해 후세의 학자들은 대체로 두 파로 갈린다. 하나는 그의『대학장구』를 일부 수정해 보완하려는 부류이고, 또 하나는 아예 그의 설을 따르지 않고『고본대학』을 저본으로 독자적인 해석을 시도하는 부류이다. 대체로 전자는 주자학파에 속한 학자들이고, 후자는 양명학파 및 고증학파에 속한 일부 학자들이다. 우리나라에서도 『대학장구』를 일부 개정하는 설이 이언적(李彦迪)으로부터 제기되어 꾸준히 개정설이 등장하였고, 아예 『고본대학』을 취하여 새롭게 해석하는 설도 조선 후기 주자학만을 절대적으로 존신하지 않는 일부 학자들에 의해 제기되었다.

후대 학자들이 주희의 『대학』 해석에서 가장 심각한 문제점으로 인식한 것은 격물치지전을 궐문으로 보아 보망한 것이다. 이에 대해 원나라의 진천상(陳天祥)은 다음과 같이 말하고 있다.

전인들이 경서를 해석할 때에 일찍이 보충해 바로잡은 적이 있는데, 몇 글자만 빠지고 그 나머지 문장은 온전히 남아 있어 의미 맥락이 통할 수 있을 경우에만 그것을 보충할 이유가 있었다. 그러나 그럴 경우에는 '모처에 의당 모자가 있어야 할 듯하다'고 하는 데 불과할 따름이었다. 지금 『대학장구』는 자기의 생각을 전적으로 써서 127자를 창작해 첨가하여 증자의 말을 대신해 바로 정전(正傳)을 삼은 것이다. 따라서 그 내용이 근사한가 근사하지 않은가 하는 문제는 덮어두고 논하지 않더라도, 오늘날 사람이 고서를 지어 전성(前聖)·전현(前賢)의 경전과 병렬하는 것은 의리상 미안한 듯하다. 이에 준거해 관례를 삼으면 『상서』의 없어진 40여 편도 후세 사람들이 모두 첨가해 보충할 수 있을 것이다. 그러면 학자들의 순후하지 않은 풍조를 조장하는 데 관계된 바가 매우 클 것이다. 주문공의 식견과 도량으로 이런 점이 있음을 면치 못하니, 애석하다. 보전에 대해서는 우선 놔두고 주석만 강론하는 것이 옳을 것이다(진천상, 『사서변의』〔四書辨疑〕, 문연각사고전서 제202책, 「대학」).

진천상의 이러한 문제의식은 격물치지전이 궐실된 게 아니라 착간되었다는 인식을 더욱 확산시켰고, 『대학장구』의 편차를 일부 개정하여 격물치지전에 해당시키는 다양한 설이 명나라를 거쳐 청나라 초기까지 꾸준히 제기되었다.

대학장구
大學章句

"『대학』은 학문의 처음과 끝을
통틀어 말한 것이고
『중용』은 본원의 궁극을 가리킨 것이다."

大學은 是通言學之初終이요
中庸은 是指本原極致處라

독대학법讀大學法

    주자가 말씀하셨다. "『논어』와 『맹자』는 일에 따라 묻고 답한 것이어서 요령을 알기가 어렵다. 오직 이 『대학』은 공자가 옛사람들의 학문하는 큰 방도에 대해 말씀하신 것을 증자(曾子)가 기술하고, 그의 문인들이 또 전하는 말씀을 기술하여 그 본지를 밝힌 것이어서 앞뒤의 문장이 서로 연관되고 체통이 모두 갖추어져 있다. 이 책을 잘 음미하면 옛사람들이 학문하면서 지향한 바를 알 수 있고, 또 『논어』와 『맹자』를 읽을 때에도 들어가기가 쉽다. 그러니 그 다음의 공부가 아무리 많더라도 대체가 이미 세워지게 된다."[1]

    朱子曰 語孟은 隨事問答하여 難見要領이라 惟大學은 是曾子述孔子說古人爲學之大方하고 而門人又傳述以明其旨하여 前後相因하고 體統都具라 玩味此書하면 知得古人爲學所向하고 却讀語孟에도 便易入이니 後面工夫가 雖多나 而大體已立矣라

    또 말씀하셨다. "이 『대학』 한 권을 보는 방법은 또한 『논어』 『맹자』를

---

1) 이는 『주자어류』 권14에 보이는데 축약해 쓴 것이다.

보는 방법과 절로 같지 않다. 『논어』『맹자』에는 단지 한 항목의 일이 하나의 도리일 뿐이다. 예컨대 맹자가 인(仁)·의(義)를 말씀하신 대목은 단지 인·의에 나아가서 도리를 말씀한 것뿐이고, 공자께서 극기복례(克己復禮)로 안연(顏淵)에게 답한 대목[2]은 단지 극기복례에 나아가서 도리를 말씀하신 것뿐이다.

그런데 『대학』과 같은 경우는 도리어 통합해서 말을 했다. 힘써 해야 할 바의 지극함을 논하여 평천하(平天下)까지 이르렀다. 그러나 천하를 잘 다스리기 위해서는 또한 나라를 잘 다스리는 것이 먼저 요구되고, 나라를 잘 다스리기 위해서는 또한 집안사람들을 균평하게 대하는 것이 먼저 요구되며, 집안사람들을 균평하게 대하기 위해서는 또한 자신을 닦는 일이 먼저 요구되고, 자신을 닦기 위해서는 또한 마음을 바르게 하는 일이 먼저 요구되며, 마음을 바르게 하기 위해서는 또한 마음속에서 싹트는 생각을 선으로 가득 채우는 일이 먼저 요구되고, 마음속 생각을 선으로 가득 채우기 위해서는 또한 앎을 극진히 하는 일이 먼저 요구되며, 앎을 지극히 하기 위해서는 또한 사물에 나아가는 것이 먼저 요구된다."[3]

看這一書는 又自與看語孟으로 不同이라 語孟中에는 只一項事에 是一箇道理라 如孟子說仁義處에는 只就仁義上說道理요 孔子答顏淵以克己復禮에는 只就克己復禮上說道理라 若大學은 却只統說이라 論其功用之極하여 至於平天下나 然天下所以平은 却先須治國이요 國之所以治는 却先須齊家요 家之所以齊는 却先須修身이요 身之所以修는 却先須正心이요 心之所以正은 却先須誠意요 意之

---

2) 공자께서……대목: 『논어』「안연」에 보인다.
3) 이는 『주자어류』 권14에 보인다.

所以誠은 却先須致知요 知之所以至는 却先須格物이라

또 말씀하셨다. "『대학』은 학문을 하는 강령(綱領)과 조목(條目)이니, 먼저 『대학』을 읽어서 강령을 세워 정해야 한다. 다른 서적은 모두 잡설이 그 속에 들어 있다. 그러니 『대학』을 통달해 터득하고 난 뒤에 다른 경서를 보아야 바야흐로 이것이 격물(格物)·치지(致知)의 일이고, 이것이 성의(誠意)·정심(正心)의 일이며, 이것이 수신(修身)의 일이고, 이것이 제가(齊家)·치국(治國)·평천하(平天下)의 일임을 알 수 있다."[4]

大學은 是爲學綱目이니 先讀大學하여 立定綱領이라 他書는 皆雜說이 在裏許라 通得大學了하고 去看他經이라야 方見得此是格物致知事하고 此是誠意正心事하고 此是修身事하고 此是齊家治國平天下事라

또 말씀하셨다. "지금 우선 『대학』을 자세히 읽어 간가(間架)[5]를 만들고, 또다른 서적으로 그 칸을 채워나가도록 하라."[6]

今且熟讀大學하여 作間架하고 却以他書塡補去하라

또 말씀하셨다. "『대학』은 학문의 처음과 끝을 통틀어 말한 것이고, 『중용』은 본원(本源)의 궁극을 가리킨 것이다."[7]

---

4) 이는 『주자어류』 권14에 보인다.
5) 간가(間架): 칸 또는 시렁을 말한다. 건물에 비유하면 집을 지어 방을 여러 개 만들어놓고 그 빈 공간에 다른 경서의 내용을 채워 나가라는 말이다. 즉 『대학』은 학자들이 공부해야 할 격물치지의 지(知), 성의·정심·수신의 행(行), 그것을 다른 사람에게 확대해 나가는 제가·치국·평천하의 추행(推行) 등이 모두 갖추어져 있기 때문에 큰 집에 비유하고, 다시 그 집안의 여러 방에 비유한 것이다.
6) 이는 『주자어류』 권14에 보인다.

大學은 是通言學之初終이요 中庸은 是指本原極致處라

어떤 사람이 물었다. "오로지 한 책만 보고자 하는데, 어떤 책을 먼저 읽어야 합니까?" 주자가 말씀하셨다. "먼저 『대학』을 읽으면 옛사람들이 학문하던 시종과 차례를 알 수 있으니, 이 책은 다른 책에 비할 바가 아닙니다. 다른 책은 한 때 말한 것이 아니고, 한 사람이 기록한 것도 아닙니다."[8]

問欲專看一書인댄 以何爲先고 曰 先讀大學하면 可見古人爲學首末次第니 不比他書라 他書는 非一時所言이요 非一人所記라

주자가 또 말씀하셨다. "『대학』을 볼 때에는 참으로 구절을 따라 정밀하게 읽어가야 하지만, 또한 먼저 전문(傳文)을 통합해 읽어서 익숙하게 해야 바야흐로 처음부터 자세히 읽기가 좋다. 만약 전문의 대의를 전혀 알지 못하면 앞부분을 보는 것도 어려울 것이다."[9]

又曰 看大學이 固是著逐句看去나 也須先統讀傳文教熟이라야 方好從頭仔細看이라 若全不識傳文大意면 便看前頭亦難이라

또 말씀하셨다. "나는 일찍이 한 편의 설을 지어서 사람들로 하여금 하루에 한 차례씩 『대학』을 읽으면서 그 어떤 것이 대인(大人)의 학문이며, 어떤 것이 소학(小學)이며, 어떤 것이 명명덕(明明德)이며, 어떤 것이 신민(新民)이며, 어떤 것이 지어지선(止於至善)인가를 보게 하고 싶었다. 매일 이처럼 독서하여 날이 가고 달이 가면 이른바 온고지신(溫故知新)

---

7) 이는 주자의 『회암집』(晦庵集) 권46 「답황상백」(答黃商伯)에 보인다.
8) 이는 『주자어류』 권14에 보이는데, 두 단락을 합한 것이다.
9) 이는 『주자어류』 권14에 보인다.

의 의미를 저절로 알게 될 것이다. 모름지기 새로운 것을 알려면 날마다 새로운 것을 보아야 바야흐로 그것을 터득할 수 있다. 이는 또한 도리가 새로워지는 것이 아니라 단지 자신의 그런 생각이 길이길이 새로워지는 것일 따름이다."[10]

又曰 嘗欲作一說하여 教人只將大學하여 一日去讀一遍하여 看他如何是大人之學이며 如何是小學이며 如何是明明德이며 如何是新民이며 如何是止於至善고 하니라 日日如是讀하여 月來日去하면 自見所謂溫故而知新이리라 須是知新이면 日日看得新이라야 方得이라 却不是道理解新이요 但自家這箇意思가 長長地新이니라

또 말씀하셨다. "『대학』을 읽을 때에 처음에도 이와 같이 읽고 나중에도 이와 같이 읽어야 한다. 다만 처음 읽을 때에는 자신과 상관없는 듯하다가 나중에 숙독을 하면 허다한 말씀이 '모름지기 이와 같이 공부를 해야지, 이와 같이 공부를 하지 않으면 스스로 터득할 수 없다'는 사실을 알게 될 것이다."[11]

讀大學에 初間也只如此讀하고 後來也只如此讀이라 只是初間讀得엔 似不與自家相關이라가 後來看熟하면 見許多說話가 須著(착)如此做요 不如此做면 自不得이라

또 말씀하셨다. "독서는 다독을 탐해서는 안 된다. 우선 『대학』을 먼저 읽을 책으로 정해 단락별로 숙독하며 정밀히 생각해서 글의 뜻을 또렷히 분명하게 해야 바야흐로 다음 단락으로 넘어갈 수 있다. 그리고 두 번

---

10) 이는 『주자어류』 권14에 보인다.
11) 이는 『주자어류』 권14에 보인다.

째 단락을 볼 때에도 앞 단락의 뜻을 생각하면서 문장의 의미를 연관짓는 것이 좋다."[12]

讀書는 不可貪多이라 當且以大學爲先하여 逐段熟讀精思하여 須令了了分明이라야 方可改讀後段이라 看第二段에 却思量前段하여 令文意連屬이 却不妨이라

어떤 사람이 물었다. "『대학』을 조금 통하여 바야흐로 『논어』를 읽고자 합니다." 주자가 말씀하셨다. "도리어 옳지 않습니다. 『대학』의 뜻을 조금 통하면 바로 마음을 붙여 정독하기에 좋습니다. 지난날 독서할 때 전면만 보고 후면을 보지 못했거나 후면만 보고 전면을 보지 못했는데, 지금은 대강(大綱)과 체통(體統)을 알게 되었으니 정히 숙독하기 좋습니다. 그러니 이 『대학』을 읽어 힘을 기울임이 깊어지면 응용하는 것이 넓어질 것입니다. 옛날 윤화정(尹和靖)[13]은 이천(伊川)[14]을 뵈온 지 반 년 만에 바야흐로 『대학』과 「서명」(西銘)[15]을 얻어 보았습니다. 그런데 오늘날 사람들은 반 년 동안 많은 서적을 읽고자 합니다. 내가 우선 사람들에게 이 『대학』을 읽으라고 권하는 것이 어째서이겠습니까? 이 책은 분량이 많지는 않으나 규모가 두루 갖추어졌기 때문입니다. 무릇 독서를 할 때 제1항에 10할의 공부를 기울이면 제2항에는 8~9할의 공부를 하면 되고, 제3항에는 단지 6~7할의 공부를 하면 됩니다. 조금씩 독서하는 것이 점점 많아지면 저절로 이치를 관통하게 됩니다. 그러니 다른 책

---

12) 이는 『주자어류』 권10에 보인다.
13) 윤화정(尹和靖): 북송 때 학자 윤돈(尹焞, 1071~1142)을 말한다. 화정은 그의 호이며, 정자의 문인이다.
14) 이천(伊川): 북송 때 학자 정이(程頤, 1033~1107)의 호이다.
15) 「서명」(西銘): 북송 때 학자 장재(張載, 1020~77)가 지은 글이다.

을 읽을 때에는 절로 많은 공부를 하지 않아도 될 것입니다."[16]

問 大學稍通하여 方要讀論語라 한대 曰 且未可니 大學稍通이면 正好著(착)心精讀이라 前日讀時엔 見得前하고 未見得後面하며 見得後하고 未見得前面이러니 今識得大綱體統하니 正好熟看이라 讀此書에 功深則用博이라 昔에 尹和靖은 見伊川半年에 方得大學西銘看이러니 今人은 半年에 要讀多少書라 某且要人讀此는 是如何오 緣此書却不多나 而規模周備일새라 凡讀書는 初一項에 須著十分工夫了면 第二項엔 只費得八九分工夫요 第三項엔 便只費得六七分工夫라 少間讀漸多하면 自通貫이니 他書는 自著不得多工夫라

또 말씀하셨다. "『대학』을 볼 적에는 대지(大旨)를 볼 때까지 기다렸다가 다른 책으로 넘어가야 한다. 다만 『대학』을 볼 적에 큰 단락으로 묶고 작은 단락으로 나누어 글자마다 구절마다 소홀히 지나쳐서는 안 된다. 항상 암송하고 묵묵히 생각하여 반복해서 연구해야 한다. 암송할 적에 그 문구가 아직 입에 붙지 않으면 입에 붙게 해야 하고, 꿰뚫어 이해할 적에는 그 의미를 꿰뚫어 알아야 한다. 이미 꿰뚫어 안 뒤에는 그 내용이 내게 순일하고 익숙해지기를 구해야 하니 사색하지 않을 때에도 이런 생각이 항상 가슴속에 남아 있어 몰아내도 떠나지 않을 정도가 될 때까지 기다려야 한다. 그런 뒤에야 바야흐로 이 한 단락을 마치고 다음 단락으로 넘어갈 수 있다. 이와 같이 몇 단락을 읽은 뒤에는 마음이 편안하고 이치가 익숙해져서 공부하는 데에 힘이 덜 드는 시점을 느낄 것이니 그렇게 되면 점점 더 힘을 얻게 된다."[17]

---

16) 이는 『주자어류』 권14에 보인다.
17) 이는 『회암집』 권51 「답황자경」(答黃子耕)에 보인다.

看大學에는 俟見大指라가 乃及他書라 但看時에 須是更將大段하고 分作小段하여 字字句句를 不可容易放過라 常時暗誦黙思하고 反覆研究라 未上口時엔 須教上口하고 未通透時엔 須教通透라 已通透後엔 便要純熟이니 直待不思索時에도 此意常在心胸之間하여 驅遣不去라 方是此一段了하고 又換一段看이라 令如此數段之後에는 心安理熟하여 覺工夫省力時리니 便漸得力也리라

주자가 또 말씀하셨다. "『대학』은 하나의 빈 칸이니 지금 또한 그 빈 칸을 채워 그 내용을 가득 차게 해야 한다. 예컨대 격물을 말한 곳에서는 스스로 격물에 나아간 뒤에 채워 그것을 가득 차게 해야 하고, 성의도 그와 같이 해야 한다. 만약 이 책을 읽으면서 그 빈껍데기만 얻으면 또한 유익함이 없을 것이다."[18]

又曰 大學이 是一箇腔子니 而今却要塡教他實이라 如他說格物엔 自家須是去格物後塡教他實著이요 誠意亦然이라 若只讀得空殼子면 亦無益也라

또 말씀하셨다. "『대학』을 읽는 것이 어찌 그 언어를 보는 데 있겠는가? 바로 마음이 어떠한가에서 그 점을 징험하고자 해야 한다. 예쁜 여색(女色)을 좋아하는 듯이 하고, 나쁜 냄새를 싫어하는 듯이 하는 점을 내 마음에서 징험하고자 하면 '과연 능히 선을 좋아하고 악을 미워함이 이와 같은가?' '한가롭게 거처할 때에 불선을 행하는 점이 과연 나에게 이와 같은 점이 있는가?'라고 생각하여 조금이라도 지극하지 못한 점이 있으면 용맹하게 분발하는 마음을 그만두지 않아야 반드시 길게 진보함

---

18) 이는 『주자어류』권14에 보이는데, 두 단락을 합한 것이다.

이 있을 것이다. 지금 이와 같은 점을 모르면 책은 책대로 나는 나대로 별개가 될 것이니 무슨 유익함이 있겠는가."[19]

讀大學이 豈在看他言語리오 正欲驗之於心如何니 如好好色하고 〈如〉惡惡臭를 試驗之吾心하면 果能好善惡惡이 如此乎아 閒居爲不 善이 是果有此乎아 하여 一有不至어든 則勇猛奮躍을 不已라야 必有 長進하리라 今不知如此면 則書自書하고 我自我하리니 何益之有리오

또 말씀하셨다. "나는 일생 동안 단지 이 책만 보고 꿰뚫어서 전현(前 賢)들이 미처 도달하지 못한 점을 보았다. 온공(溫公)[20]이 『자치통감』 (資治通鑑)을 짓고 말씀하기를 '나의 평생의 정력이 모두 이 책에 들어 있다'고 하였는데, 나도 『대학』에 있어서 또한 그러하다. 먼저 이 책을 통 달해야 바야흐로 다른 책을 읽을 수 있다."[21]

又曰 某一生에 只看得這文字透하여 見得前賢所未到處라 溫公 이 作通鑑하고 言平生精力이 盡在此書라 한데 某於大學에도 亦然이 라 先須通此라야 方可讀他書라

또 말씀하셨다. "이천(伊川)이 옛날 사람들을 가르칠 때에 먼저 『대 학』을 읽게 하였다. 그 당시에는 『대학』을 해설한 것이 없었는데, 지금은 주해가 있어서 대단(大段)[22]이 분명하게 느껴지니, 단지 자세하게 보는 데 달렸다."[23]

---

19) 이는 『주자어류』 권16에 보인다.
20) 온공(溫公): 『자치통감』을 지은 송나라 때 사마광(司馬光, 1019~86)을 말한다.
21) 이는 구준(丘濬)의 『대학연의보』 권77에 보인다.
22) 대단(大段): 대체(大體)를 말한다.
23) 이는 『주자어류』 권14에 보인다.

又曰 伊川이 舊日教人에 先看大學이라 那時엔 未解說이로되 而今
有註解하여 覺大段分曉了하니 只在仔細看이라

또 말씀하셨다. "『대학』을 볼 때에는 우선 장(章)별로 이해하여 먼저
본문을 가지고 생각하고, 다음에는 장구(章句, 주석(註釋))를 가지고 본
문을 해석하며, 또 『대학혹문』을 가지고 장구를 참고해보라. 모름지기
한 대목씩 기억하며 반복해서 탐구하여 그 내용이 충분히 이해되길 기
다려야 한다. 이미 단락별로 깨치고 나면 또한 통합해보며 온고지신의
자세로 읽어야 한다."[24]

又曰 看大學엔 且逐章理會하여 先將本文念得하고 次將章句來
解本文하고 又將或問來參章句라 須逐一令記得하며 反覆尋究하여
待他浹洽이라 既逐段曉得하면 却統看温尋過라

또 말씀하셨다. "『대학』 한 책에는 정경(正經)이 있고 장구가 있으며
『대학혹문』이 있으니, 여러 번 보고 나면 『대학혹문』을 보지 않고 단지
장구만 보아도 될 것이다. 오래되면 또 정경만 보아도 될 것이며, 또 오
래되면 저절로 『대학』 한 책이 나의 가슴속에 있어서 정경도 보지 않게
될 것이다. 그러나 나의 허다한 공부를 하지 않으면 또한 나를 보는 안목
이 드러나지 않을 것이며, 성현의 허다한 공부를 하지 않으면 또한 성현
을 보는 안목도 드러나지 않을 것이다."[25]

又曰 大學一書는 有正經하고 有章句하고 有或問하니 看來看去면
不用或問하고 只看章句便了요 久之면 又只看正經便了요 又久之면

---

24) 이는 『주자어류』 권14에 보인다.
25) 이는 『주자어류』 권14에 보인다.

自有一部大學이 在我胷中하여 而正經亦不用矣리라 然이나 不用某
許多工夫면 亦看某底不出이요 不用聖賢許多工夫면 亦看聖賢底
不出이리라

또 말씀하셨다. "『대학장구』에 본문을 주해한 것이 상세하지 않은 점
은『대학혹문』에서 상세히 말하였다. 우선 처음부터 구절마다 이해하면
서 통달하지 못하는 대목에 이르면 또한『대학혹문』을 보라.『대학혹문』
은 곧 주각(註脚)의 주각이다."[26]

又曰 大學解本文未詳者는 於或問中에 詳之하니 且從頭逐句理
會하여 到不通處어든 却看하라 或問은 乃註脚之註脚이니라

또 말씀하셨다. "나는 경서를 주해할 때에 너무 많은 주석을 하려 하지
않았다. 또한 우선 학자들을 생각해 그들을 위해 의문점을 가설하여 설
명하였으니, 학자들이 볼 때에 용이하도록 한 것이다."[27]

某解書에 不合太多라 又先准備學者하여 爲他設疑說了하니 所以
致得學者看得容易了라

또 말씀하셨다. "사람들이 말하기를 '내가『대학』등 간략하지 않은 설
을 말하여 사람들로 하여금 스스로 생각을 극진히 하도록 하였다'고 하
니, 이 일은 그렇지 않다. 사람이 학문을 할 때에는 단지 그가 하려고 하
는가, 하려고 하지 않는가를 따질 뿐이다. 그가 이 속으로 향하려 하지
않으면 간략해도 생각을 극진히 할 줄 모를 것이다. 그가 이 쪽으로 향하

---

26) 이는 조순손(趙順孫)의『사서찬소』(四書纂疏) 권1 및『주자어류』권14에 보이
　　는 내용을 합한 것이다.
27) 이는『주자어류』권14에 보인다.

려 하면 자연히 재미가 있어서 상세할수록 더욱 재미가 있을 것이다."[28]

人只說某說大學等不略說하여 使人自致思라 하니 此事大不然이
라 人之為學이 只爭箇肯與不肯耳라 他若不肯向這裏면 略亦不解
致思요 他若肯向此一邊이면 自然有味하여 愈詳愈有味하리라

---

28) 이는 『어찬주자전서』(御纂朱子全書) 권57 및 「도통6」(道統六)에 보인다.

대학장구서 大學章句序

『대학』은 옛날 태학(太學)[1]에서 사람들을 가르치던 바의 법이다.

대개 하늘이 사람을 태어나게 한 뒤부터 이미 인(仁)·의(義)·예(禮)·지(智)의 본성을 사람에게 부여하지 않음이 없었다. 그러나 사람은 기질(氣質)을 품부받은 것이 혹 균등할 수 없다. 그러므로 모두 자기 본성이 그것을 소유하고 있는 줄 알아서 그것을 온전하게 함이 있을 수 없다. 그런 상황에서 총명하고 지혜로워 능히 자기 본성을 극진히 한 어떤 분이 그들 사이에서 태어나면 하늘이 반드시 그 사람에게 명하여 그로써 대중의 임금과 스승을 삼아 대중을 다스리고 가르치게 하여 그들의 본성을 회복하게 한다. 이것이 바로 복희(伏羲)[2]·신농(神農)[3]·황제(黃帝)[4]·요(堯)[5]·순(舜)[6] 같은 성왕들이 하늘의 뜻을 이어 이 세상에 표준을 세운 까닭이고, 사도(司徒)[7]의 직책과 전악(典樂)[8]의 관직이 그것

---

1) 태학(太學): 중국 고대부터 수도에 개설되었던 최고의 학부(學府). 주(周)나라 때부터 태학이라는 명칭이 있었다.
2) 복희(伏羲): 중국 고대 전설 속의 삼황(三皇)의 한 사람으로, 처음으로 팔괘(八卦)를 그렸다고 한다.
3) 신농(神農): 중국 고대 전술 속의 제왕으로, 복희씨가 몰한 뒤에 일어나 백성들에게 농사짓는 법을 가르쳤다고 한다.

을 말미암아 개설된 바이다.

삼대(三代)[9] 초기 문물이 융성한 시기에 법이 점점 갖추어졌다. 그런 뒤에 왕궁과 수도에서 시골 마을에 이르기까지 학교가 없는 곳이 없었다. 그래서 사람이 태어나 8세가 되면 왕공(王公)[10] 이하 서인(庶人)[11]의 아들·동생에 이르기까지 모두 소학교에 들어가 물 뿌리고 비질하며 어른에게 응하고 답하며 나아가고 물러가는 절도와 예절·음악·활쏘기·말타기·서예·수학의 글을 배웠다. 나이 15세 이르면 천자의 원자(元子)[12]와 여러 왕자들로부터 공(公)·경(卿)·대부(大夫)·원사(元士)[13]의 맏아들 및 일반 백성의 아들 중 준수한 자에 이르기까지 모두 태학에 입학하여 이치를 궁구하고 마음을 바르게 하며 자신을 수양하고 남을 다스리는 도리를 가르쳤다. 이것이 학교의 교육에 대·소의 구분이 나뉜 까닭이다.

학교를 설치한 것으로는 그 광범위함이 이와 같고, 학생들을 가르치는 방술에서는 그 차례·절목의 상세함이 또한 이와 같았다. 그런데 그 가르치는 내용은 또한 모두 임금이 몸소 실천해보고 마음으로 터득한 데에

---

4) 황제(黃帝): 중국 고대 전설 속의 제왕으로, 헌원씨(軒轅氏)라고 한다.

5) 요(堯): 중국 고대 제왕인 도당씨(陶唐氏)의 호.

6) 순(舜): 중국 고대 제왕인 유우씨(有虞氏)의 이름. 요임금에게 선양받았다.

7) 사도(司徒): 중국 고대 교육을 담당하던 관직.

8) 전악(典樂): 중국 고대 궁중의 음악을 관장하던 관직. 순임금 때 기(夔)가 이 직을 맡았다.

9) 삼대(三代): 하(夏)나라·은(殷)나라·주(周)나라를 말한다.

10) 왕공(王公): 주나라 때 왕(王)은 천자를 가리키고, 공(公)은 제후를 가리킨다. 한(漢)나라 이후 천자는 제(帝)라 하고, 제후는 왕이라 하였다.

11) 서인(庶人): 일반 평민을 말한다.

12) 원자(元子): 적장자(嫡長子)를 가리킨다.

13) 원사(元士): 주나라 때 천자의 하급 관리인 사(士)를 말한다. 제후의 사(士)와 다르게 일컬어 '원'(元)을 붙였다.

근본을 둔 것이어서 사람들이 일생생활 속의 떳떳한 인륜 밖에서 구하기를 기다리지 않았다.

그러므로 당시의 사람들은 배우지 않는 자가 없었고, 학교에서 교육받은 사람들은 자기 본성 속에 본디 간직하고 있는 것과 자기 직분상 마땅히 해야 할 바를 알아 각자 그 일에 힘을 써서 그 힘을 극진히 하지 않음이 없었다. 이것이 옛날 문물이 성대한 시절에 정치가 위에서 융성하고 풍속이 아래에서 아름다워 후세 사람들이 능히 미칠 수 있는 바가 아닌 까닭이다.

주나라의 문물이 쇠미해지자 어질고 성스러운 임금이 나타나지 않고 학교를 세워 교육시키는 정사도 제대로 이루어지지 않아서 교화가 무너지고 아름다운 풍속이 없어졌다. 당시 공자(孔子)[14] 같은 성인이 계셨지만 임금과 스승의 지위를 얻어 그 정치와 교화를 행할 수 없었다. 이에 홀로 선왕(先王)[15]의 법도를 취해 말씀을 하여 전해서 후세 사람들에게 그 법도를 알려주셨다. 예컨대 「곡례」(曲禮)「소의」(少儀)「내칙」(內則)[16]「제자직」(弟子職)[17] 같은 여러 편의 글은 참으로 소학(小學)[18]의 지류이거나 후예에 해당하는 것이고, 이 『대학』은 소학의 성공을 인하여 대학의 밝은 법을 드러낸 것이니, 밖으로는 그 규모가 큰 점을 지극히 함이 있고, 안으로는 그 절목이 상세함을 극진히 함이 있다. 공자 문하

---

14) 공자(孔子): 공구(孔丘, 기원전 551~479)를 말한다. 자는 중니(仲尼)이며, 노(魯)나라 곡부(曲阜) 출신이다. 유학을 창시한 사상가이다.

15) 선왕(先王): 옛날 훌륭했던 성왕(聖王)을 일컫는 말이다.

16) 「곡례」(曲禮)「소의」(少儀)「내칙」(內則): 모두 오경의 하나인 『예기』(禮記)의 편명이다.

17) 「제자직」(弟子職): 『관자』(管子)의 편명이다.

18) 소학(小學): 소학교에서 가르치는 교과 내용을 말한다. 8세부터 15세 이하의 어린이들이 배우는 쇄소응대진퇴의 절도 및 예악사어서수의 글을 가리킨다.

의 제자 3천 명 중 그 말씀을 듣지 않은 사람이 없었을 것이지만, 증씨(曾氏)[19]가 전한 것이 유일하게 그 종지(宗旨)를 얻었다. 이에 그들이 전한 뜻을 글로 지어 그 의미를 드러냈다. 맹자(孟子)[20]가 별세하게 되어서는 그 전함이 세상에서 사라졌다. 그러니 그 책이 비록 남아 있었지만 그 뜻을 아는 사람은 드물었다.

이로부터 속유(俗儒)들의 기억하고 외우거나 문장을 짓는 등의 학습은 그 노력이 소학을 배우는 것보다 배나 되었지만 쓸모가 없었고, 이단(異端)의 허무(虛無)·적멸(寂滅)의 가르침[21]은 고원함이 대학에서 배우는 것보다 지나쳤지만 실제가 없었다. 그 밖에 권모술수가로서 온갖 방법을 써서 공명(功名)을 이루려 하는 설, 그리고 제자백가와 여러 기예(技藝)의 부류로서 혹세무민하여 인의를 가로막는 설이 그런 분위기 속에서 어지러이 뒤섞여 나타났다. 그리하여 그 시대 위정자로 하여금 불행히도 대도(大道)의 요지를 들을 수 없게 하였으며, 그 시대 일반인들로 하여금 불행히도 지치(至治)의 혜택을 받을 수 없게 하였다. 이처럼 어둡고 꽉 막힌 분위기가 반복되면서 더욱 침체되어 오대(五代)[22]의 쇠락한 시대에 이르러 그 도가 무너져 어지러워짐이 극에 달했다.

천운(天運)은 순환하여 지나가면 돌아오지 않음이 없어 송나라의 덕

---

19) 증씨(曾氏): 공자의 제자인 증삼(曾參)과 그의 문인들을 포괄해 지칭하는 말이다.
20) 맹자(孟子): 맹가(孟軻, 기원전 372~289)를 말한다. 자는 자여(子輿)이며, 추(鄒)나라 출신이다. 공자-증자(曾子)-자사(子思)로 전해진 도통을 계승하여 제자백가와 논쟁하며 유학을 일으켜 세우는 데 공헌하였다.
21) 이단(異端)의……가르침: 대체로 허무(虛無)는 도교(道教)를 가리키고, 적멸(寂滅)은 불교를 가리키는 것으로 본다
22) 오대(五代): 당나라와 송나라 사이의 후량(後梁)·후당(後唐)·후진(後晉)·후한(後漢)·후주(後周)가 번갈아 서는 혼란스러웠던 시대를 가리킨다.

이 융성하여 정치와 교화가 아름답고 밝아졌다. 이에 하남 정씨(河南程氏) 두 선생[23]께서 태어나 맹씨(孟氏)[24]가 전한 것을 접함이 있게 되었다. 실상 처음으로 이분들이 이『대학』을 존신하여 드러냈고, 또 이 책을 위해 편차를 다시 정해서 그 귀결되는 의미를 드러냈다. 그런 뒤에 옛날 태학에서 사람을 가르치던 법과 성경(聖經)·현전(賢傳)[25]의 본지가 세상에 다시 찬란히 밝혀졌다. 비록 나의 불민함에도 다행히 두 선생을 사숙하여 참여해 그 가르침을 들을 수 있었다. 다만 이『대학』은 아직도 잃어버린 것이 많다. 그러므로 나의 고루함을 잊고 여러 서적에서 관련 내용을 채집해 모으고 간혹 나의 의견을 삼가 첨부하여 빠진 부분을 보충해서 후세의 밝은 군자를 기다린다. 나는 참람한 짓을 하여 죄를 피할 길이 없음을 잘 알지만, 국가가 백성을 교화하고 풍속을 이루려는 의도와 학자들이 자신을 수양하고 남을 다스리는 방도에는 반드시 작은 도움이 없지 않을 것이다.

순희(淳熙) 기유년(1189) 2월 갑자일(20일)에 신안(新安) 주희(朱熹)가 서문을 짓다.

大學之書는 古之大(太)學에 所以敎人之法也라

蓋自天降生民으로 則旣莫不與之以仁義禮智之性矣라 然이나 其氣質之稟이 或不能齊라 是以로 不能皆有以知其性之所有而全之也라 一有聰明叡智하여 能盡其性者가 出於其間하면 則天必命之하

---

23) 하남 정씨(河南程氏) 두 선생: 북송 때 학자 정호(程顥)와 정이(程頤) 형제를 가리킨다. 하남(河南)은 황하 중류 남쪽의 낙양(洛陽) 지역을 가리킨다.

24) 맹씨(孟氏): 맹자와 그의 문인들을 가리킨다.

25) 성경(聖經)·현전(賢傳): 성인인 공자의 말씀을 기록한 경문(經文)과 현인인 증자의 말씀을 기록한 전문(傳文)을 말한다. 주자는『대학』을 경문과 전문으로 나누어 해석하기 때문에 이와 같이 말한 것이다.

여 以爲億兆之君師하여 使之治而敎之하여 以復其性이라 此伏羲神農黃帝堯舜이 所以繼天立極이요 而司徒之職과 典樂之官이 所由設也라

三代之隆에 其法이 寖備라 然後에 〈自〉王宮國都로 以及閭巷히 莫不有學이라 人生八歲어든 則自王公以下로 至於庶人之子弟히 皆入小學하야 而敎之以灑掃應對進退之節과 禮樂射御書數之文하고 及其十有五年이어든 則天子之元子衆子로 以至公卿大夫元士之適(嫡)子와 與凡民之俊秀히 皆入大(太)學하여 而敎之以窮理正心修己治人之道라 此又學校之敎에 大小之節이 所以分也라 夫以學校之設로는 其廣이 如此하고 敎之之術로는 其次第節目之詳이 又如此로되 而其所以爲敎는 則又皆本之人君躬行心得之餘하여 不待求之民生日用彝倫之外라 是以로 當世之人은 無不學이요 其學焉者는 無不有以知其性分之所固有와 職分之所當爲하야 而各俛焉하여 以盡其力이라 此古昔盛時에 所以治隆於上하고 俗美於下하여 而非後世之所能及也라

及周之衰하여 賢聖之君이 不作하고 學校之政이 不修하여 敎化가 陵夷하고 風俗이 頹敗라 時則有若孔子之聖이나 而不得君師之位하여 以行其政敎이라 於是에 獨取先王之法하여 誦而傳之하여 而詔後世라 若曲禮少儀內則弟子職諸篇은 固小學之支流餘裔요 而此篇者는 則因小學之成功하여 以著大學之明法하니 外有以極其規模之大하고 而內有以盡其節目之詳者也라 三千之徒가 蓋莫不聞其說이언마는 而曾氏之傳이 獨得其宗이라 於是에 作爲傳義하여 以發其意라 及孟子沒하얀 而其傳이 泯焉하니 則其書雖存이나 而知者鮮矣라

自是以來로 俗儒記誦詞章之習은 其功이 倍於小學이나 而無用하

고 異端虛無寂滅之敎는 其高이 過於大學이나 而無實이라 其他權謀術數로 一切以就功名之說과 與夫百家衆技之流로 所以惑世誣民하여 充塞仁義者가 又紛然雜出乎其間하여 使其君子로 不幸而不得聞大道之要하고 其小人으로 不幸而不得蒙至治之澤이라 晦盲否塞이 反覆沈痼하여 以及五季之衰하여 而壞亂이 極矣라

天運은 循環하여 無往不復이라 宋德이 隆盛하여 治敎休明이라 於是에 河南程氏兩夫子出하여 而有以接乎孟氏之傳이라 實始尊信此篇하여 而表章之하고 旣又爲之하여 次其簡編하여 發其歸趣라 然後에 古者大(太)學敎人之法과 聖經賢傳之指가 粲然復明於世라 雖以熹之不敏으로도 亦幸私淑하여 而與有聞焉이라 顧其爲書이 猶頗放失이라 是以로 忘其固陋하고 采而輯之하며 間亦竊附己意하여 補其闕略하여 以俟後之君子라 極知僭踰無所逃罪나 然於國家化民成俗之意와 學者修己治人之方에는 則未必無小補云이라

淳熙 己酉 二月 甲子에 新安 朱熹가 序하노라

해설

「대학장구서」에 대해 처음으로 단락을 나누어 요지를 파악한 사람은 신안 진씨(新安陳氏, 진력(陳櫟))이다. 그의 설은 구체적으로 명료하게 언급된 것이 없는데, 조선 후기 임상덕(林象德, 1683~1719)은 그의 설을 다음과 같이 6단락으로 나누어 요지를 파악한 것으로 보았다.

단락	범위
제1단락	大學之書……所以敎人之法也
제2단락	蓋自天降下民……所由設也
제3단락	三代之隆……所能及也
제4단락	及周之衰……其節目之詳者也

제5단락	三千之徒……壞亂極矣
제6단락	天運循環……小補云

그런데 조선 후기 김근행(金謹行, 1712~82)은 신안 진씨의 설을 따르지 않고, 다음과 같이 독자적으로 단락을 나누어 요지를 파악하였다.

단락	범위	요지
제1단락	大學之書……所以教人之法也	전체의 뜻을 총괄해 결단
제2단락	蓋自天降下民……所由設也	근본을 미루어 학교를 세운 연유
제3단락	三代之隆……所能及也	법이 구비되고 교육이 행해짐
제4단락	及周之衰……知者鮮矣	교육은 폐지되었지만 그 글은 남음
제5단락	自是以來……壞亂極矣	이단이 도를 해침
제6단락	天運循環……小補云	태학의 교육이 다시 세상에 밝아짐

김근행은 송시열-권상하-한원진(韓元震)-심조(沈潮)·강규환(姜奎煥)으로 이어지는 학맥을 잇고, 김창협·김창흡으로부터 학문적 영향을 받은 인물로, 김창협의 손자인 김원행(金元行)과 교분이 두터웠다. 그의 설은 신안 진씨의 설을 약간 수정해서 논리구조를 더 명확히 한 것인데, 요지파악에서 확인할 수 있듯이 이단이 도를 해치는 부분을 별도의 요지로 보아 단락을 나눈 것이다.

조선시대 학자들은 명나라 영락연간(永樂年間) 호광(胡廣) 등이 편찬한 대전본을 교재로 삼았기 때문에 첫머리에 실린 주희의 「대학장구서」에 대해서도 정밀하게 분석하였다. 그런 학풍 속에서 조선시대 후기에 「대학장구서」를 몇 단락으로 나누어 요지를 파악할 것인가에 대한 다양한 설이 제기되었다.

대학장구 大學章句

자정자(子程子)[1]가 말씀하셨다. "『대학』은 공씨(孔氏)의 유서(遺書)[2]로 초학자들이 덕으로 들어가는 문이다.[3] 오늘날 옛사람들이 학문을 하던 차례를 볼 수 있는 것으로는 이 편[4]이 남아 있는 데에 의지할 뿐이며, 『논어』『맹자』는 그 다음이 된다. 학자들이 반드시 이 편을 말미암아 배우면 거의 옛사람들이 학문을 하던 것과 차이가 나지 않을 것이다."

子程子曰 "大學은 孔氏之遺書로 而初學入德之門也라 於今에
可見古人爲學次第者는 獨賴此篇之存이요 而論孟은 次之라 學者가
必由是而學焉이면 則庶乎其不差矣리라" 하니라

---

1) 자정자(子程子): 앞의 '자'(子)는 '선생'을 의미하는 말로 '우리 선생님 정자께서'라는 뜻이다.
2) 공씨(孔氏)의 유서(遺書): 공씨(孔氏)는 공자(孔子)와 그의 후학들을 통칭해서 일컫는 말이다. '공씨의 유서'라는 말은 '공자 학파에서 전한 책'이라는 뜻이다.
3) 『대학』은……문이다: 『대학』은 후대에 입덕문(入德門)으로 인식되었다. 그것은 사대부 지식인이 갖추어야 할 공부의 규모가 모두 들어 있는 가장 기본적인 서적이라고 보았기 때문이다.
4) 이 편: 「대학」(大學)을 말한다. 「대학」이 『예기』 49편 중 한 편이기 때문에 그렇게 말한 것이다.

해설

이를 후대에는 '편제'(篇題)라 부른다. 『대학』이라는 책의 제목에 대한 풀이라는 의미이다. 『대학』을 입덕문(入德門)으로 본 정자의 설은 후대 학자들에게 큰 영향을 미쳤다.

경일장 ^{經一章}

경-01

대학[5]의 도는 명덕(明德)을 밝히는 데 있고, 백성을 새롭게 하는 데 있고, 지극한 선의 경지에 이르러 머무는[6] 데 있다.

大學之道는 在明明德하고 在親(新)民하고 在止於至善이니라

[장구]

정자(程子)는 말씀하기를 "'친'(親)은 '신'(新)이 되어야 한다"고 하였다.

'대학'(大學)은 '대인의 학문'(大人之學)[7]이라는 뜻이고 '명'(明)은 '밝히다'라는 뜻이다. '명덕'(明德)은 사람이 하늘[天]에서 얻어 텅 비고 신령스러우며 어둡지 않아서[虛靈不昧] 온갖 이치를 갖추고[具衆理] 온 갖 일에 응하는[應萬事] 것이다.[8] 다만 그것이 기품(氣稟)[9]에 의해 구

---

5) 대학: 여기서 말하는 '대학'은 책명을 말하는 것이 아니고, 주자의 주에 보이는 것처럼 '대인지학'(大人之學)을 의미한다. '대학'이라는 어휘에는 책명을 말하는 경우가 있고, '대인의 학문'이라는 뜻으로 쓰이는 경우가 있고, 학교의 명칭인 태학(太學)으로 쓰이는 경우가 있다.

6) 이르러 머무는: 원문의 '지'(止)는 '그치다'라는 뜻이 아니라 최고의 경지에 이르러 추락하지 않고 계속해서 머문다는 뜻이다.

7) 대인의 학문(大人之學): 소인, 즉 일반인이 하는 학문과 상대적인 의미로 한 말이다. 진리를 탐구하고 인격을 수양하여 사회적으로 지도자가 되는 학문을 뜻한다.

애되고 인욕(人欲)에 의해 가려지면[10] 때로는 혼매함이 있게 된다. 그러나 그 본체의 밝음은 일찍이 없어지지 않는 것이 있으므로 학자들은 그것이 발한 것을 인하여 드디어 그 명덕을 밝혀 그 처음의 상태를 회복해야 한다.

'신'(新)은 그 옛날의 습속을 혁신하는 것을 말한다. 말하자면 이미 자신의 명덕을 스스로 밝히면 그것을 미루어 남에게 미쳐서 그들로 하여금 구습에 물든 더러운 습속을 제거함이 있게 해야 한다는 것이다.

'지'(止)는 반드시 거기에 이르러 옮아가지 않아야 한다는 뜻이다. 지선(至善)은 사리(事理)의 당연한 극치이다. 말하자면 명명덕·신민이 모두 지선의 경지에 이르러 머물며[11] 옮아가지 않아야 한다는 것이다. 이는 대개 기필코 그가 천리(天理)의 극치를 극진히 하여 털끝만큼의 인욕(人欲)의 사사로움이 없도록 함이 있고자 하는 것이다.

이 세 가지가 대학의 강령이다.

程子曰 親은 當作新이라 大學者는 大人之學也라 明은 明之也라 明德者는 人之所得乎天으로 而虛靈不昧하여 以具衆理而應萬事者也라 但爲氣稟所拘하고 人欲所蔽면 則有時而昏이라 然이나 其本體之明은 則有未嘗息者라 故로 學者는 當因其所發하여 而遂明之하여 以復其初也라 新者는 革其舊之謂也라 言旣自明其明德하고 又當

---

8) 명덕(明德)은……것이다: 이는 주자가 '명덕'을 해석한 것인데, 후대에 거의 전범으로 받아들여진 말이다. 흔히 허령불매를 심(心)으로, 구중리를 성(性)으로, 응만사를 정(情)으로 보아 심통성정(心統性情)의 의미로 해석한다. 또한 이 구절에 의거해 심합이기(心合理氣)를 주장하기도 한다.

9) 기품(氣稟): 타고난 기질(氣質)을 말한다.

10) 인욕(人欲)에……가려지면: '인욕'(人欲) 앞에 '위'(爲)가 생략되었다.

11) 이르러 머물며: 원문의 '지'(止)를 '지'(至)의 오자로 보는 조선시대 학자들의 설이 있다.

推以及人하여 使之亦有以去其舊染之汚也라 止者는 必至於是而
不遷之意라 至善은 則事理當然之極也라 言明明德新民이 皆當止
於至善之地而不遷이라 蓋必其有以盡夫天理之極하여 而無一毫人
欲之私也라 此三者는 大學之綱領也라

해설

이는 『대학』의 삼강령(三綱領)을 말한 것이다. 원문에 '친민'(親民)으
로 되어 있는데, 정자가 '신민'(新民)으로 고친 것을 주자가 수용하였다.
대개 주자학파에서는 '신민'으로 해석하고, 양명학파 내지 고본을 중시
하는 학자들은 원문대로 '친민'으로 해석하는 사람이 많다.

삼강령은 세 가지 강령을 뜻한다. 그런데 지어지선(止於至善)은 목표
이기 때문에 공부에 관한 강령은 실제로 명명덕과 신민 두 가지인 셈이
다. 명명덕은 오로지 나를 향상시키기 위한 공부이고, 신민은 그렇게 공
부한 것을 남들에게 미쳐나가는 것이다. 그래서 명명덕에는 팔조목의
격물(格物)·치지(致知)의 진리탐구와 성의(誠意)·정심(正心)·수신
(修身)의 심성수양이 소속되고, 신민에는 팔조목의 제가(齊家)·치국(治
國)·평천하(平天下)가 소속된다. 유학은 나로부터 가까운 데로 교화를
미쳐나가는 것을 원칙으로 하기 때문에 나의 덕을 완성하면 가까운 집
안사람들에게 그 영향을 미치고, 그다음에는 나라 사람에게 미치며, 최
종적으로 온 세상 사람들에게 미치는 것이다. 신민은 명명덕을 통해 얻
은 덕을 남에게 미쳐나가는 것으로, 추기급인(推己及人)에 해당한다.
그래서 『대학』 팔조목의 논리를 간추리면 지(知)·행(行)·추행(推行)이
된다.

신민에 해당하는 제가·치국·평천하는 자칫 남을 다스리는 통치행위
로 인식하기 쉬운데, 강령의 신민은 남들을 새롭게 변화시키는 것을 말

하고 있기 때문에 모두 집안사람들과 나라 사람들과 천하 사람들을 변화시키는 것을 의미한다. 물론 그들이 사는 공간적 범주는 가정과 국가와 천하이지만 나의 처신을 바르게 하여 남들을 변화시키는 것에 근본을 두고서 말한 것이다.

명명덕과 신민은 원시유학의 수기(修己)·치인(治人)의 논리와 유사하다. 다만 치인(治人)은 통치하는 것이 아니고, 교(敎)와 화(化)를 위주로 하여 말한 것이다. 또한 지도자의 입장에서 이를 적당히 하면 안 되기 때문에 '지극한 선의 경지'〔至善〕에 이르기를 요구하고, 또 그 지극한 선의 경지에서 항상 머물며 추락하지 말아야 함을 강조한 것이다.

주자의 주에 보이는 '명덕'에 대한 해석은 후대 학자들에게 매우 중요하게 인식되었다. 그래서 심통성정(心統性情)·심합이기(心合理氣)를 주장하는 학자들의 논거가 되었다. 그러나 이에 대해서도 이견이 없지 않아 조선 후기 명덕설 논쟁이 치열하게 전개되었다.

대체로 심(心)은 거울, 성(性)은 거울의 이치, 허령불매는 거울의 광명(光明), 기품(氣稟)은 거울의 재질에 비유한다.

경-02

〔격물치지를 하여 지선(至善)의 소재를 알게 되면 그칠 바를 알게 된다.〕 그칠 바를 안 뒤에는 심지(心志)에 정해진 방향이 있게 되니, 심지에 정해진 방향이 있게 된 뒤에는 마음이 능히 고요해지고, 마음이 고요해진 뒤에는 마음이 처하는 곳마다 능히 편안해지며, 마음이 편안해진 뒤에는 능히 일을 사려하게 되고, 일을 사려한 뒤에는 능히 그칠 바를 얻게 된다.

知止而后에 有定이니 定而后에 能靜하고 靜而后에 能安하고

安而后에 能慮하고 慮而后에 能得이니라

【장구】

'지'(止)는 마땅히 그쳐야 할 바의 경지이니, 곧 지선이 있는 곳이다. 이를 알면 심지에 정해진 방향이 있게 된다. '정'(靜)은 마음이 함부로 움직이지 않는 것을 말한다. '안'(安)은 처하는 곳마다 편안해짐을 말한다. '여'(慮)는 일을 조처하는 것이 정밀하고 상세함을 말한다. '득'(得)은 그가 그칠 바를 얻은 것을 말한다.

止者는 所當止之地니 卽至善之所在也라 知之면 則志有定向이라 靜은 謂心不妄動이요 安은 謂所處而安이요 慮는 謂處事精詳이요 得은 謂得其所止라

해설

이 경일장 제2절의 지지(知止)·정(定)·정(靜)·안(安)·여(慮)·득(得)은 육사(六事), 즉 여섯 가지 일이라는 뜻이다. 주자는 지지(知止)를 어떤 이치를 안 것으로 보고, 그 다음의 정·정·안·여·득 다섯 가지 일은 공부(工夫)가 아니라 공효(功效)의 차례라고 보았다. 공부는 노력하는 행위를 말하고, 공효는 노력을 통해 얻어진 결과를 말한다. 그래서 뒤에 보이는 팔조목의 경우, 격물·치지·성의·정심·수신·제가·치국·평천하는 공부라 하고, 물격(物格)·지지(知至)·의성(意誠)·심정(心正)·신수(身修)·가제(家齊)·국치(國治)·천하평(天下平)은 공효라 한다. 그래서 이 육사를 삼강령의 공효로 보기도 하고, 그칠 바를 안 뒤의 공효의 차례로 해석하기도 한다.

그런데 후대 격물치지전(格物致知傳)은 궐실(闕失)된 것이 아니라 착간(錯簡, 책장 또는 편·장의 순서가 잘못됨)된 것이라고 보는 학자들

은 이 절과 다음 절을 뒤로 옮겨 격물치지전의 결어인 '차위지본 차위지지지야'(此謂知本 此謂知之至也)와 합쳐 격물치지전으로 보는 개정설을 제기하였다. 그 대표적인 인물이 주자의 재전 문인인 동괴(董槐, ?~1262)와 삼전 문인인 왕백(王柏, 1197~1274)이다.

조선 초기의 권근(權近 1352~1409)은 지지(知止)를 격물·치지를 한 지지(知至)의 공효로 보고, 나머지는 그 뒤에 나오는 공효의 차례로 보았다. 그는 동괴 등의 개정설을 따르지 않고, '지지'(知止)를 물격(物格)·지지(知至)한 뒤의 공효로 보았다(權近, 『入學圖說』, 「大學指掌之圖」: "夫所謂'知止'者 物格知至以後之效."). 그래서 그는 「대학도」(大學圖)를 그리면서 삼강령의 지어지선(止於至善) 밑에 육사를 배열하고, 지지(知止) 밑에 '물격지지지효'(物格知至之效)라고 쓴 것이다. 그리고 정·정·안·여는 지지(知止)로부터 능득(能得)에 이르는 맥락으로 역시 공효로 말한 것이라 하고, 능득(能得)은 명명덕과 신민이 모두 지어지선을 얻는 것으로 보았다. 이 역시 공효로 본 것이다. 이 점이 아래 「대학도」에 잘 드러나 있다. 권근은 우리나라 최초로 「대학도」를 그린 사람이다.

16세기 이황(李滉, 1501~70)은 권근의 「대학도」를 약간 수정하고 거의 그대로 수용하여 「대학도」를 그렸다. 이황의 「대학도」는 「성학십도」(聖學十圖)에 들어 있는데, 아래와 같다.

이황도 권근과 마찬가지로 지지(知止) 제1절을 그칠 바를 안 공효로 파악하였다.

주자의 『대학혹문』에서는 제2절에 대해 다음과 같이 풀이하고 있다.

대체로 명명덕·신민은 모두 지선(至善)에 머물려 하는 것이다. 그러나 먼저 지선이 있는 바를 앎이 있지 않으면, 마땅히 그쳐야 할 바를

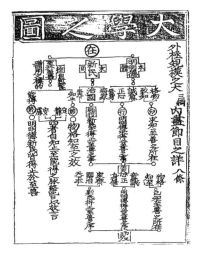

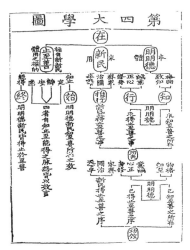

권근의 「대학도」　　　　　이황의 「대학도」

얻어 거기에 그침이 있을 수 없다. 마치 화살을 쏘는 자가 참으로 정곡을 맞히고자 하지만, 먼저 그 정곡이 있는 바를 앎이 있지 않으면 마땅히 맞추어야 할 바를 얻어 그것을 맞춤이 있을 수 없는 것과 같다. '지지(知止)……'라고 말한 것은 물격(物格)·지지(知至)해서 천하의 사물에 대해 모두 그 지선이 있는 바를 앎이 있는 것이니, 이는 곧 내가 마땅히 그쳐야 할 곳이다. 그칠 바를 능히 알면 마음속 모든 사물에 대해서 정해진 이치가 있게 된다. 이치가 이미 정해짐이 있으면 그 마음을 움직일 수 없어 능히 고요해진다. 마음이 능히 고요해지면 처할 곳을 택하는 것이 없어 능히 평안해진다. 능히 평안해지면 일상생활 속에서 조용히 한가하여 사물에 이르러도 그것을 헤아려 능히 사려하게 된다. 능히 사려하면 일에 따라 이치를 살펴 심오한 뜻을 지극히 하고 기미를 연마해서 그 그쳐야 할 바의 경지를 얻어 그곳에 그치지 않음이 없게 된다.

주자는 '지지'(知止)에 대해 격물·치지의 공부를 통해 물격·지지하여 지선의 소재인 마땅히 그쳐야 할 경지를 아는 것이라 하였다. 즉 물격·지지 이후의 일로 목표가 어디인지를 적확하게 아는 것이다. 그래서 주자는 경문에 나오는 '물격이후지지'(物格而后知至)의 주석에서 "사물의 이치가 이르러 앎이 지극해지면 그칠 바를 알게 된다"(物格知至 則知所止矣)라고 해석하였다. 그 뒤의 정(定)·정(靜)·안(安)은 목표가 정해진 뒤의 심리적 상태를 의미하며, 여(慮)는 일이 진행되려 할 즈음의 마음가짐이다. 그리고 득(得)은 그칠 바의 목표에 도달하는 것을 말한다. 그러므로 주자는 『대학장구』 주에서 '득'을 '득기소지'(得其所止)라고 주해하였다. 이렇게 볼 때 '지지'(知止)는 '사유종시'(事有終始)의 '시'(始)에 해당하고, '득'은 '종'(終)에 해당하며, 정·정·안·여는 그 중간의 심리상태라 할 수 있다.

그런데 주자는 『대학장구』 경일장 팔조목의 공효를 언급한 주에 "의성(意誠) 이하는 모두 그칠 바를 얻는 차서이다"(意誠以下 則皆得所止之序也)라고 하여 의성 이하 여섯 가지 일을 모두 그칠 바를 얻는 차서로 보았다. 이렇게 되면 정·정·안·여와 의성 이하 팔조목 공효의 관계를 어떻게 설정할 것인가 하는 문제가 대두된다.

이에 대해 김취려(金就礪, 1526~?)는 스승 이황에게 "한 책에 두 단락의 행정(行程)이 있어 혼란스럽다"고 물었고, 이황은 주자가 이효술(李孝述)의 문목(問目)에 답한 내용을 인용해 답하였다. 김취려는 이 문제에 대해 허엽(許曄)과 격론을 벌였는데, 결국 스승의 설에 따라 정·정·안을 '지지'(知止) 이후의 절차로 보았다.

주자는 정·정·안·여에 대해 공자가 15세에 지학(志學)하고 30세에 이립(而立)하며 40세에 불혹(不惑)하고 50세에 지천명(知天命)하며 60세에 이순(耳順)하고 70세에 종심소욕불유구(從心所欲不踰矩)한 것처럼 종신토록 나아가야 할 차서로 보지 않았다. 그는 '지지'(知止)에서 '능득'(能得)에 이르는 것이 '지학'(志學)에서 '이립'(而立)에 이르는 것과 유사하다고 보아 정·정·안은 단지 한 단계 나아가는 중간의 세분화된 것일 뿐이라고 하였다. 그리하여 주자는 "정·정·안·여·득 다섯 자는 공효의 차례이지 공부의 절목이 아니다. 이는 그칠 바를 알게 되면 자연히 서로 인하여 나타난다"고 하였다.

이황은 이런 주자의 설에 따라 정·정·안·여를 '지지'(知止)로부터 '능득'(能得)에 이르는 맥락으로 보고 이렇게 해설했다.

"정·정·안은 지지와 능득 사이에 있는 것으로 공효의 차례가 서로 인하여 나타나는 것이다. 성의(誠意)에 있어서는 성의가 그칠 바를 알아 의성(意誠)을 얻는데 정·정·안 세 가지는 그 중간에 있으며, 정심(正心)에 있어서는 정심이 그칠 바를 알아 심정(心正)을 얻는데 이 정·정·안 세 가지는 또 그 중간에 있게 된다. 수신·제가·치국·평천하에 있어서도 이 세 가지 다 그 중간에 있게 된다. 별도로 다른 영역을 가지고 있으면서 건수에 따라 일이 나타나는 것은 아니다. 그러니 어찌 성의·정심·수신과 상대적인 것으로 보아 그것들의 공효로 삼을 수 있겠는가?"

이런 인식에 의해 이황은 정·정·안을 성의·정심·수신의 공효로 보는 우리나라 학자들의 설을 그릇되다고 여겼다.

경-03

물(物)[12]에는 본(本)과 말(末)이 있고, 일[事][13]에는 종(終)과 시(始)

---

12) 물(物): 주자는 장구의 주에서 명덕을 본으로, 신민을 말로 보았다. 이 논리에 따르면 이 물(物)은 삼강령의 명명덕과 신민이 된다. 후대에 이 물을 효(孝)·제(悌)·자(慈) 등으로 달리 보는 설이 등장하였다.

가 있으니, 먼저 할 바와 나중에 할 바를 알면 도에 가까울 것이다.

物有本末하고 事有終始하니 知所先後면 則近道矣니라

【장구】

명덕은 본(本)이 되고 신민은 말(末)이 되며, 지지(知止)는 시(始)가 되고 능득(能得)은 종(終)이 된다. 본(本)·시(始)는 먼저 할 바이고, 말(末)·종(終)은 나중에 할 바이다. 이 절은 위의 문장 두 절의 의미를 결론지은 것이다.

明德이 爲本이요 新民이 爲末이며 知止가 爲始요 能得이 爲終이라 本始는 所先이요 末終은 所後라 此는 結上文兩節之意라

해설

경일장은 모두 7절로 되어 있는데, 해석하는 사람에 따라 상경(上經)과 하경(下經)으로 나눈다. 상경은 제1절부터 제3절까지로 삼강령과 본말·종시를 말한 것으로 보며, 하경은 제4절부터 제7절까지로 팔조목과 본말을 말한 것으로 본다.

격물치지전이 착간되었다고 보는 후대 학자들은 제2절과 제3절을 합해 뒤로 옮겨 격물치지전으로 삼는데, 학자에 따라 설이 다양하게 나타난다.

주자는 명덕을 본(本)으로, 신민을 말(末)로 보았고, 지지를 시(始)로, 능득을 종(終)으로 보았다. 그런데 이에 대해서도 후대 이견을 보이는 학자들이 나타난다.

---

13) 일〔事〕: 주자는 장구의 주에서 지지(知止)를 시(始)로, 능득(能得)을 종(終)으로 보았다. 이 논리에 따르면 사(事)는 지지(知止) 이하 육사(六事)가 된다.

경-04

옛날 온 천하 사람들에게 그들의 명덕을 밝히게 하고자 했던 사람은[14] 먼저 자기 나라 사람들을 잘 다스렸고, 자기 나라 사람들을 잘 다스리고자 한 사람은 먼저 자기 집안사람들을 균평하게 대하였고, 자기 집안사람들을 균평하게 대하려 한 사람은 먼저 자기 몸을 닦았고, 자기 몸을 닦으려 한 사람은 먼저 자기 마음을 바르게 하였고, 자기 마음을 바르게 하고자 한 사람은 먼저 자기 마음속에 싹트는 생각을 선으로 가득 채웠고, 마음속에 싹트는 생각을 선으로 가득 채우려 한 사람은 먼저 자기의 앎을 극진히 하였으니, 자기의 앎을 극진히 하는 것은 사물에 나아가는 데에 달렸다.

古之欲明明德於天下者는 先治其國하고 欲治其國者는 先齊其家하고 欲齊其家者는 先修其身하고 欲修其身者는 先正其心하고 欲正其心者는 先誠其意하고 欲誠其意者는 先致其知하니 致知는 在格物하니라

【장구】

'명명덕어천하'(明明德於天下)는 온 천하 사람들로 하여금 모두 그들의 명덕을 밝히고자 함이 있는 것이다. '심'(心)은 '몸이 주인으로 삼는 것'이다. '성'(誠)은 '채우다'〔實〕라는 뜻이고 '의'(意)는 '마음〔心〕이 발하는 것'이니 그 마음이 발하는 것을 채워서 그 스스로 만족하길 기필하

---

14) 옛날……사람은: 이 구는 문장 그대로 '옛날 천하에 명덕을 밝히고자 한 사람은'이라고 번역하면 틀린다. 왜냐하면 천하 사람들에게 자기의 명덕을 밝힌다는 뜻이 되기 때문이다. 그래서 주자는 장구의 주에서 '사천하지인'(使天下之人)이라고 하였다.

여 자신을 속임이 없도록[15] 하려는 것이다. '치'(致)는 '미루어 지극히 하는 것'이고 '지'(知)는 '알다'[識]와 같으니 나의 지식을 미루어 지극히 해서 그 아는 것이 극진하지 않음이 없고자 하는 것이다. '격'(格)은 '이르다'[至]라는 뜻이고, '물'(物)은 '사'(事)와 같으니 사물의 이치에 끝까지 이르러서 그 극처가 이르지 않음이 없고자 하는 것이다.

이 여덟 가지가 대학의 조목이다.

明明德於天下者는 使天下之人으로 皆有以明其明德也라 心者는 身之所主也라 誠은 實也요 意者는 心之所發也니 實其心之所發하여 欲其必自慊而無自欺也라 致는 推極也요 知는 猶識也니 推極吾之 知識하여 欲其所知無不盡也라 格은 至也요 物은 猶事也니 窮至事物之理하여 欲其極處無不到也라 此八者는 大學之條目也라

해설

이 경일장 제4절은 팔조목을 평천하로부터 거꾸로 말하였고, 또 그것이 공부에 해당하기 때문에 후대 학자들은 역추공부(逆推工夫)라고 하였다. 팔조목은 공부와 공효로 말하였는데, 공부는 내가 노력하는 공정(工程)이고, 공효는 그런 공부를 통해 얻어지는 효험을 말한다. 그래서 다음 제5절은 순추공효(順推功效)라고 한다.

이 제4절은 '고지욕명명덕어천하자'(古之欲明明德於天下者)라고 한 첫 구절의 해석이 어렵다. 이 구절은 평천하를 말한 것인데, 평천하는 성왕이 온 백성들의 마음을 다 밝혀주는 것이 아니라 성왕이 솔선하여 모범을 보이면 온 백성들이 그것을 보고 따라 하는 것이다. 그러므로 '옛날

---

15) 스스로……없도록: 원문의 '무자기'(無自欺)는 전 제6장에 보이는 '무자기'(毋自欺)와 다르다. 전자는 자기(自欺)가 완전히 없어진 상태를 의미하고, 후자는 스스로 자신을 속이지 않으려는 노력을 의미한다.

천하 사람들에게 명덕을 밝혀 주고자 한 사람은'이라고 번역하지 않는다. 그래서 주자의 주에도 '천하 사람들로 하여금 모두 그들의 명덕을 밝히게 함이 있는 것이다'고 말한 것이다.

주자 주의 '자겸'(自謙)은 전 제6장 성의장(誠意章)에 보이는 말이다. '무자기'(無自欺)는 공효로써 말한 것으로 스스로 자신을 속이는 마음이 모두 없어져버린 상태를 말한다. 성의장에 보이는 '무자기'(毋自欺)는 스스로 자신을 속이지 말라는 뜻이기 때문에 공부에 해당한다.

주자의 주 '욕기극처무불도야'(欲其極處無不到也)의 '극처'(極處) 다음에 토를 '에'로 달 것인가, '이'로 달 것인가를 두고 16세기 이황의 문인들이 문제를 제기하였다. 그것은 그 이치의 극처에 나의 인식이 이르는 것인가 아니면 그 이치의 극처가 나에게 이르는 것인가 하는 인식의 문제를 따진 것이다. 후대 기호학파의 이재(李縡)는 마음이 물리의 극처에 이르는 것이 아니라 물리가 극처에 이르지 않음이 없는 것이라고 하였다. 19세기 영남학파의 최상룡(崔象龍)은 이는 노력을 하는 것이 아니니, 이로부터 저곳으로 이른다는 말이라고 하였다.

이 대목 대전본 소주의 주자 설에는 "격물은 몽각관(夢覺關)이고, 성의는 인귀관(人鬼關)이다. 이 두 관문을 지나면 그다음의 공부는 한 절 한 절 쉬워져 치국·평천하에 이르기까지 걸어가는 길이 더욱 넓어진다"고 하였다. 16세기 조식(曺植)은 이 문구에 주목하여 진리를 탐구하여 인식하는 격물치지를 몽각관으로, 그것을 통해 내 마음속 생각을 선으로 가득 채우는 성의를 인귀관으로 중시했다. 몽각관은 내 의식이 혼몽한 상태에 있는가 아니면 깨어 있는가 하는 관문이고, 인귀관은 내 마음이 선을 지향하는가 그렇지 못하는가 하는 관문이다. 조식은 이 점을 중시하여 심성수양을 요약해 그린 「신명사도」(神明舍圖)에 몽각관과 인귀관을 표기해두었다.

팔조목의 공부에 있어서 격물·치지는 진리를 탐구하는 지적 탐구에 해당하고, 성의·정심·수신은 그 앎을 통해 내 몸과 마음을 수양하는 실천에 해당한다. 그래서 여기까지 5조목은 삼강령의 명명덕에 소속된다. 그리고 제가·치국·평천하는 나의 인격을 완성한 뒤에 다른 사람, 즉 나와 가까운 집안사람들로부터 점차 미루어 나라 사람들, 그리고 궁극적으로 온 세상 사람들에게까지 그 덕의 교화를 미치게 하는 것이다.

성의(誠意)는 흔히 '뜻을 성실하게 한다'고 해석하는데, 이는 옳지 않다. 의(意)는 마음속에서 막 일어나는 생각을 의미한다. 그리고 성(誠)은 '성실하다'가 아니라 '가득 채우다'라는 뜻이다. 그런데 그 내용이 악에 빠지지 않도록 선으로 가득 차게 한다는 의미이다.

제가(齊家)는 흔히 '집안을 가지런히 하다' 또는 '집안을 다스리다'라고 해석하는데, 이도 옳지 않다. '가'(家)는 '집안사람들'을 가리키는 말이고, '제'(齊)는 '가지런히하다'라는 뜻이지만 '균평하게 대하다'라는 뜻도 있다. 치국과 평천하는 임금이 모든 백성을 다 대할 수 없기 때문에 솔선수범하여 따라 하게 하는 것이다.

경-05

사물의 이치가 이른 뒤에 앎이 지극해지고, 앎이 지극해진 뒤에 내 마음속에 싹튼 생각이 선으로 가득 차게 되고, 마음속에 싹튼 생각이 선으로 가득 찬 뒤에 내 마음이 바르게 되고, 내 마음이 바르게 된 뒤에 내 몸이 닦이고, 내 몸이 닦인 뒤에 집안사람들이 균평히 대우받게 되고, 집안사람들이 균평히 대우받게 된 뒤에 나라 사람들이 잘 다스려지고, 나라 사람들이 잘 다스려진 뒤에 온 세상 사람들이 평안하게 된다.

物格而后에 知至하고 知至而后에 意誠하고 意誠而后에 心正하고 心正而后에 身修하고 身修而后에 家齊하고 家齊而后에 國治하고 國治而后에 天下平이니라

【장구】

'격물'(格物)은 물리의 극처가 이르지 않음이 없는 것이다. '지지'(知至)는 내 마음이 아는 바가 극진하지 않음이 없는 것이다. 앎이 극진해지면 마음속에 싹튼 생각을 선으로 가득 채울 수 있고, 마음속에 싹튼 생각이 선으로 가득 차면 마음이 바르게 될 수 있다. 팔조목의 수신 이상은 명명덕의 일이고, 제가 이하는 신민의 일이다. 물격(物格)·지지는 그칠 바를 아는 것이고, 의성(意誠) 이하는 모두 그칠 바를 얻는 차서이다.

物格者는 物理之極處가 無不到也라 知至者는 吾心之所知가 無不盡也라 知既盡이면 則意可得而實矣요 意既實이면 則心可得而正矣라 修身以上은 明明德之事也요 齊家以下는 新民之事也라 物格知至는 則知所止矣요 意誠以下는 則皆得所止之序也라

해설

이 경일장 제5절은 순추공효(順推功效)를 말한 것이다. 주자의 주에 의하면 팔조목의 공효 가운데 물격·지지는 그칠 바를 아는 것이고, 의성 이하는 그칠 바를 얻는 차서라고 하였다. 이 말이 경일장 제2절의 육사(六事)를 해석하는 데 결정적인 영향을 끼쳤다. 그래서 조선시대 주자학을 존신하는 학자들은 팔조목의 물격·지지를 육사의 지지(知止)에 연관시키고, 육사의 정(定)·정(靜)·안(安)·여(慮)·득(得)을 의성 이하 6조목이 그칠 바를 얻는 차례로 해석하였다.

경-06

천자로부터 일반인에 이르기까지 일체의 사람들이 모두 수신(修身)[16]으로 근본을 삼는다.

自天子로 以至於庶人히 壹是皆以修身爲本이니라

【장구】

'일시'(壹是)는 일체라는 뜻이다. 정심(正心) 이상은 모두 수신하는 것이고, 제가 이하는 이를 들어 그 일을 조처하는 것이다.

壹是는 一切也라 正心以上은 皆所以修身也요 齊家以下는 則擧此而措之耳라

해설

이 경일장 제6절은 모든 사람들이 먼저 명명덕의 수신을 해야 한다고 말한 것이다. 팔조목의 수신 이상은 지(知)와 행(行)을 말하니, 곧 나의 명덕을 밝히는 일이다. 모두 이를 근본으로 삼아야 한다는 것은 진리를 탐구하고 자신의 인격을 수양해야 한다는 말이니, 『중용』의 도문학(道問學)과 존덕성(尊德性)의 일이다. 지도자는 남을 다스리기 이전에 먼저 자신의 지식과 도덕을 확립해야 한다. 그러므로 이를 근본으로 보고, 제가 이하를 말단으로 본 것이다.

---

16) 수신(修身): 여기서 말하는 수신은 팔조목의 하나인 수신이 아니라 팔조목의 격물·치지·성의·정심·수신을 모두 통칭한다.

경-07

그 근본이 어지러운데도 그 말단이 잘 다스려지는 경우는 없으며,
그 후하게 대할 사람에게 박하게 대하면서도 그 박하게 대할 사람에게
후하게 대하는 경우는 아직까지 있지 않았다.

其本亂而末治者는 否矣며 其所厚者에 薄이오 而其所薄者
에 厚는 未之有也니라

【장구】

'본'(本)은 자신(身)을 말하고, '소후'(所厚)는 집안사람들을 말한다.
이 2절(제6절, 제7절)은 앞 문장 2절의 의미를 결론지은 것이다.

이상은 경일장(經一章)이니 아마도[17] 공자의 말씀인데 증자가 기술
한 듯하고, 그 아래 전문 10장은 증자의 의도가 담긴 것인데, 그의 문인
이 기술한 것이다. 옛날 판본[18]에 자못 착간(錯簡)[19]이 있기 때문에 지
금 내가 정자(程子)께서 개정한 바를 따르고, 또 경문을 다시 고찰하여
별도로 차서를 정해서 아래와 같이 편차를 정하였다.

무릇 전문에는 경전을 여기저기서 인용하여 통일된 기강이 없는 듯하
다. 그러나 문리(文理)가 접속되고 혈맥(血脈)이 관통하여 깊음과 얕음
그리고 시작과 끝맺음이 지극히 정밀하니, 〔독자들이〕 익숙하게 읽고 상
세하게 음미하면 오랜 뒤에는 그 본지(本旨)를 볼 것이기 때문에 지금
내가 모든 것을 다 해석하지 않는다.

---

17) 아마도: 본문의 '개'(蓋)는 여기서 '아마도'라는 의미도 쓰였다.
18) 옛날 판본: 십삼경주소본『예기』의 한 편으로 들어 있는「대학」을 말한다.
19) 착간(錯簡): 죽간(竹簡)이 제자리에 있지 않고 끈이 떨어져 나가 다른 곳에 잘
　　못 편입되어 있는 것을 말한다.

本은 謂身也라 所厚는 謂家也라 此兩節은 結上文兩節之意라 右는 經一章이니 蓋孔子之言인데 而曾子가 述之하고 其傳十章은 則曾子之意인데 而門人이 記之也라 舊本에 頗有錯簡일새 今因程子所定하고 而更考經文하여 別爲序次가 如左라 凡傳文에는 雜引經傳하여 若無統紀라 然이나 文理接續하고 血脈貫通하여 深淺始終이 至爲精密하니 熟讀詳味하면 久當見之일새 今不盡釋也하노라

해설

경일장 제7절도 앞의 제6절과 마찬가지로 본말을 말한 것으로 해석한다. '본'은 나에 관한 명명덕을 말하고, '말'은 내가 아닌 남에 관한 것이므로 제가 이하가 그에 해당한다. 또 주자는 '소후'(所厚)를 '가'(家)라고 하였으니, 집안사람들을 말한다. 그렇다면 그 뒤의 '소박'(所薄)은 집안사람들이 아닌 나라 사람들이 된다. 역시 치인(治人)을 언급하면서도 본과 말을 나누어본 것이다.

'우경일장'(右經一章) 이하를 장하주(章下註)라고 한다. 장하주에는 경일장·전십장의 작자 문제와 주자가 편차를 개정한 것에 대해 언급하고 있다. 그 아래 장하주에는 전문의 문리접속(文理接續)과 혈맥관통(血脈貫通)에 대해 언급하고 있으며, 독자들이 스스로 『대학』의 논리구조를 터득해야 하기 때문에 상세히 주석하지 않은 점을 거론하였다.

『대학』을 해석하는 데 중요한 것이 주자가 언급한 문리접속과 혈맥관통이다. 문리접속은 문장의 논리구조를 분석하는 것이고, 혈맥관통은 전체를 하나의 일관되고 통일된 논리로 파악하는 것이다.

전 제1장 傳一章

전1-01

『서경』「강고」(康誥)[20]에 말하기를 "능히 덕을 밝힌다"고 하였으며,

康誥에 日 "克明德이라"하며

【장구】

「강고」는 『서경』의 주서(周書)[21]이다. '극'(克)은 '능히'라는 뜻이다.

康誥는 周書라 克은 能也라

전1-02

『서경』「태갑」(太甲)[22]에 말하기를 "이 하늘의 밝은 명을 돌아본다"

---

20) 「강고」(康誥):『서경』의 편명으로 주나라 무왕의 동생 강숙(康叔)을 위후(衛侯)
　　로 삼을 때 고명(誥命)한 말이다.

21) 주서(周書):『서경』에 수록된 주나라 때의 글.『서경』은 순임금 시대의 일을 기
　　록한 우서(虞書), 하나라 때의 일을 기록한 하서(夏書), 상(商)나라 때의 일을
　　기록한 상서(商書), 주나라 때의 일을 기록한 주서로 되어 있다.

22) 「태갑」(太甲):『서경』의 편명으로 상(商)나라 초 이윤(伊尹)이 왕위를 계승한
　　태갑(太甲)에게 고계(告戒)한 절차와 태갑이 왕복한 말을 사관이 기록해놓은
　　것이다. 상·중·하 3편으로 되어 있다.

고 하였으며,

太甲에 曰 "顧諟天之明命이라" 하며

【장구】

「태갑」은 상서(商書)²³⁾이다. '고'(顧)는 항상 눈이 그곳에 있는 것을 말한다. '시'(諟)는 '차'(此)와 같다. 어떤 사람은 "'시'(諟)가 '살피다'라는 뜻이다"고 하였다. 하늘의 밝은 명은 곧 하늘이 나에게 부여하여 내가 덕으로 삼은 것이다. 항상 눈이 거기에 있으면 어느 때인들 밝지 않음이 없을 것이다.

太甲은 商書라 顧는 謂常目在之也라 諟는 猶此也라 或曰 審也라 天之明命은 卽天之所以與我하여 而我之所以爲德者也라 常目在之는 則無時不明矣라

전1-03

『서경』「제전」(帝典)²⁴⁾에 말하기를 "능히 큰 덕을 밝힌다"라고 하였으니,

帝典에 曰 "克明峻德이라" 하니

【장구】

「제전」은 『서경』「요전」(堯典)을 말하니, 우서(虞書)²⁵⁾이다. '준'(峻)

---

23) 상서(商書): 『서경』에 수록된 상나라 때의 일을 기록한 글.
24) 「제전」(帝典): 『서경』 첫머리 「요전」을 가리킨다.
25) 우서(虞書): 『서경』에 수록된 순임금 때의 글. 우서에 「요전」과 「순전」이 들어 있다.

은 크다는 뜻이다.

帝典은 堯典이니 虞書라 峻은 大也라

전1-04

이는 모두 〔자기의 명덕을〕 스스로 밝히는 것이다.

皆自明也니라

〔장구〕

〔이 절은〕 인용한 글이 모두 자기의 덕을 스스로 밝힌다는 의미를 말한 것임을 결론지은 것이다. 이상은 전문 제1장이니, 명명덕(明明德)을 해석한 것이다. 전 제1장 이하 전 제3장 제3절 '지어신'(止於信)까지 통틀어 옛날 판본 전 제3장 제5절에는 '몰세물망'(沒世勿忘) 밑에 잘못 들어가 있다.

結所引書皆言自明己德之意라 右는 傳之首章이니 釋明明德이라 此通下三章至止於信하여 舊本에 誤在沒世不忘之下라

해설

전 제1장은 삼강령의 명명덕을 해석한 것이다. 증자가 『서경』의 「강고」「태갑」「요전」 등의 문구를 인용하여 명덕을 밝히는 것이 근본임을 말한 것이다. 전 제1장에는 '명'(命)과 '덕'(德)이 등장하는데, 하늘에 있는 것을 '명'이라 하고, 사람에게 있는 것을 '덕'이라 한다. 즉 하늘은 인간에게 본성을 명하고, 인간은 그것을 받아 자기의 덕으로 삼는다. 흔히 '덕'을 '득'(得)의 의미로 풀이하는데, 이는 하늘이 명한 것을 인간이 얻어서 덕으로 삼았다는 뜻이다.

제1절과 제3절의 '극'(克)은 '능'(能)과 통용하는데, 수동이 아닌 능동의 의미를 갖는다. 따라서 수동적인 자세가 아니라 '능동적으로'의 의미가 들어 있다. 제2절의 '고'(顧)는 범범하게 '돌아보다'라고 해석해서는 안 되고, 주자가 '상목재지'(常目在之)라고 풀이한 의미를 음미해야 한다. 즉 하늘이 우리 인간에게 밝게 명한 본성을 항상 잊지 말고 간직해야 한다는 것이다. 제4절의 '자명'(自明) 뒤에는 '기지명덕'(己之明德)을 의미하는 목적어가 생략되어 있다.

전 제2장 傳二章

전2-01

탕(湯)임금[26]의 세숫대야에 새겨넣은 명(銘)[27]에 "진실로 어느 날 예전의 나쁜 습관을 버리고 나를 새롭게 변화시킴이 있으면 그로 인해 나날이 새롭게 변화시켜 나가고, 또 날마다 새롭게 변화시켜라"라고 하였으며,

湯之盤銘에 曰 "苟日新이어든 日日新하고 又日新이라" 하며

【장구】

'반'(盤)은 몸을 씻는 대야이다. '명'(銘)은 그 기물(器物)에 이름을 새겨서 스스로 경계하는 말이다. '구'(苟)는 '진실로'(誠)라는 뜻이다. 탕임금은 사람이 자기 마음을 깨끗이 씻어 악을 제거하는 것으로써 자기 몸을 씻어 때를 제거하는 것과 같다고 여겼기 때문에 자신의 세숫대야에 이런 문구를 새겨넣은 것이다. 그 내용이 "진실로 능히 어느 날 예전에 물든 더러움을 씻어내 스스로 자신을 새롭게 하였다면 이미 자신을 새롭게 변화시킨 것을 인하여 나날이 자신을 새롭게 변화시키고, 또 날

---

26) 탕(湯)임금: 하나라 폭군 걸왕(桀王)을 정벌하고 상나라를 개국한 임금.
27) 명(銘): 기물이나 비석에 자신을 경계하고 깨우치는 문구를 새겨넣은 것이다.

마다 자신을 새롭게 변화시켜 나가 조금도 중단함이 있어서는 불가하다"는 점을 말한 것이다.

盤은 沐浴之盤也라 銘은 名其器하여 以自警之辭也라 苟는 誠也라 湯이 以人之洗濯其心하여 以去惡으로 如沐浴其身하여 以去垢라 故로 銘其盤이라 言誠能一日에 有以滌其舊染之汚而自新이면 則當因其已新者하여 而日日新之하고 又日新之하여 不可略有間斷也라

전2-02

『서경』「강고」에 말하기를 "새롭게 변화하는[28] 백성들을 진작(振作)시켜라"라고 하였으며,

康誥에 曰 "作新民이라" 하며

【장구】

백성들을 고동(鼓動)시키고 춤추게 하는 것을 '작'(作)이라 하니 이는 스스로 새롭게 변화하는 백성들을 떨쳐 일어나게 함을 말한 것이다.

鼓之舞之之謂作이니 言振起其自新之民也라

전2-03

『시경』의 시에 "주(周)나라가 비록 오래된 나라이지만[29] 그 명이 새

---

28) 새롭게 변화하는: 새롭게 변화하고 있는 백성을 진작시키라는 뜻으로, '새롭게 변한 백성'으로 해석하면 잘못이다.
29) 주(周)나라가……나라이지만: 주나라 시조는 후직(后稷)인데, 순임금시대 농사일을 담당하던 관원이다. 후직으로부터 문왕에 이르기까지는 약 1천여 년이

로워졌다[30)]"고 하였으니,

詩에 曰 "周雖舊邦이나 其命維新이라"하니

【장구】

『시경』의 시는 대아(大雅) 「문왕」(文王)이다. 말하자면 주나라가 비록 오래된 나라이지만 문왕 때에 이르러 능히 그 덕을 새롭게 하여 백성들에게 미쳐서 비로소 천명을 받게 되었다는 것이다.

詩는 大雅의 文王之篇이라 言周國雖舊나 至於文王하여 能新其德하여 以及於民하여 而始受天命也라

전2-04

그러므로 군자는 어떤 경우인들 그 지극함을 쓰지 않음이 없다.[31)]

是故로 君子는 無所不用其極이니라

넘기 때문에 오래된 나라라고 한 것이다.

30) 그 명이 새로워졌다: '기'(其)는 주나라를 가리키고, '명'(命)은 천명(天命)을 말한다. '유'(維)는 허사(虛辭)로 별 뜻이 없다. '신'(新)은 주나라가 제후국으로 오랫동안 내려오다가 문왕에 이르러 천명을 받아 천자국으로서의 위상을 새로이 갖게 되었다는 말이다.

31) 어떤……없다: 무소불용기극(無所不用其極)은 '무(無)~불(不)~'의 용법으로 강한 긍정을 나타낸다. '극'(極)은 삼강령의 지어지선(止於至善)을 가리킨다. 그러므로 '소'(所)는 자신(自新)과 신민(新民)을 모두 포함하여 말한 것이다. 즉 군자는 자신의 덕을 새롭게 변화시킬 경우에도 지선(至善)에 머물기를 추구하고, 백성을 새롭게 변화시킬 경우에도 지선에 머물기를 추구한다는 말이다.

자신(自新)[32]과 신민(新民)이 모두 지선의 경지에 머물고자 하는 것이다. 이상은 전 제2장이니, 신민을 해석한 것이다.

自新新民이 皆欲止於至善也라 右는 傳之二章이니 釋新民이라

해설

전 제2장은 신민을 해석한 것인데, 제1절은 탕임금의 자신(自新)을 말하여 전 제1장의 명명덕을 해석한 것과 연관시켰다. 또한 자신(自新)은 신민의 근본이 되는 것이므로 먼저 이 점을 말한 것이다. 제2절은 민신(民新)을 말한 것이다. 윗사람이 자신을 변화시키자 아랫사람도 그것을 본받아 스스로 변화를 추구하게 되면 그들이 계속해서 자신을 새롭게 변화시키도록 고무하고 진작시키는 것을 말한다. 제3절은 국신(國新)을 말한 것이다. 민중들이 변화하는 데 그치지 않고 나라가 새롭게 변화하는 것을 말한 것이다. 제4절은 자신을 새롭게 변화시키는 일이건, 남을 새롭게 변화시키는 일이건 모두 최선을 다하여 지선의 경지에 머물도록 해야 한다는 말이다.

---

32) 자신(自新): 스스로 자신을 새롭게 변화시키는 것을 말한다. 전 제2장 제1절 탕임금의 일화가 그것이다.

전 제3장 ^{傳三章}

전3-01

『시경』의 시에 말하기를 "나라의 기내(畿內)³³⁾ 사방 천 리의 땅이여,
백성들이 머물러 사는 곳이네"라고 하였다.

詩云 "邦畿千里여 惟民所止라" 하니라

【장구】

『시경』의 시는 상송(商頌)³⁴⁾ 「현조」(玄鳥)이다. '방기'(邦畿)는 천자
의 도읍지이다. '지'(止)는 '머물다'〔居〕라는 뜻이니, 생물은 각자 마땅
히 머물 장소가 있음을 말한 것이다.

詩는 商頌玄鳥之篇이라 邦畿는 王者之都也라 止는 居也니 言物
各有所當止之處也라

---

33) 기내(畿內): 천자가 직접 다스리는 직할지를 가리킨다.
34) 상송(商頌):『시경』송(頌)은 종묘제례악인데, 주나라의 종묘제례악인 주송(周
頌), 노나라의 종묘제례악인 노송(魯頌), 은나라의 종묘제례악인 상송(商頌)으
로 구성되어 있다. 상송은 5편이 남아 있다.

전3-02

『시경』의 시에 "휙 휙이요[35] 지저귀는 꾀꼬리여, 언덕 모서리에 머물러 있네"라고 하였는데, 공자께서 말씀하시기를 "저 새도 그칠 곳에서 그칠 줄 아니, 사람이면서도 저 새만 못할 수 있겠는가?"라고 하셨다.

詩云 "緡蠻黃鳥여 止于丘隅라" 하여늘 子曰 "於止에 知其所止로소니 可以人而不如鳥乎아" 하시니라

【장구】

『시경』의 시는 소아(小雅)[36] 「면만」(緡蠻)이다. '면만'은 새소리이다. '구우'(丘虞)는 산의 언덕 숲이 무성한 곳이다. '자왈'(子曰) 이하는 공자가 『시경』의 시를 해석한 말씀이니, 사람도 마땅히 머물 곳을 알아야 함을 말씀하신 것이다.

詩는 小雅緡蠻之篇이라 緡蠻은 鳥聲이라 丘隅는 岑蔚之處라 '子曰'以下는 孔子說詩之辭니 言人當知所當止之處也라

---

35) 휙 휙이요: 본문의 '면만'(緡蠻)은 꾀꼬리가 지저귀는 소리를 나타내는 의성어인데, 우리말로 표현하기가 매우 어렵다. 꾀꼬리는 모내기철인 6월에 볼 수 있는데, 울음소리가 '꾀꼴 꾀꼴'이 아니고 '휙 휙이요'와 유사한 소리로 들린다. 그 소리가 맑고 높아 청아하다. 꾀꼬리가 우는 철에는 몸에 노란색 털이 나기 때문에 황조(黃鳥)라고 한다.

36) 소아(小雅): 『시경』의 문체는 풍(風)·아(雅)·송(頌)으로 나누어보는데, 풍은 민간가요이고, 아는 사대부들이 지은 관료문학이고, 송은 종묘제례악이다. 아(雅)는 다시 소아(小雅)와 대아(大雅)로 나뉘는데, 소아는 주로 연회할 때의 음악이고, 대아는 궁중 조회에 쓰이던 음악이다.

『시경』의 시에 "깊고 원대한 생각을 하신 문왕이시여, 아! 선왕의 덕을 계승하고 밝혀 공경한 마음으로 지선의 경지에 머무셨네[37]"라고 하였으니, 문왕께서는 임금이 되었을 때에는 인(仁)에 머무셨고, 신하가 되었을 적에는 경(敬)에 머무셨고, 자식이 되어서는 효(孝)에 머무셨고, 아비가 되어서는 자(慈)에 머무셨고, 나라 사람들과 교유할 때에는 신(信)에 머무셨던 것이다.

詩云 "穆穆文王이여 於(오)緝熙敬止라"하니 爲人君엔 止於仁하시고 爲人臣엔 止於敬하시고 爲人子엔 止於孝하시고 爲人父엔 止於慈하시고 與國人交엔 止於信이러시다

【장구】

『시경』의 시는 대아(大雅) 「문왕」(文王)이다. '목목'(穆穆)은 깊고 원대하다는 뜻이다. '오'(於)는 탄식하여 찬미하는 말이다. '집'(緝)은 계승해 이었다는 말이다. '희'(熙)는 빛나게 밝혔다는 뜻이다. '경지'(敬止)는 문왕이 공경하지 않음이 없어서 머물 바에 편안하였음을 말한 것이다. 이 구절을 인용하여 성인이 머무는 것은 지선의 경지가 아닌 것이 없음을 말한 것이니, 그 아래 다섯 가지는 바로 그 조목 가운데서 큰 것들이다. 학자들이 여기에서 그 정미함이 온축된 것을 궁구하고, 또 그 유형

---

37) 아!……머무셨네: 본문의 '오집희경지'(於緝熙敬止)는 해석하기가 매우 어렵다. 오(於)는 감탄사이고, 집희(緝熙)는 선왕의 덕을 계승해서 더 밝힌다는 뜻이며, 경지(敬止)는 그렇게 해서 이루어진 공경한 마음으로 지선의 경지에 머무는 것을 말한다. 대체로 조선 후기 학자들은 집희를 공부(工夫)에 관한 것으로, 경지를 공효(功效)에 관한 것으로 해석하였다.

을 미루어 그 나머지 부분을 극진히 하면 천하의 일에 대해 모두 자기가 그쳐 머물 바를 알아서 의심함이 없게 될 것이다.

詩는 文王之篇이라 穆穆은 深遠之意라 於(오)는 歎美辭라 緝은 繼續也오 熙는 光明也라 敬止는 言其無不敬而安所止也라 引此하여 而言聖人之止는 無非至善이니 五者는 乃其目之大者也라 學者가 於此에 究其精微之蘊하고 而又推類하여 以盡其餘하면 則於天下之事에 皆有以知其所止而無疑矣리라

전3-04

『시경』의 시에 "저 기수(淇水)[38]의 물굽이를 바라보니, 푸른 대나무가 파릇파릇하구나. 문채 나는 군자이시여, 자른 듯하고 갈아낸 듯하며, 쪼아낸 듯하고 다듬은 듯하네. 엄밀하고 꿋꿋하며, 빛나고 성대하니, 문채 나는 군자이시여, 끝내 당신을 잊을 수 없네"라고 하였으니, '자른 듯하고 갈아낸 듯하다'(如切如磋)는 학문(學)을 말한 것이고, '쪼아낸 듯하고 다듬은 듯하다'(如琢如磨)는 스스로 자신을 닦는 것을 말한 것이고, '엄밀하고 꿋꿋하다'(瑟兮僩兮)는 근신하며 두려워하는 마음을 말한 것이고, '빛나고 성대하다'(赫兮喧兮)는 내면의 덕이 쌓여 겉으로 드러난 위엄 있는 자세를 말한 것이고, '문채 나는 군자이시여, 끝내 당신을 잊을 수 없네'(有斐君子 終不可諠兮)는 그분의 성대한 덕과 지극한 선을 백성들이 잊을 수 없음을 말한 것이다.

詩云 "瞻彼淇澳(욱)혼대 菉竹猗猗로다 有斐君子여 如切如磋하며 如琢如磨로다 瑟兮僩兮며 赫兮喧兮니 有斐君子여

---

38) 기수(淇水): 중국 하남성 북부에 있는 황하의 지류.

終不可諠兮라" 하니 如切如磋者는 道學也요 如琢如磨者는 〈道〉自修也요 瑟兮僩兮者는 〈道〉恂慄也요 赫兮喧兮者는 〈道〉威儀也요 有斐君子終不可諠兮者는 道盛德至善을 民之不能忘也니라

【장구】

『시경』의 시는 위풍(衛風) 「기욱」(淇澳)[39]이다. '기'(淇)는 강물 이름이고 '욱'(澳)은 물굽이이다. '의의'(猗猗)는 아름답고 성대한 모양이다. 이 시의 수사법은 흥(興)[40]이다. '비'(斐)는 문채 나는 모양이다.

'절'(切)은 칼[刀]과 톱[鋸]으로 자르는 것이고, '탁'(琢)은 망치[椎]와 끌[鑿]로 쪼아내는 것이다. 이 모두 물건을 잘라 형질을 이루게 하는 것이다. '차'(磋)는 줄[鑢]과 대패[錫]로 문지르고 다듬는 것이고, '마'(磨)는 모래[沙]와 자갈[石]로 갈고 다듬는 것이다. 이 모두 물건을 손질하여 매끄럽고 윤기 나게 하는 것이다. 뿔과 뼈를 손질할 때는 크게 잘라낸 뒤 다시 문지르고 다듬으며, 옥과 돌을 손질할 때는 크게 쪼갠 뒤 다시 갈고 다듬는다. 이는 모두 공인이 그것들을 손질할 때에 일을 시작하는 공정이 있어서 더욱 그 정밀함을 극진히 함을 말한 것이다.

'슬'(瑟)은 엄밀한 모양이고, '한'(僩)은 힘있고 꿋꿋한 모양이다. '혁'

---

39) 「기욱」(淇澳): 『시경』 위풍 「기욱」은 위(衛)나라 사람들이 위 무공(衛武公)의 덕을 찬미한 노래이다.

40) 흥(興): 『시경』 육의(六義)의 하나로, 자신의 감정을 말하기 전에 먼저 다른 사물을 말하여 자신이 말하고자 하는 정감을 불러일으키는 수사법을 말한다. 흥(興)은 일으킨다는 뜻이다. 여기에 인용된 「기욱」으로 말하면, 앞에 '첨피기욱 녹죽의의'(瞻彼淇澳 綠竹猗猗)를 먼저 말하여 대나무의 새잎이 파릇파릇 신선함을 말해서 시인이 말하고자 하는 '유비군자'(有斐君子)를 불러일으킨 것이 바로 흥이다.

(赫)과 '훤'(喧)은 겉으로 드러나 성대한 모양이다. '훤'(諠)은 잊는다는 뜻이고 '도'(道)는 '말하다'라는 뜻이다. '학'(學)은 강습하고 토론하는 일이고 '자수'(自修)는 성찰(省察)하고 극치(克治)[41]하는 공부이다. '준율'(恂慄)은 전전긍긍하며 두려워하는 것이다. '위'(威)는 두려워할 만한 것이고, '의'(儀)는 본받을 만하다는 것이다.

작자는 『시경』의 시를 인용·해석하여 명덕을 밝히는 자가 지선에 머문 것을 증명한 것이다. '도학'(道學)과 '자수'(自修)는 그가 그 덕을 얻는 바의 연유를 말한 것이고, '준율'과 '위의'(威儀)는 그 덕스런 용모의 안과 밖이 성대함을 말한 것이니, 마침내 그 실상을 지적하여 그를 탄미한 것이다.

詩는 衛風淇澳之篇이라 淇는 水名이요 澳은 隈也라 猗猗는 美盛貌라 興也라 斐는 文貌라 切以刀鋸하고 琢以椎鑿하니 皆裁物하여 使成形質也라 磋以鑢(려)錫(탕)하고 磨以沙石하니 皆治物하여 使其滑澤也라 治骨角者는 旣切而復磋之하고 治玉石者는 旣琢而復磨之하니 皆言其治之有緒而益致其精也라 瑟은 嚴密之貌요 僩은 武毅之貌라 赫喧은 宣著盛大之貌라 諠은 忘也요 道는 言也라 學은 謂講習討論之事요 自修者는 省察克治之功이라 恂慄은 戰懼也라 威는 可畏也요 儀는 可象也라 引詩而釋之하여 以明明明德者之止於至善이라 道學과 自修는 言其所以得之之由요 恂慄과 威儀는 言其德容表裏之盛이니 卒乃指其實而歎美之也라

---

41) 성찰(省察)하고 극치(克治)하는: 마음이 움직이기 이전에 존심양성(存心養性)하는 것을 존양(存養)이라 하고, 마음이 움직인 뒤에 살피는 것을 성찰(省察)이라 하고, 사욕이 발동되면 즉석에서 물리치는 것을 극치(克治)라고 한다.

전3-05

『시경』의 시에 "아! 전왕(前王)을 잊지 못하네"라고 하였으니, 군자
는 전왕의 어짊을 어질게 여기고 전왕의 친히 할 만한 점을 친히 여기
며, 소인은 전왕이 즐겁게 해준 것을 즐거워하고 전왕이 이롭게 해준
것을 이롭게 여긴 것이다.[42] 이것이 바로 전왕이 세상을 떠났지만 그
를 잊지 못하는 것이다.[43]

詩云 "於(오)戲(호)라 前王不忘이라" 하니 君子는 賢其賢而親
其親하고 小人은 樂其樂而利其利하나니 此以沒世不忘也니라

---

42) 군자는……것이다: 원문의 '군자 현기현이친기친 소인 낙기락이이기리(君子
賢其賢而親其親 小人 樂其樂而利其利)에 대해 역대로 해석이 분분하다. 주자는
'군자'를 후현(後賢)과 후왕(後王)으로 보고, '소인'은 후민(後民)이라고 하였
다. 앞 문장의 '현기현'(賢其賢)은 후현이 전왕의 어짊을 어질게 여긴다는 뜻이
고, '친기친'(親其親)은 후왕이 전왕의 친히 여길 만한 점을 친히 한다는 뜻이
다. 예를 들어『주자어류』에 '현기현'은 공자가 문왕·무왕의 덕을 앙모한 것이
그에 해당하며, '친기친'은 후대 임금들이 후직(后稷)·문왕·무왕의 은덕을 사
모하여 그 전해진 왕업을 보전하려 한 경우가 그에 해당한다고 하였다. '낙기
락이이기리'(樂其樂而利其利)는 후대 주나라 백성들이 문왕·무왕 같은 전왕들
이 즐겁게 살 수 있도록 은택을 내려준 것을 즐거워하고, 전왕들이 이롭게 만들
어준 것을 이롭게 여긴다는 뜻이다. 대전본 소주 신안 진씨(新安陳氏)의 설에
'기현'(其賢)·'기친'(其親)의 '기'(其)는 전왕 자신을 가리키고, '기락'(其樂)·
'기리'(其利)는 전왕의 은택을 가리킨다고 하였다.

43) 전왕이……것이다: 원문의 '몰세불망'(沒世不忘)에 대한 해석도 구구하다. 주
자는 '소이기몰세이인사모지 유구이불망야'(所以旣沒世而人思慕之 愈久而不忘
也)라고 주석하여 전왕이 몰세한 것으로 해석했다. 어떤 사람은 '몰세'(沒世)
를 종신(終身)의 뜻으로 보아 전왕이 세상을 떠났다는 것은 말이 되지 않는다
는 관점에서 후세 사람들이 종신토록 전왕을 잊지 못한다는 의미로 해석하기
도 한다.

【장구】

『시경』의 시는 주송(周頌)「열문」(烈文)이다. '오호'(於戱)는 감탄사이다. '전왕'(前王)은 문왕(文王)·무왕(武王)을 말한다. '군자'(君子)는 그 후대의 현인과 왕을 말하고, '소인'(小人)은 후대의 백성을 말한다. 이 단락은 전왕이 백성을 새롭게 해준 것이 지선에 머물러서 능히 천하의 후세 사람들로 하여금 어느 한 사람도 제자리를 얻지 않음이 없게 하였기 때문에 전왕이 돌아가셨지만 사람들은 그분을 사모하여 오랜 세월이 지났는데도 잊지 못하는 것을 말한 것이다. 이 2절(제4절과 제5절)은 길게 읊조리고 감탄하면서 거듭 그 의미를 되새기면[44] 맛이 더욱 깊고 장구할 것이니, 그 점을 익숙히 감상해야 할 것이다. 이상은 전 제3장이니, 지어지선을 해석한 것이다. 이 장 안에「기욱」을 인용한 아래 부분이 옛날 판본에는 성의장(誠意章) 밑에 잘못 들어가 있다.

詩는 周頌烈文篇이라 於戱는 歎辭라 前王은 謂文武也라 君子는 謂其後賢後王이요 小人은 謂後民也라 此는 言前王所以新民者가 止於至善하여 能使天下後世로 無一物不得其所하니 所以旣沒世而人思慕之하여 愈久而不忘也라 此兩節은 咏歎淫泆하면 其味深長하니 當熟玩之니라 右는 傳之三章이니 釋止於至善이라 此章內에 自引淇澳詩以下는 舊本에 誤在誠意章下라

---

44) 길게……되새기면: '영탄음일'(咏歎淫泆)에 대해 대전본 소주에는 『예기』「악기」(樂記)의 '영탄지음일지'(咏歎之淫泆之)에서 따온 것이라고 하였다. 그런데 『예기』「악기」에는 '영탄지음액지'(咏歎之淫液之)로 되어 있다. 한편 가공언(賈公彦)의 소(疏)에는 "'영탄'(咏歎)은 소리를 길게 하여 탄식하는 것을 말하고, '음액'(淫液)은 흐르는 액체가 끊이지 않고 이어지듯이 소리가 이어진다는 의미이다"라고 하였다. 조선 후기 이익(李瀷)은 이런 설에 근거하여 이 구절을 "『시경』의 시를 인용해 읊조리고 거듭 그 뜻을 되새긴다"는 뜻으로 해석하였다. 여기서는 그 설에 따라 해석하였다.

해설

　전 제3장은 지어지선(止於至善)을 해석한 것이다. 전체가 5절로 되어 있는데, 앞의 3절은 지어지선을 해석한 것이고, 뒤의 2절 중 제4절은 명명덕이 지어지선하는 것을, 제5절은 신민이 지어지선하는 것을 말한 것으로 본다. 주자는 이 장 제1절부터 제3절까지는 지어지선을 해석한 것으로 보고, 이 2절은 전 제1장부터 제3장을 다시 총괄하여 명명덕의 지어지선, 신민의 지어지선을 언급한 것으로 파악하였다. 이 두 절의 위치에 대해 역대로 논란이 많은데,『고본대학』에는 성의장 뒤에 붙어 있다.

　대체로『중용』의 요지를 성(誠)으로 보고,『대학』의 요지를 경(敬)으로 보는데,『대학』에 경(敬)을 말한 것이 전 제3장 제3절에 처음 보인다. 삼강령 가운데 지어지선은 공부를 통해 얻어진 결과이기 때문에 공효로 보는데, 제3절의 '오집희경지'(於緝熙敬止)가 바로 문왕이 명명덕하고 신민해서 지선의 경지에 이른 것을 말한 것으로 본 것이다. 그래서 '경지'(敬止)를 지선의 경지에 이른 공효로 본 것이다. 또한 그것이 곧 심성수양의 차원에서 보면 동정(動靜)을 관통하는 경(敬)이기 때문에『대학』에서 경(敬)을 전면에 드러내지는 않았지만, 조선 시대 성리학자들은 『대학』의 대지(大旨)로 파악한 것이다.

　전 제3장 제1절은 만물이 각각 마땅히 머물 곳 있음을 말한 것이고, 제2절은 마땅히 사람 자신이 머물 바를 알아야 함을 말한 것이고, 제3절은 문왕을 예로 들어 지선의 경지에 머문 성인의 삶이 어떠한 것인지를 구체적으로 보여준 것이다.

　제4절은 명명덕이 지어지선한 것을 말한 것이다.『시경』의 시를 인용하고 그것을 풀이한 "如切如磋者 道學也 如琢如磨者 自修也 瑟兮僩兮者 恂慄也 赫兮喧兮者 威儀也 有斐君子終不可諠兮者 道盛德至善 民之不能忘也"는 각각의 구절이 무엇을 말한 것인지를 언급한 말인데, '도'(道)를

주목해야 한다. 이 문장은 앞뒤로 '도'를 서술어로 쓰고 중간에는 '도'를 모두 생략하였다. 따라서 '자수'(自修) · '준율'(恂慄) · '위의'(威儀) 앞에도 '도'가 생략된 것으로 읽어야 한다. '도학'(道學)은 학문을 말한 것이라는 뜻으로, '학'(學)은 『중용』의 '도문학'(道問學)을 의미한다. 즉 격물치지(格物致知)의 '지'(知)를 말한 것이다. '자수'는 팔조목의 성의(誠意) · 정심(正心) · 수신(修身)을 가리킨다. '준율'은 주자가 '전율'(戰慄)로 풀이하였는데, 『중용』의 계구(戒懼)하고 신독(愼獨)하는 마음가짐을 말한 것이다. '위의'는 계구 · 신독을 통해 이룩한 내면의 덕이 밖으로 흘러넘친 심광체반(心廣體胖)의 경지를 말한 것이다.

제5절은 신민이 지어지선한 것을 말한 것이다. '군자 현기현이친기친 소인 낙기락이이기리'(君子 賢其賢而親其親 小人 樂其樂而利其利)는 위의 주석에서 언급했듯이 "후대의 현인은 전왕의 어짊을 어질게 여기고, 후대의 임금은 전왕의 친히 할 만한 점을 친히 여기며, 후대의 백성들은 전왕이 즐겁게 해준 은택을 즐거워하고 전왕이 이롭게 해준 은택을 이롭게 여긴 것이다"라고 해석해야 한다. 여기서 '군자'(君子)는 재위자(在位者)와 유덕자(有德者)를 포함하는 어휘이다. 그래서 후현(後賢) · 후왕(後王)으로 해석한 것이다.

전 제4장 傳四章

전4-01

공자께서 말씀하시기를 "송사(訟事)를 판결하는 것은 나도 남들과 같이할 수 있지만, 나는 반드시 백성들로 하여금 송사를 없도록 할 것이다"라고 하였으니, 공자께서 실정이 없는 자로 하여금 그 변명하는 말을 다할 수 없게 하신 것은 백성의 심지(心志)를 크게 외복(畏服)시킴이 있기 때문이니, 이것을 근본을 아는 것이라고 한다.

子曰 "聽訟이 吾猶人也나 必也使無訟乎인저"하시니 無情者가 不得盡其辭는 大畏民志니 此謂知本이니라

【장구】

'유인'(猶人)은 남과 다르지 않다는 말이다. '정'(情)은 실정이다. 작자가 공자의 말씀을 인용하여 "성인이 능히 실정이 없는 사람으로 하여금 감히 그의 허탄한 말을 다하지 못하게 하신 것은 대개 나의 명덕이 이미 밝아져서 자연히 사람들의 심지를 외복시킴이 있기 때문에 송사에 판결을 기다리지 않고서도 저절로 송사가 없어질 것이다"라는 점을 말한 것이다. 이 말을 보면 본말의 선후를 알 수 있다. 이상은 전 제4장이니, 본말을 해석한 것이다. 이 장은 옛날 판본에 지어신(止於信)⁴⁵⁾ 밑에 잘못 들어가 있다.

猶人은 不異於人也라 情은 實也라 引夫子之言하여 而言聖人能
使無實之人으로 不敢盡其虛誕之辭는 蓋我之明德이 旣明하여 自然
有以畏服民之心志라 故로 訟不待聽而自無也라 觀於此言이면 可
以知本末之先後矣라 右는 傳之四章이니 釋本末이라 此章은 舊本에
誤在止於信下라

해설

이 장을 청송장 또는 본말장이라고 하는데, 해석하기가 상당히 어렵
다. 주자는 전 제4장을 본말을 해석한 것으로 풀이하였다. 그것은 경일
장 제3절과 제7절에 본말을 언급하고 있는 것에 주목하여 본말을 중시
하는 시각을 반영한 것이다. 그러나 후세 사람들은 삼강령·팔조목에 없
는 본말을 전문의 한 장으로 파악하는 것에 대해 의문을 제기하였다.

이 장의 요지가 본말이기 때문에 원문에 있는 청송(聽訟)을 말(末)로,
사무송(使無訟)을 본(本)으로 보는 설이 있는데, 대부분의 학자들이 지
지하지 않았다. 대신 청송·사무송은 모두 말(末)에 해당하고, 사무송하
게 되는 까닭[所以使無訟]을 본(本)으로 보는 설이 우세하다. 이는 '대외
민지'(大畏民志)를 명명덕·신민의 공효로 보는 시각에 의한 것이다.

---

45) 지어신(止於信):『대학장구』전 제3장 제3절 마지막 구이다.

전 제5장 傳五章

전5-01

이를 근본을 아는 것이라고 말한다.

此謂知本이니라

【장구】

정자(程子)는 말씀하기를 "이 구는 연문(衍文)[46]이다"라고 하였다.

程子曰 衍文也라

전5-02

이것을 앎이 지극한 것[47]이라고 말한다.

此謂知之至也니라

【장구】

이 구 앞에 별도로 빠진 문장이 있으니, 이 구는 그 문장의 결어일 뿐

---

46) 연문(衍文): 옮겨 쓸 때 착오로 인하여 군더더기로 들어간 문구나 글자를 말한
   다. 즉 빼버려야 할 문구를 가리킨다.
47) 앎이 지극한 것: 팔조목의 공효인 지지(知至)를 가리킨다.

이다. 이는 전 제5장이니, 아마도 격물치지의 뜻을 해석한 것인데 지금은 없어진 듯하다. 이 장은 옛날 판본에 아래 성의장(誠意章)과 함께 경문(經文) 밑에 잘못 편입되어 있다. 근래 내가 삼가 정자의 의도를 취하여 미진한 부분을 보충해서 다음과 같이 만들었다.

"이른바 '치지(致知)가 격물(格物)에 있다'라는 것은 아래와 같은 점을 말한 것이다. 나의 앎을 극진히 하고자 하면 사물에 나아가 그 이치를 궁구하는 데 달렸다. 대개 인심의 신령스러움에는 앎(知)이 있지 않음이 없고, 천하의 사물에는 이치(理)가 있지 않음이 없다. 그러나 오직 사람들이 이치에 대해 궁구하지 못한 것이 있기 때문에 그의 앎에 극진하지 않음이 있는 것이다. 그러므로 태학에서 처음 학생들을 가르칠 때에 반드시 학자들로 하여금 모든 천하의 사물에 나아가 자기가 이미 알고 있는 이치를 인하여 사물의 이치를 더욱 궁구해서 그 지극한 데 이르기를 구하지 않음이 없도록 한 것이다. 그런 노력이 오래되어 어느 날 환히 이치를 관통하는 데 이르면 모든 사물의 표리(表裏)와 정조(精粗)가 나에게 이르지 않음이 없고, 내 마음의 전체(全體)와 대용(大用)이 밝지 않음이 없을 것이다.[48] 이를 사물의 이치가 이른 것(物格)이라 하며 이를 일러 앎이 지극해진 것이라 한다."

---

48) 모든……것이다: 원문 '표리정조'(表裏精粗)와 '전체대용'(全體大用)에 대해 대전본 소주에 보이는 옥계 노씨(玉溪盧氏)는 다음과 같이 말하였다. "궁리를 말하면 황홀한 데로 흐르기 쉽고, 격물을 말하면 한결같이 진실로 귀의한다. 표(表)·조(粗)는 이(理)의 용(用)이고, 이(裏)·정(精)은 이(理)의 체이다. 중리(衆理)의 체는 곧 내 마음의 체이고, 중리의 용은 곧 내 마음의 용이다. 마음의 전체·대용이 밝지 않음이 없으면 명명덕의 단서가 거기에 있게 된다. 물격(物格)·지지(知至)는 비록 두 가지 일이지만 실상은 한 가지 일이다. 그러므로 결론지어 '이를 물격이라 하며, 이를 일러 앎이 지극해진 것이라 한다'고 말한 것이다." 전체(全體)는 온전한 본체를 말하고, 대용(大用)은 큰 작용을 말한다.

此句之上에 別有闕文이니 此特其結語耳라 右는 傳之五章이니 蓋釋格物致知之義로되 而今亡矣라 此章은 舊本에 通下章하여 誤在經文之下라 間嘗竊取程子之意하여 以補之하니 曰 "所謂致知在格物者는 言欲致吾之知인댄 在卽物而窮其理也라 蓋人心之靈은 莫不有知요 而天下之物은 莫不有理언마는 惟於理에 有未窮이라 故로 其知有不盡也라 是以로 大(太)學始教에 必使學者로 卽凡天下之物하여 莫不因其已知之理하여 而益窮之하여 以求至乎其極하나니 至於用力之久하여 而一旦에 豁然貫通焉이면 則衆物之表裏精粗가 無不到하고 而吾心之全體大用이 無不明矣리니 此謂物格이며 此謂知之至也라" 하니라

해설

주자는 '차위지본 차위지지지야'(此謂知本 此謂知之至也) 10자 가운데 뒤의 6자를 격물치지전의 결어라고 판단하여 그 앞에 빠진 문장이 있다고 생각하였다. 그런데 전 제4장 결어가 '차위지본'(此謂知本)이기 때문에 이 문장의 '차위지본'을 연문으로 처리하여 빼버렸다. 그리고 '차위지지지야'(此謂知之至也) 앞에 격물치지를 해석한 문장을 지어 보충해넣었다. 이를 보망장(補亡章) 또는 보전(補傳)이라 한다. 없어진 문장을 채워넣었다는 뜻이다. 그런데 후대 학자들 가운데에는 '차위지본'의 '지본'이 '물격'(物格)의 오자라고 보아 연문으로 처리한 것에 이의를 제기한 경우도 있다.

팔조목을 해석하는 전문의 투식이 경문에 나오는 팔조목의 공부를 풀이한 것이기 때문에 첫 문장을 '소위치지재격물자'(所謂致知在格物者)라고 한 것이다. '소위~자'(所謂~者)는 간접 인용문으로 경문의 팔조목을 다시 부연·설명하는 문투이다.

전 제6장 傳六章

전6-01

이른바 "자기 마음속에 싹튼 생각을 선으로 가득 채운다"[49]라는 것은 자신을 속이지 마는 것[毋自欺]이다. 〔악을 미워하기는〕 악취를 싫어하는 것과 같이 하고, 〔선을 좋아하기는〕 아름다운 여인을 좋아하는 것과 같이 하는 것, 이것을 스스로 만족하는 것[自慊]이라고 한다. 그러므로 군자는 반드시 자기 혼자만 알고 있는 마음속 생각을 신중히 한다.[50]

所謂誠其意者는 毋自欺也니 如惡惡臭하며 如好好色이 此

---

49) 자기……채우다: 원문 '성기의'(誠其意)의 '성'(誠)은 실(實)의 의미로 '가득 채운다'는 뜻이다. 따라서 이를 성실(誠實)로 해석해서는 안 된다. 성의(誠意)는 마음이 발하였지만 아직 겉으로 드러나지 않은 상태에서 기미를 성찰하여 선으로 가득 차게 하는 것을 말한다. 그래서 무자기(毋自欺)라고 한 것이다. '기의'(其意)는 그 마음속에 일어난 생각을 말한다. 의(意)는 마음이 발한 것으로, 계교(計較)하고 상량(商量)하는 것을 말하고, 정(情)은 마음이 곧장 발한 것을 가리킨다.

50) 자기……한다: 원문 '신기독'(愼其獨)의 '기독'(其獨)은 자기 혼자서만 알고 있는 마음속에 일어난 생각을 가리킨다. 이를 '홀로'라고 번역하면 이는 원문의 의미를 전혀 전달하지 못한다. 신독(愼獨)은 마음이 발하고 난 뒤에 기미를 성찰하는 것을 말한다. 이 어휘를 주자의 주석에 '근독'(謹獨)으로 바꾸어 쓴 것은 송나라 효종(孝宗)의 이름이 신(昚)이었기 때문에 황제의 이름자를 피하여 근(謹)으로 바꾼 것이다. 신(昚)은 신(愼)의 고자이다.

106

之謂自謙(慊)이니 故로 君子는 必愼其獨也니라

【장구】

'성기의'(誠其意)는 자신을 수양하는[51] 조목의 첫머리이다. '무'(毋)는 금지하는 말이다. '자기'(自欺)라고 한 것은 선을 행하여 악을 제거할 줄 알지만, 마음이 발한 바에 선으로 가득 차지 않음이 있는 것이다. '겸'(謙)은 유쾌하고 만족한다는 뜻이다. '독'(獨)은 남들은 알지 못하고 자기만 홀로 아는 바의 경지이다. 말하자면 그 뜻은 다음과 같다. 스스로 자신을 수양하고자 하는 자가 선을 행하여 그 악을 제거할 줄 알면 마땅히 그 힘을 실제로 써서 자신을 속이는 마음을 금해야 한다. 가령 그가 악을 미워하면 악취를 싫어하는 것과 같이 하고, 선을 좋아하면 아름다운 여인을 좋아하는 것과 같이 해야 한다. 모든 경우에 악은 결단코 제거하는 데 힘쓰고, 선을 구할 때엔 반드시 선을 얻어서 스스로 자신에게 유쾌하고 만족하게 해야지, 단지 구차하게 겉으로 따르는 척하거나 남에게 보이기 위해 하는 것은 불가하다. 그러나 그 마음속 생각이 선으로 가득 차느냐 가득 차지 않느냐 하는 것은 대개 남들은 알지 못하고 자신 홀로 아는 점이 있다. 그러므로 반드시 혼자만 알고 있을 때에 생각을 삼가서 그 기미를 잘 살펴야 한다.

誠其意者는 自修之首也라 毋者는 禁止之辭라 自欺云者는 知爲善以去惡이로되 而心之所發에 有未實也라 謙은 快也요 足也라 獨者는 人所不知而己所獨知之地也라 言欲自修者가 知爲善以去其惡이면 則當實用其力하여 而禁止其自欺하여 使其惡惡則如惡惡臭하

---

51) 자신을 수양하는: 원문의 '자수'(自修)는 팔조목의 성의·정심·수신 세 조목을 포괄적으로 말한 것이다.

고 好善則如好好色하여 皆務決去而求必得之하여 以自快足於己요
不可徒苟且以徇外而爲人也라 然이나 其實與不實은 蓋有他人所
不及知而己獨知之者라 故로 必謹之於此하여 以審其幾焉이라

전6-02

소인은 홀로 거처할 때에 불선한 일을 행하되 어느 곳인들 이르지
않음이 없다가 군자를 만난 뒤에는 슬그머니[52] 불선을 숨기고 선을
드러낸다. 그러나 남들이 자기를 볼 때에 자기의 속마음을 들여다보는
것처럼 여길 것이다. 그렇다면 자신에게 무엇이 유익하겠는가. 이를
"마음속에 가득 차면 밖으로 드러난다"고 하는 것이다. 그러므로 군자
는 반드시 자기 혼자만 알고 있는 마음속 생각을 신중히 한다.

小人閒居에 爲不善호되 無所不至하다가 見君子而后에 厭(암)
(厭)然揜其不善하고 而著其善하나니 人之視己이 如見其肺
肝이니 然則何益矣리오 此謂誠於中이면 形於外라 故로 君子는
必愼其獨也니라

【장구】

'한거'(閒居)는 홀로 거처하는 것이다. '암연'(厭然)은 의기가 소침해
져서 숨기는 모양이다. 이 대목은 다음과 같은 내용을 말한 것이다. 소인
이 몰래 불선한 짓을 하다가 겉으로 그 점을 은폐하려 하니, 이는 선은
행해야 하고 악은 제거해야 함을 모르는 것은 아니나, 능히 그 힘을 실제

---

52) 슬그머니: 원문의 '암연'(厭然)은 '암연'(黶然)과 같은 의미로, '슬그머니'라는
뜻이다.

로 써서 그런 경지에 이르지 못하는 것일 뿐이다. 그러나 그 악한 생각을 숨기려 하지만 끝내 숨길 수 없고, 거짓으로 선을 행하고자 하지만 끝내 남을 속일 수 없으니, 또한 자신을 수양하는 데 무슨 유익함이 있겠는가. 이 점이 바로 군자가 거듭 경계를 해서 반드시 그 혼자만 아는 마음속 생각을 신중히 해야 한다고 말한 까닭이다.[53]

閒居는 獨處也라 厭然은 消沮閉藏之貌라 此는 言小人이 陰爲不善이라가 而陽欲揜之하니 則是非不知善之當爲與惡之當去也로되 但不能實用其力以至此耳라 然이나 欲揜其惡이라도 而卒不可揜하고 欲詐爲善이라도 而卒不可詐하니 則亦何益之有哉리오 此는 君子가 所以重以爲戒而必謹其獨也라

전6-03

증자께서 말씀하기를 "〔혼자만 알고 있는 마음속 생각일지라도 그 선악을 숨길 수 없는 것이〕 마치 열 개의 눈이 함께 주시하고 열 개의 손이 함께 가리키는 것과 같으니,[54] 이는 매우 두려워할 만한 것이로다"라고 하였다.[55]

曾子曰 "十目所視며 十手所指니 其嚴乎인저" 하시니라

---

53) 군자가……까닭이다: 이는 제1절에 '군자필신기독'(君子必愼其獨)을 말하고, 다시 제2절 끝에 '군자필신기독'을 말한 것에 대해 풀이한 것이다.

54) 같으니: '십목'(十目) 앞에 '여'(如)가 생략된 것으로 본 것이다. 그리고 '여'(如) 앞에 주어가 생략되었다고 보아 위와 같이 보충역을 한 것이다.

55) 증자께서……하였다: 증자의 말을 인용하고 있기 때문에 전문은 증자의 말씀을 증자의 문인들이 기록한 것으로 보는 것이다.

이 문구를 인용하여 위 문장의 의미를 밝힌 것이다. 말하자면 아무리 그윽하고 혼자만 알고 있는 마음속 생각일지라도 그 선악을 숨길 수 없는 점이 이와 같으니, 매우 두려워할 만한 것이라는 말이다.

引此하여 以明上文之意라 言雖幽獨之中이라도 而其善惡之不可 揜이 如此니 可畏之甚也라

전6-04

부(富)는 집안을 윤택하게 하고, 덕(德)은 자신을 윤택하게 한다. 마음의 덕이 쌓여 넓어지면 신체 외적으로 드러나 덕스러워지니, 그러므로 군자는 반드시 그의 마음속에 싹튼 생각을 선으로 가득 차게 한다.

富潤屋이요 德潤身이라 心廣體胖하나니 故로 君子는 必誠其 意니라

【장구】

'반'(胖)은 편안하게 펴진 모양이다. 다시 말해 부유하면 능히 집안을 윤택하게 하고, 덕이 있으면 능히 자신을 윤택하게 한다. 그러므로 마음에 부끄러움이 없으면 마음이 넓고 크며 관대하고 공평하여 신체가 항상 넉넉하고 편안해진다. 덕이 자신을 윤택하게 하는 것이 그렇다. 대개 선이 마음속에 가득 차서 밖으로 드러난 것이 이와 같다. 그러므로 또 이 점을 말해 위의 내용을 결론지은 것이다. 이상은 전 제6장이니, 성의를 해석한 것이다. 경문에 "그 마음속에 싹튼 생각을 선으로 가득 채우고자 하면 먼저 그 앎을 극진히 한다"고 말하고, 또 "앎이 지극해진 뒤에 마음속에 싹튼 생각이 선으로 가득 차게 된다"고 하였으니, 대개 심체(心體)

의 밝음에 극진하지 못한 점이 있으면 그 마음이 발할 때에 능히 그 힘을 실제로 쓰지 못하여 구차하게 자신을 속이는 점이 반드시 있다. 그러나 혹 심체가 이미 밝더라도 혼자만 알고 있는 생각을 삼가지 않으면 그 밝은 것이 또 자기의 소유가 아니어서 덕에 나아가는 기초로 삼을 것이 없게 된다. 그러므로 이 장의 본지는 반드시 위의 격물치지장을 이어 통합해 고찰한 뒤에야 그 용력(用力)의 시종(始終)[56]을 볼 수 있게 된다. 그 차서를 어지럽힐 수 없고, 그 공부를 빠뜨릴 수 없는 것이 이와 같다고 하겠다.

胖은 安舒也라 言富則能潤屋矣요 德則能潤身矣라 故로 心無愧怍이면 則廣大寬平하여 而體常舒泰하니 德之潤身者가 然也라 蓋善之實於中而形於外者가 如此라 故로 又言此하여 以結之라 右는 傳之六章이니 釋誠意라 經曰 "欲誠其意인댄 先致其知"라 하고 又曰 "知至而后意誠"이라 하니 蓋心體之明에 有所未盡이면 則其所發에 必有不能實用其力하여 而苟焉以自欺者라 然이나 或已明이라도 而不謹乎此하면 則其所明이 又非己有하여 而無以爲進德之基라 故로 此章之指는 必承上章而通考之라 然後에 有以見其用力之始終이라 其序不可亂하고 而功不可闕이 如此云이라

해설

전 제6장은 성의장이라 한다. 주자의 『대학장구』에는 팔조목을 해석한 전문의 구조는 두 조목씩 연관지어 해석한 것으로 본다. 예컨대 전 제7장은 정심·수신을 해석한 것으로, 전 제8장은 수신·제가를 해석한 것

---

56) 용력(用力)의 시종(始終): 용력은 공부를 하며 노력하는 것을 말한다. 성의(誠意)는 행(行)의 첫머리인데 앞의 격물치지와 연관짓지 않고 이 장에서 단독으로 성의만 말했기 때문에 공부의 시종을 환기시키기 위해 이와 같이 말한 것이다.

으로, 전 제9장은 제가·치국을 해석한 것으로, 전 제10장은 치국·평천하를 해석한 것으로 보는 것이 그런 사례이다. 그런데 팔조목을 해석한 전 제5장은 격물·치지를 해석한 것으로 보고, 전 제6장은 성의만 단독으로 해석한 것으로 파악하였다. 두 조목씩 상호 연관지어 해석한 것으로 보는 구조분석에 의하면 당연히 치지·성의를 해석한 전문과 성의·정심을 해석한 전문이 있어야 한다. 그런데 주자는 그 부분이 궐실(闕失)된 것으로 보지 않고, 원래 앞뒤의 조목과 연관짓지 않고 독립된 것으로 보았다. 그러면서도 장하주(章下註)를 보면 경문에 의거해 상호 연관성을 살필 것을 주문하고 있다.

주자의 이와 같은 구조분석에 대해 후대 의문을 제기하는 경우도 있었지만, 대체로 학자들은 주자의 설을 따르면서 성의장만 왜 앞뒤의 조목과 연관짓지 않고 독립시켰을까를 궁구했다. 대전본 소주에 실린 쌍봉요씨는 이에 대해 다음과 같이 말하였다.

전문 여러 장에서 팔조목을 해석하면서 장마다 모두 두 조목을 연관지어 말했는데, 유독 이 성의장만은 성의(誠意)를 홀로 거론하고 있다. 이는 대체로 지지(知至)와 의성(意誠)이 서로 인하지만 치지(致知)는 지(知)에 속하고, 성의는 행(行)에 속하여 지와 행이 필경 두 가지 일이 되어 각자 힘써야 하기 때문이다. 알고 나면 자연히 행하게 된다고 말할 수 없으니, 성의장이 치지와 연관지어 말하지 않은 것은 이 때문이다. 정심과 성의가 비록 모두 행에 속하지만 성의는 정심의 요체일 뿐만 아니라 수신으로부터 평천하에 이르기까지 모두 이 성의로 요체를 삼는다. 그러므로 정자는 천덕(天德)과 왕도(王道)를 논하면서 모두 "그 요점이 단지 신독(愼獨)에 있다"고 말한 것이다. 천덕은 심정(心正)·신수(身修)를 말하고, 왕도는 제가·치국·평천하를 말한다. 신독은 성의의 요지이다. 만약 정심과 연관지어 말하면 그 의미가 촉박하고 협소해서 그 공용(功用)의 광대함이 이와 같은 줄을 볼 수가 없다. 이 성의장은 『대학』 한 책의 긴요처이다. 전문을 지은 사람이 이 장에서 말한 것이 지극히 통절(痛切)하다. 처음에 신독을 말했으니 이는 성의의 방법이며, 중간에 소인의 마음가짐이 불성(不誠)한 점을 말했으니 이는 경계를 한 것이며, 끝에 성의의 효험을 말했으니 이는 권면을 한 것이다.

후대 학자들은 이 설에 대체로 동의하여 『대학장구』의 구조를 분석하였다. 즉 성의는 지(知)와 행(行)이 나뉘는 지점이고, 성의의 의미가 평천하까지 포괄하고 있다는 것이다.

성의를 해석할 때에 특별히 주의를 요한다. "뜻을 성실하게 한다"라고 해석하면 이는 글자대로 풀이해놓은 것에 지나지 않으며, 『대학』 팔조목의 의미를 전혀 드러내지 못한다. 성(誠)은 실(實)의 뜻으로 '가득 채운다'라는 의미이며, 의(意)는 '마음속에 싹튼 생각'으로 남들은 모르고 혼자서만 아는 것이다. 따라서 성의는 마음속에 싹튼 생각을 악으로 빠지지 않게 선으로 가득 채운다는 뜻이다.

지(知)·행(行)·추행(推行)의 논리구조로 볼 때 성의·정심·수신 세 조목은 모두 행에 속한다. 이는 모두 생각·마음·몸을 닦는 것으로, 스스로 실천하는 것이다. 그런데 성의-정심-수신으로 차서를 정한 것은 무슨 의미가 있을까? 이에 대해 여러 가지 설이 있다. 그보다 먼저 이 세 조목은 모두 마음이 발하고 난 뒤의 성찰에 해당하는 점에 주목해야 한다. 마음이 발하기 전의 존양(存養)은 정심장(正心章)에 깃들어 있어 보이지 않는다. 이 세 조목은 모두 마음이 발하고 난 뒤의 공부의 실제를 말한 것이다.

조선시대 주자학파의 설에 의하면 이 세 조목은 모두 성찰에 해당하는데, 성의와 정심은 마음이 발하였지만 아직 사물에 응접하기 전의 일이고, 수신은 사물에 응접할 때의 일로 본다. 그래서 성의장은 마음이 발하였을 때 악념(惡念)을 제거하여 선으로 가득 차게 하는 것으로, 정심장은 그 속에 존양을 포함하고 있지만 마음이 발한 뒤 성찰하여 부념(浮念)을 제거하는 것으로, 수신장은 발한 마음이 사물에 응접할 때에 편념(偏念)을 제거하는 것으로 본다.

19세기 경상도 학자 최상룡(崔象龍)은 이를 비유하여 성의장은 병의 근원을 뽑아버리는 것으로 병과 약을 함께 거론하였고, 정심장은 원기를 조섭하는 것으로 약을 말하지 않고 허와 실만을 경계하였으며, 수신장은 병을 다스리는 것으로 병과 약을 모두 거론한 것이라 하였다.

제1절의 '무자기'(毋自欺)는 공부로 말한 것이다. '여오악취 여호호색'(如惡惡臭 如好好色)은 비유를 든 것으로, '오악즉여오악취 호선즉여호호색'(惡惡則如惡惡臭 好善則如好好色)의 뜻이다. 이는 매우 단호하게 결단해야 함을 말한 것이다. 악은 악취를 싫어하여 얼른 피하듯이 그렇게 멀리하고, 선은 예쁜 여인을 보고 마음이 끌리듯이 그렇게 마음을 두라는 뜻이다.

'자기'(自欺)에 대해서는 여러 가지 해석이 있다. 그중에는 대전본 소주에 보이는 운봉 호씨(雲峯胡氏), 신안 진씨 등이 '성지반'(誠之反)이라는 설을 비판하면서 제기한 위선거악지심(爲善去惡之心)으로 보는 설, 분수(分數)에 부족한 점이 있으면 자신을 속이게 된다는 설, 성(誠)이 분수에 부족하면 자신을 속이게 된다는 설 등이 있다.

'자겸'(自謙)은 자겸(自慊)으로, 마음속 생각에 거짓이 없어서 스스로 유쾌하고 만족하는 것을 말한다. '신독'(愼獨)은 혼자만 알고 있는 마음속 생각을 신중히 하는 것이다. 제1절 주석에 '심기기'(審其幾)라는 말을 주목해볼 필요가 있다. 기(幾)는 마음속에서 일어난 기미(機微)이다. 이를 잘 살펴서 악으로 빠지지 않게 해야 한다는 뜻이다.

제1절은 성의를 위해서는 무자기를 해서 마음이 자겸하도록 해야 하는데, 그 자겸으로 가는 방법이 신독이다. 신독 역시 공부로 말한 것이며, 성찰의 요지에 해당한다. 이 성의장 제1절과 제2절에 거듭 신독을 말한 것은 그것이 그만큼 중요하다는 의미를 담고 있다. 또한 『중용장구』에도 제1장에 신독을 말하고 있는 것을 보면 마음이 발하고 난 뒤의 공부의 핵심은 신독임을 알 수 있다.

제2절의 소인의 행위는 자기(自欺)로 나아가는 길이다. 그런 소인처럼 하지 않는 것이 군자의 신독이다. 제2절의 '성어중 형어외'(誠於中 形於外)에 대해 쌍봉 요씨는 선과 악을 모두 포함한다고 했지만, 조선 후기 한원진(韓元震)은 악만 말한 것으로 보았다. 그것은 이 제2절이 소인의 자기(自欺)를 전적으로 말한 것으로 보기 때문이다. 그러나 이에 대해서도 여러 가지 설이 제기되었다.

제3절은 주자의 주에 선악을 겸하여 말한 것으로 보았기 때문에 한원진 역시 선과 악을 겸한 것으로 해석했다. 제3절에 '증자왈'(曾子曰)이 있기 때문에 증자의 문인들이 증자가 말씀한 전문을 기록하면서 다시 증자가 평소에 말한 것을 인용해 증명한 것으로 본다. 즉 혼자만 알고 있는 마음속 생각은 여러 사람들이 보고 지적하는 것처럼 숨길 수 없기 때문에 두려워할 만한 것이라는 뜻이다.

제4절의 '심광체반'(心廣體胖)은 성의의 공효로 본다. 이를 의성(意誠)이라 하지 않고 심광체반이라 한 것은 의성에 국한되지 않고 심정(心正)·신수(身修)가 이를 말미암기 때문이라고 해석하였다.

전 제7장 傳七章

전7-01

이른바 "수신(修身)은 그 망동(妄動)하는 마음을 바르게 하는 데 달렸다"라고 한 것은[57] 아래와 같은 뜻이다. 마음[58]에 성 내는 바가 있으면 그 바름을 얻지 못하고, 마음에 두려워하는 바가 있으면 그 바름을 얻지 못하며, 마음에 좋아하는 바가 있으면 그 바름을 얻지 못하고, 마음에 걱정하는 바가 있으면 그 바름을 얻지 못한다.

所謂修身이 在正其心者는 身(心)有所忿懥면 則不得其正하며 有所恐懼면 則不得其正하며 有所好樂(요)면 則不得其正하며 有所憂患이면 則不得其正이니라

---

57) 이른바……것은: 원문의 '소위(所謂)~자(者)'는 간접인용문의 문투로, 경문에서 말한 것을 다시 인용하는 투식이다. 그런데 그 다음에 서술어가 없다. 따라서 '아래와 같은 뜻이다'라는 서술을 보충해 번역하였다. 이렇게 번역문을 만들지 않으면 비문(非文)이 된다. 이 뒤 전 제8장 이하 첫머리의 문구도 이와 마찬가지이다.

58) 마음: 원문에는 '신'(身)으로 되어 있는데, 정자(程子)는 '심'(心)의 오자로 보았다. 주자도 정자의 설을 그대로 따라 해석하였다. 그러나 후대 학자들 중에는 원래대로 보아야 한다는 설도 있다. 정심장은 마음이 망동하는 작용을 말한 것이기 때문에 '심'으로 보는 것이 더 적절한 듯하다.

정자(程子)께서 말씀하기를 "'신유'(身有)의 '신'(身)은 '심'(心)이 되어야 한다." '분치'(忿懥)는 노함이다. 대개 이 네 가지는 모두 마음의 작용으로 사람이면 없을 수 없는 것들이다. 그러나 하나라도 그런 마음을 가지고 있는데 능히 성찰하지 않으면 욕심이 발동하고 정(情)이 우세하여 그 마음의 작용이 행하는 바가 혹 그 바름을 잃지 않을 수 없다.

程子曰 '身有'之身은 當作心이라 忿懥는 怒也라 蓋是四者는 皆心之用으로 而人所不能無者라 然이나 一有之而不能察이면 則欲動情勝하여 而其用之所行이 或不能不失其正矣리라

전7-02

마음이 [분치·공구·호요·우환 등의 생각에 빼앗겨] 내면[59]에 있지 않으면 눈으로 보아도 보이지 않고, 귀로 들어도 들리지 않으며, 음식을 먹어도 그 맛을 모른다.

心不在焉이면 視而不見하며 聽而不聞하며 食而不知其味니라

【장구】

마음이 내면에 보존되지 않음이 있으면 자기 몸을 검속(檢束)할 방법이 없다. 그러므로 군자는 반드시 이런 마음의 작용을 살펴서 경(敬)으로써 그 마음을 바로잡는다.[60] 그런 뒤에 이 마음이 항상 보존되어[61] 몸

---

59) 내면: 원문 '심부재언'(心不在焉)의 '언'(焉)은 '어차'(於此)의 뜻으로 내면을 가리킨다.

이 닦이지 않음이 없게 된다.

心有不存이면 則無以檢其身이라 是以로 君子는 必察乎此하여 而敬以直之라 然後에 此心常存하여 而身無不修也니라

전7-03

이를 "수신은 그 망동한 마음을 바르게 하는 데 달렸다"라고 말하는 것이다.

此謂修身이 在正其心이니라

【장구】

이상은 전 제7장이니, 정심·수신을 해석한 것이다. 이 장도 위의 장을 이어 아래의 장을 일으켰다. 대개 의성(意誠)하면 진실로 악념은 없어지고, 실제로 선한 생각만 있게 된다. 그러므로 이 마음을 능히 보존하여 자기 몸을 검속한다. 그러나 혹 성의할 줄만 알고 이 마음이 보존되었는지 아닌지를 정밀히 살피지 않으면 또한 내면을 곧게 하여 몸을 닦을 방법이 없다. 이 뒤로는 모두 옛날 판본의 문장이 바르다고 여겨진다.

右는 傳之七章이니 釋正心修身이라 此亦承上章하여 以起下章이라 蓋意誠이면 則眞無惡而實有善矣라 所以能存是心하여 以檢其身이라 然이나 或但知誠意하고 而不能密察此心之存否면 則又無以直內

---

60) 경(敬)으로써……잡는다: 원문의 '경이직지'(敬以直之)는 『주역』 곤괘(坤卦)의 '경이직내 의이방외'(敬以直內 義以方外)에서 따온 것으로 경(敬)은 동·정을 관통한다.

61) 이……보존되어: 원문의 '차심상존'(此心常存)은 마음이 발하지 않을 때의 존양을 말한 것이다.

而修身也라 自此以下는 竝以舊文爲正이라

해설

정심(正心)을 '마음을 바루다'로 해석하려는 경우가 있다. '바루다'는 '비뚤어진 것을 바르게 한다'는 뜻으로, '바로잡다'라는 해석과 크게 다르지 않다. 따라서 '바로잡다'로 해석해도 별 차이가 없다. 문제는 정(正)을 '바로잡다' 또는 '바루다'로 해석하는 데 중점이 있는 것이 아니라 '기심'(其心)이 무엇을 의미하는지를 찾는 것이 더 중요하다. 정심장에서 말한 네 가지 마음은 대체로 '정지망동'(情之妄動)으로 본다. 따라서 이 장의 요지는 경(敬)으로 그 망동한 마음을 바로잡아 본체를 다시 보존하는 데에 있다. 그러므로 원문의 '기정'(其正)은 체(體)로, '정기심'(正其心)은 용(用)으로 본다. 이 장에서는 용을 위주로 말했지만, 이 때문에 체를 갖추었다고 보는 것이다.

마음속에 싹튼 생각을 선으로 가득 채우더라도 발한 정(情)이 모두 절도에 맞는 것은 아니다. 그러므로 성찰하여 망동하는 생각을 제거해 본원으로 돌이켜야 한다. 본원으로 돌이켜 존양하는 의미까지 포함하고 있기 때문에 용을 말했지만 그 속에 체가 들어 있다고 보는 것이다.

이 장은 병의 증세만 말하고 그 병을 치유하는 약은 말하지 않았다. 그렇지만 주자의 주에 '찰'(察)을 말하고, '경이직지'(敬以直之)를 말한 것이 그 병을 치유하는 약이라고 할 수 있다. 또한 주자의 주에 '차심상존'(此心常存), '능존시심'(能存是心)이라고 말한 것은 작용의 망동을 없애 본원으로 돌아가게 한다는 뜻이 있다. 그러므로 동(動)의 측면에서 사유소(四有所)를 말했지만, 동·정을 포함하여 심정(心正)의 본체를 겸하여 말한 것으로 본다.

제1절의 '유소'(有所)는 네 가지 마음의 작용이 내면에 체류하거나 네

가지를 기대하는 마음이 있다는 것이다. 제1절 '부득기정'(不得其正)의 '기정'(其正)은 체에 해당하고, '정기심'(正其心)은 용에 해당한다. 제1절 주자의 주에 '심지용'(心之用)을 말했기 때문에 심지체(心之體)가 은연중 그 속에 있음을 알 수 있다.

제2절의 '심불재언'(心不在焉)의 '언'(焉)은 '어차'(於此)를 줄인 말이다. 이 '차'(此)는 내면을 가리킨다. 그 뒤의 3구는 감각기관 가운데 가장 마음이 많이 출입하는 눈·귀·입을 들어 비유한 것이다. 마음의 주체가 위의 네 가지 작용에 빼앗겨 내면에서 주재하지 못하면 눈으로 보아도 그 본질을 제대로 보지 못하고, 귀로 들어도 그 소리를 제대로 듣지 못하며, 음식을 먹어도 그 맛을 제대로 알 수 없다는 말이다. 16세기 조식(曺植)의 「신명사도」(神明舍圖)는 이 눈·귀·입을 마음이 드나드는 세 관문으로 보아 이 세 관문을 잘 단속하는 것을 심성수양의 요체로 나타냈다.

전 제8장 傳八章

전8-01

이른바 "자기 집안사람들을 균평히 대하는 것이 자기 몸을 닦는 데 달렸다"라고 말한 것은 아래와 같은 뜻이다. 사람들은 자기가 친히 여기고 사랑하는 사람에 대해서[62] 그에게 치우친 감정을 갖게 되고, 자기가 천히 여기고 미워하는 사람에 대해서 그에게 치우친 감정을 갖게 되고,[63] 자기가 두려워하고 공경하는 사람에 대해서 그에게 치우친 감정을 갖게 되고, 자기가 애처롭게 여기고 긍휼(矜恤)히 여기는 사람에 대해서 그에게 치우친 감정을 갖게 되고, 자기가 오만하게 대하고 태만히 여기는 사람에 대해서 그에게 치우친 감정을 갖게 된다. 그러므로 상대를 좋아하면서도 그의 나쁜 점을 알며, 상대를 미워하면서도 그의 아름다운 점을 아는 사람은 이 세상에 드물다.

---

62) 대해서: 원문의 '지'(之)에 대해 주자는 '어'(於)의 뜻으로 풀이하였다. 그런데 후대 학자들 가운데는 '어'(於)와 '향'(向)의 뜻을 겸한 것으로 보는 설도 있다.

63) 그에게……되고: 원문의 '벽'(辟)은 원래 '으뜸' 또는 '임금'을 뜻하는 글자인데, 여러 가지 의미로 통용된다. 여기서는 '벽'(僻)과 통용되는 의미로 쓰였다. '언'(焉)은 '어차'(於此) 또는 '어시'(於是)가 준 말이다. 그러므로 '그에게'로 번역하였다. '벽'(僻)은 치우친 감정을 갖게 되는 것으로, 나의 마음이 남과 응접할 때 생기는 감정을 가리킨다.

所謂齊其家이 在修其身者는 人이 之其所親愛而辟(僻)焉
하며 之其所賤惡而辟(僻)焉하며 之其所畏敬而辟(僻)焉하며
之其所哀矜而辟(僻)焉하며 之其所敖惰而辟(僻)焉하나니 故
로 好而知其惡하며 惡而知其美者는 天下에 鮮矣니라

【장구】

'인'(人)은 일반인〔衆人〕을 말한다. '지'(之)는 '어'(於)와 같은 뜻이
다. '벽'(辟)은 '편'(偏)과 같은 뜻이다. 이 다섯 가지 치우친 감정은 사람
에게 있어서 본래 마땅히 그러한 법칙이 있다. 그러나 보통 사람들의 심
정은 그 감정이 향하는 바를 따라 그 점을 살필 수 없으니, 반드시 한쪽
으로 치우친 데에 빠져서 몸이 닦이지 않는다.

人은 謂衆人이라 之는 猶於也라 辟은 猶偏也라 五者는 在人에 本
有當然之則이라 然이나 常人之情은 惟其所向하여 而不可察焉하니
則必陷於一偏하여 而身不修矣니라

전8-02

그러므로 속담에 이에 대한 말이 있으니, "사람들은 자기 자식의 나
쁜 점을 알지 못하고, 자기 논의 벼가 크게 자란 것을 알지 못한다"라
는 것이다.

故로 諺에 有之하니 曰 "人이 莫知其子之惡하며 莫知其苗之
碩이라" 하니라

【장구】

'언'(諺)은 속어이다. 자식 사랑에 빠진 부모는 보는 것이 밝지 못하

고, 재물 얻기를 탐하는 자는 싫어하는 법이 없다. 이것이 바로 치우친 감정이 해가 되어 집안사람들이 균평히 대접받지 못하는 이유이다.

　諺은 俗語也라 溺愛者는 不明하고 貪得者는 無厭이라 是則偏之爲害하여 而家之所以不齊也라

전8-03

이를 일러 "몸이 닦이지 않으면 자기 집안사람들을 균평히 대할 수 없다"라고 하는 것이다.

此謂身不修면 不可以齊其家니라

【장구】

이상은 전 제8장이니, 수신·제가를 해석한 것이다.

右는 傳之八章이니 釋修身齊家라

해설

전 제8장은 일명 수신장이라고도 한다. 앞의 성의장과 정심장은 마음이 발하였지만 아직 사물에 응접하기 전의 수양에 해당하고, 이 수신장은 마음이 발하여 사물이나 남을 대할 때의 수양에 해당한다. 그래서 다섯 가지 치우친 감정을 거론하였는데, 그 감정은 모두 나와 남의 관계에서 생기는 것들이다.

제1절에서는 내가 다른 사람을 대할 때에 생기는 친애(親愛)·천오(賤惡)·외경(畏敬)·애긍(哀矜)·오타(敖惰) 다섯 가지 치우친 감정을 말하였는데, 이를 '오벽'(五僻)이라 한다. 이는 치우친 감정, 즉 편념(偏念)이다. 이 치우친 감정을 그대로 따르며 성찰하지 않으면 수신을 할 수 없

다. 그래서 이 치우친 감정을 다스려 제거하는 것이 수신장의 공부 요지이다. 주자의 주석에 '편'(偏)을 여러 번 언급하고 있는 것을 주목해야 한다.

제2절은 속담을 인용해 치우친 감정이 있을 때의 효험을 말한 것이다. 제3절의 문투가 다른 장과 같지 않다. 다른 장의 사례대로 쓴다면 '차위제가 재수기신'(此謂齊家 在修其身)이라 해야 하는데, 여기서는 '차위신불수 불가이제기가'(此謂身不修 不可以齊其家)라고 하였다. 이에 대해 해석가들은 대체로 행(行)의 마지막 조목인 수신(修身)에서 추행(推行)의 첫 조목인 제가(齊家)로 넘어가는 대목이기 때문에 특별히 문투를 바꿔 강조한 것으로 본다.

전 제9장 傳九章

전9-01

이른바 "나라를 다스리는 일은 자기 집안사람들을 균평히 다스리는 일을 반드시 먼저 하는 데 달렸다"라는 것은 아래와 같은 뜻이다. 자기 집안사람들을 교화할 수 없으면서도 능히 남들을 교화하는 사람은 없다. 그러므로 군자는 집안을 벗어나지[64] 않더라도 나라 안에 교화를 이룩하는 것이다. 집안에서의 효(孝)는 밖으로 임금을 섬기는 것이고, 집안에서의 공경[弟][65]은 밖으로 상관을 섬기는 것이고, 집안에서의 자(慈)는 밖으로 민중을 부리는 것이다.

所謂治國이 必先齊其家者는 其家를 不可敎요 而能敎人者는 無之라 故로 君子는 不出家而成敎於國하나니 孝者는 所以事君也요 弟者는 所以事長也요 慈者는 所以使衆也니라

【장구】

내 몸이 닦이면 집안사람들을 교화할 수 있다. 효(孝)·제(弟)·자(慈)는 자신을 닦아 집안사람들을 교화하는 것(덕목)이다. 그러나 국가에서

---

64) 벗어나지: 원문의 '출'(出)은 '벗어나다'라는 뜻이다.
65) 공경[弟]: 원문의 '제'(弟)는 '제'(悌)의 뜻이다.

임금을 섬기고, 상관을 섬기고, 민중을 부리는 바의 도리도 이 세 조목에서 벗어나지 않는다. 이것이 바로 집안사람들이 위에서 균평히 대우를 받으면 교화가 아래에서 이루어지는 까닭이다.

身修이면 則家可教矣라 孝弟慈는 所以修身而教於家者也라 然而國之所以事君事長使衆之道도 不外乎此니 此所以家齊於上而教成於下也라

전9-02

『서경』「강고」에 말하기를 "〔백성을 다스리는 사람은〕 어린아이를 보호하듯이 해야 한다"라고 하였으니, 마음에 성심으로 나라 다스리기를 구하면 비록 그 목표에 적중하지는[66] 않을지라도 그 목표에서 멀리 벗어나지는 않을 것이다. 자식 기르는 것을 다 배운 뒤에 시집가는 여자는 아직까지 있지 않았다.

康誥曰 "如保赤子라" 하니 心誠求之면 雖不中이나 不遠矣니 未有學養子而后에 嫁者也니라

【장구】

이 절은 『서경』「강고」를 인용하여 해석하고, 또 교화를 세우는 근본은 억지로 하기를 빌리지 않고 그 단서를 알아 그것을 미루어 넓히는 데 있다는 것을 밝힌 것이다.

此는 引書而釋之하고 又明立教之本은 不假強爲요 在識其端而推廣之耳라

---

66) 적중하지는: 원문의 '중'(中)은 '적중하다'는 뜻이다.

전9-03

온 집안사람들[67]이 어질면 온 나라 사람들[68]이 인(仁)에 흥기되고,[69] 온 집안사람들이 겸양하면 온 나라 사람들이 겸양(謙讓)에 흥기되며,[70] 한 사람이 탐욕스럽고 사나우면 온 나라 사람들이 난을 일으킨다. 그 기미(機微)[71]가 이와 같으니, 이를 일러 "한 마디 말이 일을 그르치며, 한 사람이 나라를 안정시킨다"라고 하는 것이다.

一家仁이면 一國이 興仁하고 一家讓이면 一國이 興讓하고 一人이 貪戾면 一國이 作亂하나니 其機如此하니 此謂一言이 僨事며 一人이 定國이니라

【장구】

'일인'(一人)은 임금을 말한다. '기'(機)는 발동하는 것이 말미암는 바

---

67) 온 집안사람들: 원문의 '일가'(一家)는 한 집안이라는 의미가 아니라 온 집안의 사람들을 가리킨다.

68) 온 나라 사람들: 원문의 '일국'(一國)은 한 나라라는 의미가 아니라 온 나라 안의 사람들을 가리킨다.

69) 인에 흥기되고: 원문의 '흥인'(興仁)은 언해에 '인에 흥기하다'로 되어 있다. 어떤 사람은 '인을 일으키다'로 해석하기도 하는데, 이는 언해를 따르는 것이 더 적절하다.

70) 겸양(謙讓)에 흥기되며: 원문의 '흥양'(興讓)은 언해에 '겸양에 흥기하다'로 되어 있다. 어떤 사람은 '겸양을 일으키다'로 해석하기도 하는데, 이는 언해를 따르는 것이 더 적절하다.

71) 기미(機微): 원문의 '기'(機)를 흔히 '기미'라고 해석하는데, 이는 어떤 일이 일어나는 단초를 말한다. '기'는 화살이 격발하여 나가는 장치를 의미한다. 소총의 경우 방아쇠를 당기면 탄환의 뒤를 때려 화약이 폭발해서 총알이 발사된다. '기'는 바로 소총의 방아쇠처럼 어떤 일을 촉발시키는 작용을 의미한다. 그러므로 기미라고 하는 것이다.

이다. '분'(僨)은 전복되고 패망하는 것이다. 이는 온 나라에 교화가 퍼지는 효과를 말한 것이다.

一人은 謂君也라 機는 發動所由也라 僨은 覆敗也라 此는 言敎成於國之效라

전9-04

요임금과 순임금은 천하 사람들을 인(仁)으로써 거느렸는데,[72] 백성들이 그를 따랐고, 걸왕(桀王)과 주왕(紂王)[73]은 천하 사람을 포악함으로써 거느렸는데 백성들이 그를 따랐다. 그러니 임금[74]이 명령하는 바가 임금[75]이 평소 좋아하던 것에 반대되면 백성들은 그 명령을 따르지 않는다. 그러므로 군자는 자기 몸에 먼저 선을 갖춘[76] 뒤에 남에게 선을 요구하고, 자기 몸에 먼저 악을 없앤[77] 뒤에 남에게 나쁜 점을 비난한다.[78] 자기 몸에 갖춘 것이 서(恕)[79]가 아닌데도 능히 남

---

72) 거느렸는데: 원문의 '솔'(帥)은 '거느리다'라는 뜻이다.

73) 걸왕(桀王)과 주왕(紂王): 걸왕(桀王)은 하(夏)나라의 마지막 임금이고, 주왕(紂王)은 은(殷)나라의 마지막 임금이다.

74) 임금: 원문 '기소령'(其所令)의 '기'(其)는 임금을 가리킨다.

75) 임금: 원문 '기소호'(其所好)의 '기'(其)는 임금을 가리킨다.

76) 자기……갖춘: 원문의 '저'(諸)는 '지어'(之於)의 준말이다. '유저기'(有諸己)는 '유지어기'(有之於己)로 자기 몸에 먼저 선을 갖춘다는 말이다.

77) 자기……없앤: 원문의 '저'(諸)는 '지어'(之於)의 준말이다. '무저기'(無諸己)는 '무지어기'(無之於己)로 자기 몸에 먼저 악을 없앤다는 말이다.

78) 비난한다: 원문의 '비'(非)는 '비난하다'라는 뜻이다.

79) 서(恕): '서'(恕)는 '용서'라는 뜻이 아니라 내 마음의 공정한 척도를 가지고 남의 마음을 헤아리는 것이다. 즉 남에 대한 배려를 말한다. '충'(忠)은 '체'(體)에 해당하고, '서'는 '용'(用)에 해당한다. 『논어』에서는 '서'를 '기소불욕 물시어인'(己所不欲 勿施於人), '추기급인'(推己及人)으로 말했다.

에게 그 점을 깨우쳐주는[80] 경우는 아직까지 있지 않았다.[81]

堯舜이 帥(솔)天下以仁하신대 而民이 從之하고 桀紂가 帥天下以暴한대 而民이 從之하니 其所令이 反其所好면 而民이 不從하나니 是故로 君子는 有諸己而後에 求諸人하며 無諸己而後에 非諸人하나니 所藏乎身이 不恕요 而能喩諸人者는 未之有也니라

【장구】

이 절은 또한 앞의 문장 '일인정국'(一人定國)을 이어 말한 것이다. 내 몸에 선을 갖춘 뒤에 남의 선을 요구할 수 있으며, 내 몸에 악을 없앤 뒤에 남의 악을 바로잡을 수 있다. 이 모두 나를 미루어 남에게 미치는 것이니, 이른바 서(恕)라는 것이다. 이와 같이 하지 않으면 명한 것이 그가 평소 좋아하던 것에 반대가 되어 백성들이 그 명을 따르지 않을 것이다. '유'(喩)는 '깨우치다'라는 뜻이다.

此는 又承上文一人定國而言이라 有善於己하고 然後에 可以責人之善이요 無惡於己하고 然後에 可以正人之惡이라 皆推己而及人이니 所謂恕也라 不如是면 則所令이 反其所好하여 而民이 不從矣리라 喩는 曉也라

---

80) 깨우쳐주는: 원문의 '유'(喩)는 '깨우치다'라는 뜻이다.

81) 아직까지……않았다: 원문의 '미지유'(未之有)는 '미유지'(未有之)와 같은 의미로, 앞으로는 알 수 없지만 아직까지는 그런 일이 없었다는 뜻이다. '지'(之)는 목적어로 본래 '유'(有) 뒤에 있어야 하는데, 앞으로 나간 것이다.

전9-05

그러므로 나라를 다스리는 것은 자기 집안사람들을 균평히 대우하는 데에 달린 것이다.

故로 治國이 在齊其家니라

【장구】

이 절은 위의 문장을 통틀어서 결론지은 것이다.

通結上文이라

전9-06

『시경』의 시에 말하기를 "갓 핀 복사꽃 산뜻하게 예쁜데, 그 잎이 무성히도 났구나. 저 아가씨[82] 시집가네,[83] 그 시댁 사람들을 잘 대하리[84]"라고 하였으니, 〔통치자는〕 자기 집안사람들[85]을 잘 대한 뒤에 나라 사람들을 교화할 수 있다.

詩云 "桃之夭夭여 其葉蓁蓁이로다 之子于歸여 宜其家人이

---

82) 저 아가씨: 원문 '지자'(之子)의 '지'(之)는 '기'(其)의 뜻이고, '자'(子)는 여자 (女子)를 의미한다.

83) 시집가네: 원문의 '귀'(歸)는 '시집가다'라는 뜻이다.

84) 잘 대하리: 주자는 원문의 '의'(宜)를 '선'(善)의 뜻으로 해석하였다. 그런데 주자의『시집전』주에는 '의'를 '화순'(和順)으로 해석하였다. 여기서도 화순의 의미가 있는 것으로 보면 더 의미가 있다.

85) 자기 집안사람들: 인용한『시경』의 시에 보이는 '기가인'(其家人)은 '시집가는 여인의 시댁 사람들'을 가리키지만, 여기서는 나라를 다스리는 사람의 집안사람들을 가리키기 때문에 달리 번역한 것이다.

라” 하니 宜其家人而后에 可以敎國人이니라

【장구】

『시경』의 시는 주남(周南)[86] 「도요」(桃夭)이다. ‘요요’(夭夭)는 어리고 예쁜 모양이다. ‘진진’(蓁蓁)은 아름답고 무성한 모양이다. 이 시의 수사법은 흥(興)이다. ‘지자’(之子)는 ‘이 여자’라고 말하는 것과 같은 뜻이다. 이 시는 여자가 시집가는 것을 가리켜 말한 것이다. 부인들은 시집가는 것을 일러 ‘간다’〔歸〕라고 한다. ‘의’(宜)는 ‘잘하다’〔善〕라는 뜻이다.

詩는 周南桃夭之篇이라 夭夭는 少好貌요 蓁蓁은 美盛貌라 興也라 之子는 猶言是子라 此는 指女子之嫁者而言也라 婦人謂嫁曰歸라 宜는 猶善也라

전9-07

『시경』의 시에 말하기를 “형을 잘 대하며 동생을 잘 대하네”라고 하였으니, 〔통치자는〕 형을 잘 대하며 동생을 잘 대하는 사람이 된 뒤에 나라 사람들을 교화할 수 있다.

詩云 “宜兄宜弟라” 하니 宜兄宜弟而后에 可以敎國人이니라

【장구】

『시경』의 시는 소아(小雅) 「육소」(蓼蕭)이다.

---

86) 주남(周南): 『시경』 15국풍(國風) 중 제일 앞에 편차된 편명이다. 주남은 주나라 초기 주공(周公)의 채지(採地)로, 주나라의 덕화가 남방에 미친 것을 노래한 민간가요이다

詩는 小雅蓼蕭篇이라

전9-08

『시경』의 시에 말하기를 "그 의젓한 몸가짐 어긋나지 않는지라, 이 사방의 나라 사람들을 바르게 하네"라고 하였으니, 그가 아비와 자식과 형과 동생이 충분히 본받을 만한 사람이 된 뒤에[87] 백성들이 그를 본받게 된다.

詩云 "其儀不忒이라 正是四國이라" 하니 其爲父子兄弟가 足法而后에 民이 法之也니라

【장구】

『시경』의 시는 조풍(曹風)[88] 「시구」(鳲鳩)이다. '특'(忒)은 '어긋나다'라는 뜻이다.

詩는 曹風鳲鳩篇이라 忒은 差也라

---

87) 그……뒤에: 원문 '기위부자형제족법이후'(其爲父子兄弟足法而后)는 해석상 문제가 많은 구절이다. 언해본에는 '그 父子와 兄弟 되온 이 족히 法한 후에'라고 하였다. 그러나 조선 후기 성호(星湖) 이익(李瀷)은 '아비가 자식을 본받는다'라는 것은 이치에 맞지 않는다고 생각하여 이 언해는 잘못이라고 단정하였다. 그리고 그 사람이 부자와 형제 등 온 집안사람들이 충분히 본받을 만한 사람이 된 뒤에 백성들이 그를 본받는다는 뜻으로 해석하였다. 이 해석이 보다 합리적인 듯하여 여기서는 성호의 설을 따라 번역하였다. 그러니까 '기위'(其爲)를 '그가 ……한 사람이 되다'로 해석한 것이다. 언해본에는 '위'(爲)를 '부자형제가 된 사람들이'라는 의미로 해석한 것인데, 여기서는 '그가 부자형제가 충분히 본받을 만한 사람이 된 뒤에'로 해석한 것이다.

88) 조풍(曹風): 조(曹)나라 지역의 민간가요를 말한다.

전9-09

이를 일러 "나라를 다스리는 것은 자기 집안사람들을 균평히 대우하는 데 달렸다"라는 것이다.

此謂治國이 在齊其家니라

【장구】

여기에 인용한 세 편의 시는 모두 위 문장의 일을 영탄한 것이고, 또 이와 같이 결론을 지었으니, 그 의미가 심장하여 침잠해 완미하기에 매우 적절하다. 이상은 전 제9장이니, 제가·치국을 해석한 것이다.

此三引詩는 皆以詠歎上文之事요 而又結之如此하니 其味深長하여 最宜潛玩이라 右는 傳之九章이니 釋齊家治國이라

해설

전 제9장은 교화(敎化)를 말한 것이다. 교화는 자기의 덕을 미루어 나가 다른 사람에게 미쳐서 그 사람이 변화하도록 하는 것이다. 모두 9절로 되어 있는데, 전체적으로 교(敎)를 말하는 가운데 보다 구체적으로 추(推)와 화(化)를 섞어 언급하고 있다. 교화는 내가 명명덕을 통해 덕을 닦아 다른 사람들에게 영향을 미쳐서 그들이 스스로 본받고 따라 하게 하는 것이다. 그러기에 미루어 나가는 추(推)의 논리가 들어 있다. 예컨대 충(忠)은 내 스스로 덕을 드높이는 것으로 체(體)에 해당하고, 그 덕으로 다른 사람에게 미치는 서(恕)는 용(用)에 해당한다. 이것이 나에게서 남에게로 미루어 나가는 논리이다. 그리고 그들이 그 영향을 받아 스스로 변화하는 것이 화(化)이다.

제1절은 제가에서 치국으로 교화가 넓어지는 것을 말했는데, 가정에

서 제일 중요한 가치인 자식이 부모에 대한 효(孝), 젊은 사람이 어른에 대한 공경(悌), 어른이 아랫사람을 사랑하는 자(慈)를 끌어내 이것을 미루어 나감으로써 나라 사람들을 변화시키는 주요 덕목으로 삼았다. 이 효(孝)·제(悌)·자(慈)는 명명덕을 통해 얻어진 나의 덕을 가정의 가족 관계 속에서 이룩할 수 있는 최고의 가치이다. 이는 나의 덕을 남에게 미루어 나감으로써 궁극적으로 온 나라 사람들을 변화시킬 수 있는 것이므로 이 절에서는 이 세 가지 덕목을 제시하여 추(推)와 화(化)를 말했다. 조선 후기 정약용(丁若鏞)이 특별히 이 세 덕목을 중시하여 명덕으로 삼은 것은 사회적 관계 속에서의 가치를 중시했기 때문이다.

제2절은 『서경』「강고」의 문구를 인용해 추(推)를 말한 것이다. '여보 적자'(如保赤子)는 효·제·자 중에서 '자'에 속하는 것이다. 즉 세 가지 중에서 가장 절실한 비유를 든 것인데, 그 속에는 나머지 효·제도 포함되어 있다. 즉 어진 어머니가 자애하는 마음으로 어린아이를 보살피듯이 나라를 다스리는 사람이 자애를 미루어 나라를 다스려야 함을 말한 것이다. 시집가는 아가씨가 자식 기르는 것을 다 배운 뒤에 시집가는 것이 아니듯이 나라를 다스리는 사람도 자애로운 어머니의 마음을 미루어 나가면 나라를 잘 다스릴 수 있다는 것이다. 시집가는 여자를 비유로 든 것은 인정에서 가장 절실한 것으로 비유한 것이다.

제3절은 집안의 교화를 미루어 나가 온 나라 사람들에게 교화를 미치는 점을 말한 것인데, 특별히 치국의 관점에서 임금 한 사람의 마음에 초점을 두어 말하고 있다. 이 절은 교화가 온 나라 안에 미친 효험을 말한 것이다.

제4절은 요임금·순임금의 경우와 걸왕(桀王)·주왕(紂王)의 경우를 예로 들어 화(化)를 먼저 말하고서 뒤에 임금 한 사람의 마음에 초점을 맞추어 추(推)를 말하고 있다. 서(恕)는 추기급인(推己及人)으로 나의

덕을 남에게 미루어 나가는 것이다.『논어』를 보면 공자는 충(忠)과 아울러 서(恕)를 자주 언급하고 있다. 충은 나의 덕을 밝히는 명명덕과 관계 있고, 서는 그렇게 닦은 덕을 남들에게 펴 나가는 신민과 관계있다. 그래서 충은 나의 마음을 진실되게 하기를 극진히 하는 것으로 충성(忠誠)이 그것이며, 서는 그런 마음으로 남의 마음을 헤아려 배려하고 인도하는 것이다. 서(恕)라는 글자는 여(如)와 심(心)이 합쳐진 것으로, 남의 마음을 내 마음의 잣대로 미루어 헤아리는 것이다. 자기만을 아는 이기적인 사회 속에서 더불어 사는 사회를 지향하는 매우 중요한 덕목이다.

제5절은 앞 절에서 언급한 것을 결론지은 것이다. 다른 장과 비교해보면 전 제9장은 여기에서 끝나야 한다. 그런데 이 뒤에 다시『시경』의 시를 세 편 인용하고 제5절과 같은 내용으로 한 번 더 결론을 맺었다. 그것은 치국이 제가에 있다는 것을 강조한 것이다.

제6절부터 제8절까지 인용한 것은 모두 제가에서 치국으로 미루어 나가는 점을 강조한 것이다. 제6절의 '의기가인'(宜其家人)과 제7절의 '의형의제'(宜兄宜弟)에 대해서는 앞 절의 주석에서 언급했기 때문에 생략한다. 언해대로 해석하면 이해하기가 어렵다. 제8절의 '기위부자형제족법'(其爲父子兄弟足法)도 언해보다는 이익(李瀷)의 설을 따르는 것이 보다 합리적이라고 생각된다.

전 제10장 傳十章

전10-01

이른바 "평천하(平天下)가 자기 나라를 잘 다스리는 데 달렸다"라는 것은 아래와 같은 뜻이다. 윗사람(임금)이 자기 집안의 노인을 노인으로 잘 공경하면[89] 〔아래의〕 백성들이 〔그것을 보고〕 효(孝)에 흥기하고,[90] 윗사람이 자기 집안의 어른을 어른으로 잘 공경하면 〔아래의〕 백성들이 〔그것을 보고〕 공경〔悌〕[91]에 흥기하며,[92] 윗사람이 고아를

---

89) 원문의 '이'(而)는 '즉'(則)과 같은 의미로, '~하면'으로 번역해야 한다. '~함에'로 번역하는 것은 옳지 못하다. '이'(而)가 '즉'의 뜻으로 쓰이는 용례는 사서(四書)에 허다하게 보인다.

90) 효(孝)에 흥기하며: 원문의 '흥효'(興孝)는 언해본에 '孝애 興하며'로 되어 있다. 어떤 사람은 '효를 흥기하다'로 해석하기도 하는데, '에'로 해석하면 효·제·자의 덕목에 대해 자신의 마음을 일으킨다는 뜻이 된다. 이는 교화를 미루어 나가 백성들이 스스로 변화하는 점을 말한 것이기 때문에 '에'로 보는 것이 더 의미심장한 듯하다. 주자의 주에 흥(興)을 "감발하는 바가 있어서 흥기하는 것을 말한다"라고 해석한 것을 보면 더욱 '에'로 해석하는 것이 옳은 듯하다.

91) 공경〔悌〕: 원문의 '제'(弟)는 '제'(悌)와 통용된다.

92) 공경〔悌〕에 흥기하며: 원문의 '흥제'(興弟)는 언해본에 '弟애 興하며'로 되어 있다. 어떤 사람은 '제(弟)를 흥기하다'로 해석하기도 하는데, '에'로 해석하면 효·제·자의 덕목에 대해 자신의 마음을 일으킨다는 뜻이 된다. 이는 교화를 미루어 나가 백성들이 스스로 변화하는 점을 말한 것이기 때문에 '에'로 보는 것이 더 의미심장한 듯하다. 주자의 주에 흥(興)을 "감발하는 바가 있어서 흥기하는 것을 말한다"라고 해석한 것을 보면 더욱 '에'로 해석하는 것이 옳은 듯하다.

구휼하면 〔아래의〕 백성들이 〔그것을 보고〕 윗사람이 고아를 구휼하는 마음을 저버리지[93] 않는다.[94] 그러므로 군자는 혈구(絜矩)[95]의 도가 있다.

所謂平天下가 在治其國者는 上老老而民興孝하며 上長長而民興弟하며 上恤孤而民不倍(背)라 是以로 君子는 有絜矩之道也니라

【장구】

'노로'(老老)는 이른바 '우리 집안의 노인을 노인으로 잘 모신다'(老吾

---

93) 원문의 '배'(倍)는 '배'(背)와 통용된다.

94) 〔아래의〕……않는다: 원문의 '민불배'(民不倍)는 해석이 분분하다. 문제는 '불배'(不背) 뒤에 생략된 목적어를 무엇으로 보느냐에 따라 해석이 달라진다. 그런데 앞 구절에서 효(孝)와 제(悌)를 말하고 있으니, 이 구절은 자(慈)를 말한 것으로 보아야 한다. 이는 전 제9장에서 이미 나온 가정에서의 세 가지 덕목인 효·제·자를 다시 말한 것이다. 그것은 평천하도 치국과 마찬가지로 가정에서의 효·제·자를 미루어 나가 온 세상 사람들이 본받고 따르게 하는 교화이기 때문에 이를 먼저 언급한 것이다. 그렇다면 기본적으로 '불배' 뒤에 생략된 목적어는 자(慈)이다. 그런데 앞에 언급한 고아를 구휼하는 것은 인정을 펴는 성왕이 가장 먼저 돌보는 것이므로 백성들의 입장에서는 그런 '성왕의 마음'을 가리키는 것이라 할 수 있다. 그래서 생략된 목적어를 '윗사람이 고아를 구휼하는 마음'으로 보는 것이 일반적인 해석이다. 이익(李瀷)은 생략된 목적어를 '고아'로 보았는데, 이 설도 뜻이 통한다.

95) 혈구(絜矩): '혈'(絜)은 '헤아리다'라는 뜻이고, '구'(矩)는 법도를 말한다. '구'는 원래 곡척(曲尺)으로 각을 그리는 자인데, 법도라는 의미로 쓰인다. 혈구는 내 마음의 법도로 다른 사람의 마음을 헤아린다는 뜻이다. 주자는 혈구에 대해 「답강덕공」(答江德功)에서 "탁물이득기방야"(度物而得其方也)라고 해석하였고, 「답주순필」(答周舜弼)에서는 "탁지이구이취기방야"(度之以矩而取其方也)라고 해석하였다. 언해본에는 후자의 설을 따라 "矩로 絜하다"라고 하였다. 조선 후기 이익은 전자의 설을 지지하였지만, 대부분의 학자들은 후자의 설을 따랐다. 전자는 "사물을 헤아려 그 방도를 얻는다"는 뜻이고, 후자는 "법도로써 그것을 헤아려 그 방도를 취한다"라는 뜻이다

老)[96]라는 의미이다. '흥'(興)은 느껴 발하는 바가 있어서 흥기하는 것을 말한다. '고'(孤)는 어려서 아비가 없는 명칭이다. '혈'(絜)은 '헤아리다'라는 뜻이고, '구'(矩)는 네모를 그리는 도구이다. 말하자면, 이 세 가지(효·제·자)는 윗사람이 실천하여 아랫사람이 본받는 것이 그림자나 메아리보다 빠른 것이니, 이른바 "집안사람들이 균평하게 대우를 받아 나라가 잘 다스려진다"라고 한 경우이다. 여기에서 또한 사람 마음의 같은 점을 알 수 있으니, 한 사람이라도 그런 마음을 얻지 못하는 자가 있게 해서는 안 된다. 그러므로 군자는 반드시 그 사람들 마음이 같은 점을 인하여 미루어서 상대방의 마음을 헤아려려야 한다. 그리하여 그 사람과 내가 분수에 맞는 소원을 각각 얻게 되면 상하 관계에 있는 사람과 사방에 있는 모든 사람들이 균일해지고 방정(方正)해져서 천하가 태평하게 다스려질 것이다.

老老는 所謂老吾老也라 興은 謂有所感發而興起也라 孤者는 幼而無父之稱이라 絜은 度也라 矩는 所以爲方也라 言此三者는 上行下效가 捷於影響이니 所謂家齊而國治也라 亦可以見人心之所同하니 而不可使有一夫之不獲矣라 是以로 君子는 必當因其所同하여 推以度物이라 使彼我之間에 各得分願하면 則上下四旁이 均齊方正하여 而天下가 平矣리라

---

96) 우리……모신다: 원문의 '노오로'(老吾老)는 『맹자집주』 「양혜왕 상」 제7장에 보인다.

전10-02

윗사람에게 싫었던 것 그것으로써[97] 아랫사람들을 부리지 말며, 아랫사람에게 싫었던 것 그것으로써 윗사람을 섬기지 말며, 앞사람에게 싫었던 것 그것으로써 뒤에 오는 사람에게 앞서 가며 그런 짓을 하지 말며,[98] 뒷사람에게 싫었던 것 그것으로써 앞에 가는 사람을 따라가지 말며, 오른쪽 사람에게 싫었던 것 그것으로써 왼쪽 사람에게 교유하지 말며, 왼쪽 사람에게 싫었던 것 그것으로써 오른쪽 사람에게 교유하지 말라. 이것을[99] 혈구지도(絜矩之道)[100]라고 한다.

所惡於上으로 毋以使下하며 所惡於下로 毋以事上하며 所惡於前으로 毋以先後하며 所惡於後로 毋以從前하며 所惡於右로 毋以交於左하며 所惡於左로 毋以交於右가 此之謂絜矩之道也니라

【장구】

이 절은 위의 문장 '혈구'(絜矩) 두 자의 의미를 다시 해석한 것이다. 만일 윗사람이 나에게 무례하게 하는 것을 원치 않는다면 반드시 이런

---

97) 그것으로써: 언해본에 토를 '으로'라고 달았기 때문에 해석하는 데 혼란이 초래되는데, '으로'라는 토를 빼고 두 구절을 묶어 해석하면 위의 번역문처럼 해석할 수 있다. 제2구절의 '이'(以)를 잘 보아야 한다. 아래 여섯 구절도 이와 같이 해석하면 이해하기 쉽다.

98) 그것으로써……말며: 원문 '무이선후'(毋以先後)의 '선'(先)을 서술어로 보아야 한다.

99) 이것을: 원문 '차지'(此之)의 '지'(之)는 '차'(此)를 목적격으로 만들어주는 조사이다.

100) 혈구지도(絜矩之道): 나의 공정한 마음으로 남의 마음을 헤아리는 도리를 말한다.

마음으로 아랫사람의 마음을 헤아리고, 또한 감히 이런 무례함으로 아랫사람들을 부리지 않아야 한다. 아랫사람이 나에게 불충(不忠)하기를 원치 않는다면 반드시 이런 마음으로 윗사람의 마음을 헤아리고, 또한 감히 이런 불충함으로 윗사람을 섬기지 않아야 한다. 전후 좌우의 사람들에 대해서도 모두 그렇게 하지 않음이 없으면 내 몸이 윗자리에 있든 아랫자리에 있든 전후 좌우 어느 곳에 있더라도 길고 짧고 넓고 좁음이 피차간에 한결같아서 방정하지 않음이 없을 것이다. 저들도 똑같이 이런 마음을 갖고서 그에 흥기된다면 또한 어찌 한 사람이라도 그런 마음을 얻지 못하는 자가 있겠는가. 나의 마음가짐은 요약되지만 미치는 바는 넓으니, 이는 평천하의 중요한 방도이다. 그러므로 전 제10장의 의미가 모두 이로부터 미루어 나간 것이다.

此는 覆解上文絜矩二字之意라 如不欲上之無禮於我어든 則必以此度下之心하고 而亦不敢以此無禮使之요 不欲下之不忠於我어든 則必以此度上之心하고 而亦不敢以此不忠事之라 至於前後左右하여도 無不皆然이면 則身之所處上下四旁이라도 長短廣狹에 彼此如一하여 而無不方矣리라 彼同有是心而興起焉者면 又豈有一夫之不獲哉리오 所操者는 約이나 而所及者는 廣하니 此는 平天下之要道也라 故로 章內之意가 皆自此而推之라

전10-03

『시경』의 시에 "화락한[101] 군자이시여, 백성들의 부모이시네"라고 하였으니, 백성들이 좋아하는 것을 좋아하고 백성들이 싫어하는[102]

---

101) 화락한: 원문의 '지'(只)는 허사로 아무 의미가 없다.

것을 싫어하는 분, 그런 분을 백성들의 부모라고 한다.

詩云 "樂只君子여 民之父母라" 하니 民之所好를 好之하며
民之所惡를 惡之가 此之謂民之父母니라

【장구】

『시경』의 시는 소아(小雅) 「남산유대」(南山有臺)이다. '지'(只)는 어
조사이다. 말하자면 능히 혈구하여 민심으로 자기의 마음을 삼으면 이는
백성들을 사랑하는 것이 자식을 사랑하는 것과 같아서 백성들이 그 임
금을 사랑하는 것이 부모를 사랑하는 것과 같을 것이라는 말이다.

詩는 小雅南山有臺之篇이라 只는 語助辭라 言能絜矩하여 而以民
心爲己心이면 則是愛民如子하여 而民愛之가 如父母矣리라

전10-04

『시경』의 시에 "높고 높은[103] 저 남산이여, 바위가[104] 우뚝하게 쌓
였구나.[105] 현달하고 성대한[106] 태사(太師)[107] 윤씨(尹氏)[108]여, 백성
들이 모두 당신을 바라보네"라고 하였으니,[109] 국가를 소유한 사람은

---

102) 싫어하는: 원문의 '오'(惡)는 '싫어하다'라는 뜻이다.
103) 높고 높은: 원문의 '절'(節)은 높고 험준한 모양이다.
104) 바위가: 원문의 '유'(維)는 허사이다. 바위는 산꼭대기의 바위덩어리를 가리킨다.
105) 우뚝하게 쌓였구나: 원문의 '암암'(巖巖)은 산꼭대기에 바위덩어리가 우뚝하
    게 쌓여 있는 모양이다.
106) 현달하고 성대한: 원문의 '혁혁'(赫赫)은 현달하고 성대한 모양이다.
107) 태사(太師): 주(周)나라 때 임금을 보좌하는 삼공(三公)의 한 직책을 말한다.
108) 윤씨(尹氏): 주자의 『시집전』의 주에는 '윤길보(尹吉甫)의 후예'라고 하였다.
109) 『시경』의……하였으니: 여기에 인용한 소아 「절남산」(節南山)은 주나라 천자
    가 태사 윤씨를 잘못 등용하여 혼란을 초래한 것을 가보(家父)가 풍자적으로

삼가지 않으면 안 된다. 〔국가를 소유한 사람이 능히 혈구(絜矩)하지 않고〕 호오(好惡)가 개인의 치우친 감정을 따르게 되면[110] 천하 사람들에게 죽임을 당할 것이다.[111]

詩云 "節彼南山이여 維石巖巖이로다 赫赫師尹이여 民具(俱) 爾瞻이라" 하니 有國者는 不可以不愼이니 辟則爲天下僇矣니라

【장구】

『시경』의 시는 소아 「절남산」이다. '절'(節)은 자른 듯이 높고 큰 모양이다. '사윤'(師尹)은 주나라 태사(太師)로 있던 윤씨(尹氏)이다. '구' (具)는 '모두'(俱)라는 뜻이다. '벽'(辟)은 '치우치다'라는 뜻이다. 말하자면 윗자리에 있는 사람은 인민들이 바라보고 우러르는 대상이니, 삼가지 않을 수 없다. 능히 혈구하지 않아 호오가 통치자 일개인의 치우친 감정을 따르게 되면 자신은 시해를 당하고 나라는 망하게 되어 천하 사람들의 큰 죽임을 당하게 될 것이라는 뜻이다.

詩는 小雅節南山之篇이라 節은 截然高大貌라 師尹은 周太師尹氏也라 具는 俱也라 辟은 偏也라 言在上者는 人所瞻仰이니 不可不謹이라 若不能絜矩하여 而好惡가 徇於一己之偏하면 則身弑國亡하여 爲天下之大戮矣리라

노래한 시이다. 즉 태사 윤씨가 호오(好惡)를 공적으로 하지 못해 천하를 어지럽힌 하나의 사례로 인용한 것이다. 그러므로 뒤에 "나라를 소유한 사람은 삼가지 않아서는 안 된다"고 말한 것이다.

110) 〔국가를……되면: 원문의 '벽'(辟)은 '벽'(僻)의 뜻으로 호오를 공적으로 하지 않고 개인의 치우친 감정을 따른다는 뜻이다.

111) 천하……것이다: 원문 '위천하류의'(爲天下僇矣)는 '위(爲)~소(所)~'의 용법에서 '하'(下) 뒤에 '소'(所)가 생략된 경우로 '위천하소류의'(爲天下所僇矣)로 보면 된다.

전10-05

『시경』의 시에 "은(殷)나라가 민중의 마음을 잃지 않았을 때에는[112] 능히[113] 상제(上帝)[114]께 대했으니,[115] 의당[116] 은나라를 거울로 삼을[117]지어다. 큰[118] 천명[119]은 보존하기 쉽지[120] 않다"라고 하였으니, 이는 민중의 마음을 얻으면 나라를 얻고 민중의 마음을 잃으면 나라를 잃는다는 것을 말한[121] 것이다.

詩云 "殷之未喪師엔 克配上帝러니 儀(宜)監于殷이어다 峻(駿)命不易라" 하니 道得衆則得國하고 失衆則失國이니라

【장구】

『시경』의 시는 대아 「문왕」이다. '사'(師)는 '민중'[衆]을 가리킨다. '배'(配)는 '대(對)하다'라는 뜻이니, 그가 천하의 임금이 되어 상제를

---

112) 민중의……때에는: 원문 '미상사'(未喪師)의 '상'(喪)은 '잃다'라는 뜻이고, '사'(師)는 '민중'을 가리킨다. '사'에는 '중'(衆)의 의미가 있으니, 경사(京師)는 '수도의 사람들이 많이 사는 곳'이라는 뜻이고, 사단(師團)은 '군중이 많이 모여 있는 곳'이라는 뜻이다.

113) 능히: 원문의 '극'(克)은 '능'(能)의 뜻이다.

114) 상제(上帝): 만물을 주재하는 천제(天帝)를 가리킨다.

115) 대했으니: 원문의 '배'(配)는 원래 '배합하다'는 뜻인데, 주자의 주에 '대'(對)의 뜻으로 풀이한 것은 '천명을 받은 임금이 되어 상제를 대한다'는 의미로 보았기 때문이다. 주자의 『시집전』 주에는 '합'(合)의 뜻으로 해석하였으니, 배합한다는 뜻이다.

116) 의당: 원문의 '의'(儀)는 『시경』 대아 「문왕」에는 '의'(宜)로 되어 있다.

117) 거울로 삼을: 원문의 '감'(監)은 '감'(鑑)의 뜻이다.

118) 큰: 원문의 '준'(峻)은 『시경』 대아 「문왕」에는 '준'(駿)으로 되어 있다.

119) 천명: 원문의 '명'(命)은 '천명'(天命)을 가리킨다.

120) 쉽지: 원문의 '이'(易)는 '쉽다'라는 뜻이다.

121) 말한: 원문의 '도'(道)는 '말하다'라는 뜻이다.

대하는 것을 말한다. '감'(監)은 살피는 것이다. '준'(峻)은 '크다'[大]라는 뜻이다. '불이'(不易)는 보전하기 어려움을 말한 것이다. '도'(道)는 '말하다'라는 뜻이다. 『시경』의 시를 인용하여 위의 문장 두 구절의 뜻을 결론지은 것이다. 천하를 소유한 사람이 능히 이런 마음을 보전하여 잃지 않으면 혈구하여 백성과 더불어 소원을 함께하는 것이 절로 그만둘 수 없을 것이다.

詩는 文王篇이라 師는 衆也라 配는 對也이니 配上帝는 言其爲天下君하여 而對乎上帝也라 監은 視也요 峻은 大也라 不易는 言難保也라 道는 言也라 引詩而言此하여 以結上文兩節之意라 有天下者가 能存此心而不失이면 則所以絜矩而與民同欲者가 自不能已矣리라

전10-06

그러므로 군자는 먼저 덕을 삼간다. 그러니 덕이 있으면 이에[122] 인민을 소유하게 되고, 인민을 소유하면 이에 국토를 소유하게 되고, 국토를 소유하면 이에 재물을 소유하게 되고, 재물을 소유하면 이에 쓰임이 있게 된다.

是故로 君子는 先愼乎德이니 有德이면 此有人이요 有人이면 此有土요 有土면 此有財요 有財면 此有用이니라

【장구】

'선근호덕'(先謹乎德)[123]은 위 문장의 '삼가지 않아서는 안 된다'(不

---

122) 이에: 원문의 '차'(此)는 '어차'(於此)의 뜻이다.

可以不愼)라는 문구를 이어서 말한 것이다. '덕'(德)은 곧 이른바 명덕 (明德)이라는 것이다. '유인'(有人)은 민중을 얻은 것을 말한다. '유토' (有土)는 나라를 얻은 것을 말한다. 나라를 소유하면 재용이 없음을 걱 정하지 않을 것이다.

先謹乎德은 承上文不可不謹而言이라 德은 卽所謂明德이라 有人 은 謂得衆이라 有土는 謂得國이라 有國이면 則不患無財用矣리라

전10-07

덕은 근본이고 재물은 말단이다.

德者는 本也요 財者는 末也라

【장구】

이 절은 위의 문장에 근본하여 말한 것이다.

本上文而言이라

전10-08

근본을 밖으로 하고 말단을 안으로 하면 백성을 다투게 하여 겁탈하 는 도를 베풀게 된다.

外本內末이면 爭民施奪이니라

---

123) 선근호덕(先謹乎德): 이는 본문의 '선신호덕'(先愼乎德)을 가리킨다. 송나라 효종(孝宗)의 이름이 신(眘)이기 때문에 주자가 이를 휘(諱)하여 뜻이 같은 '근'(謹)으로 바꾸어 쓴 것이다.

임금이 덕을 밖으로 여기고 재물을 안으로 여기면 이는 자기 나라 백성들을 다투게 하여 겁탈하는 가르침을 시행하는 것이다. 대개 재물은 사람들이 모두 바라는 것이지만 능히 혈구하지 않아 그것을 오로지 소유하고자 하면 백성들도 일어나 다투고 빼앗을 것이다.

人君이 以德爲外하고 以財爲內하면 則是爭鬪其民하여 而施之以劫奪之敎也라 蓋財者는 人之所同欲이어늘 不能絜矩하여 而欲專之면 則民亦起而爭奪矣리라

전10-09

그러므로 재물이 임금에게 모이면 백성들이 흩어지고, 재물이 백성들에게 나누어지면 백성들이 모인다.

是故로 財聚則民散하고 財散則民聚니라

근본을 밖으로 하고 말단을 안으로 하기 때문에 재물이 임금에게 모이고, 백성을 다투게 하여 겁탈하는 도를 시행하기 때문에 백성들이 흩어지게 된다. 이와 반대로 하면 덕이 있어서 인민을 소유하게 될 것이다.

外本內末이라 故로 財聚하고 爭民施奪이라 故로 民散이라 反是면 則有德而有人矣리라

전10-10

그러므로 말[言]이 사리에 어긋나서 나간 것은 또한 사리에 어긋나

서 나에게 들어오고, 재화(財貨)가 사리에 어긋나서 내게 들어온 것은
또한 사리에 어긋나서 나간다.

是故로 言悖而出者는 亦悖而入하고 貨悖而入者는 亦悖而
出이니라

【장구】

'패'(悖)는 '거역하다'라는 뜻이다. 이 절은 말의 출입으로 재화의 출
입을 밝힌 것이다. '선신호덕'(先愼乎德) 이하[124]로부터 이 절까지는 또
한 재화를 인하여 능히 혈구한 경우와 능히 혈구하지 못한 경우의 득실
(得失)[125]을 밝힌 것이다.

悖는 逆也라 此는 以言之出入으로 明貨之出入也라 自'先謹(愼)乎
德'以下로 至此히 又因財貨하여 以明能絜矩與不能者之得失也라

전10-11

『서경』「강고」에 말하기를 "오직 천명[126]은 일정한 곳에만 있지 않
는다[127]"라고 하였으니, 이는 선(善)하면 천명을 얻고 불선(不善)하면
천명을 잃는다는 점을 말한[128] 것이다.

---

124) 선신호덕(先愼乎德) 이하: 전 제10장 제6절 이하를 가리킨다. 주자의 주에는
　　'선근호덕'(先謹乎德)으로 되어 있는데, 이는 송나라 효종의 이름을 피한 것
　　이므로 여기서는 원문 그대로 썼다.
125) 득실(得失): 잘한 경우와 잘못한 경우를 가리킨다.
126) 천명: 원문의 '명'(命)은 천명을 가리킨다.
127) 일정한……않는다: 원문의 '불'(不)은 '있지 않다'라는 뜻이고 '상'(常)은 '일
　　정한 곳'을 가리킨다.
128) 말한: 원문의 '도'(道)는 '말하다'라는 뜻이다.

康誥曰 “惟命은 不于常이라” 하니 道善則得之하고 不善則失
之矣니라

【장구】

‘도’(道)는 ‘말하다’라는 뜻이다. 위 문장[129]에서 『시경』 대아 「문왕」
을 인용한 뜻을 인하여 거듭 그 점을 말한 것이니, 정녕하게 반복한 의미
가 더욱 깊고 절실하다

道는 言也라 因上文引文王詩之意하여 而申言之하니 其丁寧反覆
之意가 益深切矣라

전10-12

『초서』(楚書)[130]에 말하기를 “초나라는 보배로 삼을 것이 없고,[131]
오직 선을 보배로 삼는다[132]”라고 하였다.

楚書曰 “楚國은 無以爲寶요 惟善을 以爲寶라” 하니라

【장구】

초서(楚書)는 『국어』(國語) 「초어」(楚語)를 말한다. 이 절은 금과 옥을
보배로 여기지 않고, 선한 사람을 보배로 여김을 말한 것이다.

---

129) 위 문장: 전 제10장 제5절을 가리킨다.
130) 『초서』(楚書): 『국어』(國語) 「초어」(楚語)를 말한다. 초나라의 역사를 기록한
글이다.
131) 보배로……없고: 원문의 ‘무이위보’(無以爲寶)는 직역하면 ‘그 무엇으로써 보
배를 삼을 것이 없다’라는 뜻이다.
132) 오직……삼는다: 원문의 ‘유선이위보’(惟善以爲寶)는 직역을 하면 ‘오직 선,
그것으로써 보배를 삼는다’라는 뜻이다.

楚書는 楚語라 言不寶金玉而寶善人也라

전10-13

구범(舅犯)[133]이 말하기를 "망명한 공자(公子)께서는 보배로 삼을 것이 없고, 어버이를 인애(仁愛)함으로써 보배를 삼으셔야 합니다"라고 하였다.

舅犯曰 "亡人은 無以爲寶요 仁親을 以爲寶라" 하니라

[장구]

'구범'(舅犯)은 진 문공(晉文公)[134]의 외삼촌인 호언(狐偃)이니, 자가 자범(子犯)이다. '망인'(亡人)은 진 문공이 당시 공자(公子)로 있다가 출국하여 망명해 외국에 있던 것을 가리킨다. '인'(仁)은 '인애하다'라는 뜻이다. 이 일은 『예기』 「단궁」(檀弓)에 보인다.[135] 이 두 절은 또한 근본

---

133) 구범(舅犯): 진 문공(晉文公)의 외삼촌인 호언(狐偃)을 가리키는 말로, '외삼촌 자범(子犯)'을 줄여서 말한 것이다.

134) 진 문공(晉文公): 중국 춘추시대 진(晉)나라 문공으로, 이름은 중이(重耳)이다. 부친 진 헌공(晉獻公)이 여희(驪姬)를 총애하여 그녀의 소생 해제(奚齊)를 세우고자 세자인 신생(申生)을 죽이고, 공자인 중이와 이오(夷吾)를 해외로 추방하였다. 중이는 적(翟) 땅으로 도망해 19년 동안 망명생활을 하다가 진 목공(秦穆公)의 도움으로 귀국하여 왕위를 계승하였다. 외삼촌 호언과 조최(趙衰) 등이 망명 기간 중 수행하며 보필하였다.

135) 이 일은……보인다: 『예기』 「단궁」에는 "구범이 중이(重耳)에게 말하기를 '공자께서는 그 제안을 사양하십시오. 망명해온 사람은 달리 보배로 삼을 것이 없고, 어버이를 인애하는 것으로 보배를 삼으셔야 합니다'라고 하였다"(舅犯曰 孺子 其辭焉 喪人無寶 仁親以爲寶)라는 구절이 나온다. 진 헌공의 상을 당했을 때 진 목공이 사신을 보내 중이에게 조문하면서 진(晉)나라로 돌아가 왕위를 계승하라고 권하였는데, 중이가 호언에게 자문하자 호언이 중이에게 이와

을 밖으로 하고 말단을 안으로 하지 않은 의미를 밝힌 것이다.

舅犯은 晉文公舅狐偃이니 字가 子犯이라 亡人은 文公이 時爲公子에 出亡在外也라 仁은 愛也라 事見檀弓이라 此兩節은 又明不外本而內末之意라

전10-14

『서경』「진서」(秦誓)에 이렇게 말하였다. "만약 어떤 한 신하가 성실하고 전일(專一)하며[136] 다른 기예(技藝)는 없으나 그의 마음은 아름답고 아름다워 그는 남을 용납함이 있는 듯하다. 남이 가진 기예[137]를 자기가 가진 듯이 하며, 남의 아름답고 통명(通明)함[138]을 진심으로 좋아함이〔좋아하되〕 그의 입으로 말하는 것과 같을 뿐만이 아니[139]라면[140] 이 사람은 남을 포용할 수 있는지라 우리 자손과 백성을 보호할 수 있을 것이니, 거의 또한[141] 나라에[142] 이로움이 있을 것이다. 남

같이 말한 것이다.

136) 성실하고 전일(專一)하며: 원문의 '단단혜'(斷斷兮)는 『서경』에 '단단의'(斷斷猗)로 되어 있다. 여기서는 주자의 주석에 따라 번역하였다.

137) 남이 가진 기예: 원문의 '인지유기'(人之有技)는 남들이 기예(技藝)를 가지고 있는 것을 가리킨다. 즉 '유기'(有技)는 재예(才藝)를 가리킨다.

138) 아름답고 통명(通明)함: 원문 '언성'(彦聖)의 '언'(彦)은 '아름답다'는 뜻이고, '성'(聖)은 '통명하다'는 뜻이다. 통명(通明)은 사물의 이치에 통하고 밝다는 뜻이다. 즉 '언성'은 덕(德)을 가리킨다.

139) 같을 뿐만이 아니라면: 원문의 '불시약'(不啻若)은 『서경』에 '불시여'(不啻如)로 되어 있다.

140) 그의……아니라면: 원문의 '불시약기구출'(不啻若其口出)은 주자의 『서집전』 주에는 "입으로 말하는 것보다 심하다"(甚於口之所言也)라고 해석하였다.

141) 거의 또한: 원문의 '상역'(尙亦)은 『서경』에 '역직'(亦職)으로 되어 있다. '역직'의 '직'(職)은 '오로지'라는 뜻이다.

이 가진 기예를 시기하고[143] 질투하여 그를 미워하며, 남의 아름답고 통명함을 거역하여 그로 하여금 통달하지 못하게[144] 하면 이 사람은 남을 포용할 수 없는지라 우리 자손과 백성을 보호할 수 없을 것이니, 또한 나라를[145] 위태롭게 할 것이다."

秦誓曰 "若有一个臣이 斷斷兮無他技나 其心이 休休焉⟨하여⟩ 其如有容焉이라 人之有技를 若己有之하며 人之彦聖을 其心好之가⟨호대⟩ 不啻若自其口出이면 寔能容之라 以能保我子孫黎民이니 尚亦有利哉인져 人之有技를 娟疾以惡之하며 人之彦聖을 而違之하여 俾不通이면⟨하면⟩ 寔不能容이라 以不能保我子孫黎民이니 亦曰殆哉인저" 하니라

【장구】

「진서」(秦誓)는 『서경』 주서(周書)[146]의 글이다. '단단'(斷斷)은 마음이 성실하고 전일한 모양이다. '언'(彦)은 아름다운 사인(士人)[147]을 말한다. '성'(聖)은 통명함이다. '상'(尚)은 '거의 ~에 가깝다'라는 뜻이다. '모'(娟)는 시기하는 것이다. '위'(違)는 거스르고 어기는 것이다. '태'(殆)는 '위태롭다'라는 뜻이다.

秦誓는 周書라 斷斷은 誠一之貌라 彦은 美士也라 聖은 通明也라

---

142) 나라에: '이'(利) 뒤에 생략된 보어가 '나라'이다.

143) 시기하고: 원문의 '모'(娟)는 『서경』에 '모'(冒)로 되어 있다.

144) 통달하지 못하게: 원문의 '불통'(不通)은 『서경』에 '부달'(不達)로 되어 있다.

145) 나라를: '태'(殆) 뒤에 생략된 목적어가 '나라'이다.

146) 주서(周書): 주나라 때의 정치사상을 기록해놓은 글을 가리킨다.

147) 아름다운 사인(士人): 주자의 주에 "彦 美士也"라고 하였는데, '언'(彦)을 '미사'(美士)로 풀이한 것은 적절치 않다. 여기서는 인(人)을 가리키는 것이 아니고 아름다운 덕(德)을 가리킨다.

尚은 庶幾也라 媚는 忌也라 違는 拂戾也라 殆는 危也라

전10-15

오직 어진 사람이어야만 그런 사람을 추방해 유배하되[148] 사방의
변경[149]으로 내쫓아서[150] 나라 안에 있는 사람들[151]과 함께 살지 못
하게 할 수 있으니, 이를 "오직 어진 사람만이 남[152]을 사랑할 수 있
고, 남을 미워할 수 있는 일을 한다[153]"[154]라고 말하는 것이다.

唯仁人이야〈이라야〉 放流之호되 迸諸四夷하여 不與同中國하나
니 此謂唯仁人이야〈이라야〉 爲能愛人하며 能惡人이니라

【장구】

'병'(迸)은 '축'(逐)과 같은 뜻이다. 말하자면 이런 시기하고 질투하는
사람이 있어서 어진 사람을 방해하고 나라를 병들게 하면 어진 사람이

---

148) 그런……유배하되: 원문의 '방'(放)은 '추방하다'라는 뜻이고, '유'(流)는 '유
배하다'라는 뜻이며, '지'(之)는 앞 구절에 보이는 '남의 기예와 덕을 미워하
고 질투하는 사람'을 가리킨다.

149) 사방의 변경: 원문 '사이'(四夷)의 '사'(四)는 '사방'을 뜻하고, '이'(夷)는 오
랑캐가 사는 변방을 가리킨다.

150) 내쫓아서: 원문 '병저'(迸諸)의 '병'(迸)은 '내쫓다'라는 뜻이고, '저'(諸)는
지어(之於)의 준말이다.

151) 나라 안에 있는 사람들: 원문의 '중국'(中國)은 '국중'(國中)의 의미로 나라
안에 사는 사람들을 가리킨다.

152) 남: 원문의 '인'(人)은 이 문장에서 '남'을 의미한다. 뒷 구절도 마찬가지 뜻
이다.

153) 한다: 원문의 '위'(爲)는 이 문장에서 서술어로, 뒤의 목적어를 모두 받는다.

154) 오직……한다: 이 구절은 『논어』「이인」(里仁)에서 인용한 것인데, 『논어』에
는 '子曰 惟仁者 能好人 能惡人'으로 되어 있다.

반드시 그런 사람을 매우 미워하고 통렬하게 끊어버린다. 어진 사람은 지극히 공정하여 사심이 없기 때문에 능히 호오(好惡)의 바름을 얻는 것이 이와 같다.

迸은 猶逐也라 言有此娼疾之人하여 妨賢而疾國하면 則仁人이 必深惡而痛絕之라 以其至公無私故로 能得好惡之正이 如此也라

전10-16

어진 사람을 보고도 그를 능히 천거하지[155] 않으며, 그를 천거하되 능히 자기보다 앞에 두지[156] 않는 것은 태만함이다. 불선한 사람을 보고도 능히 물리치지[157] 않으며, 그를 물리치더라도 능히 멀리 내치지 않는 것은 잘못이다.

見賢而不能擧하며 擧而不能先이 命(慢)也요 見不善而不能退하며 退而不能遠이 過也니라

【장구】

'명'(命)에 대해 정씨(鄭氏)[158]는 "마땅히 '만'(慢)이 되어야 한다"라고 했으며, 정자(程子)는 "마땅히 '태'(怠)가 되어야 한다"라고 하였으니, 어느 설이 옳은지 자세하지 않다. 이와 같은 사람은 사랑하고 미워할 바를 알지만, 사랑하고 미워하는 도리를 아직 능히 극진히 하지 못하는

---

155) 천거하지: 원문의 '거'(擧)는 '천거하다'라는 뜻이다.
156) 앞에 두지: 원문의 '선'(先)을 해석한 것으로 자기보다 윗자리에 천거한다는 의미이다.
157) 물리치지: 원문의 '퇴'(退)는 '물리치다'라는 뜻이다.
158) 정씨(鄭氏): 후한 때의 경학가 정현(鄭玄)을 가리킨다.

것이니, 대개 군자다운 사람이지만 아직 온전히 인(仁)하지는 못한 사람이다.

命은 鄭氏云 當作慢이라 하고 程子云 當作怠라 하니 未詳孰是라 若此者는 知所愛惡矣로되 而未能盡愛惡之道하니 蓋君子而未仁者也라

전10-17

남들이 싫어하는 것을 좋아하며 남들이 좋아하는 것을 싫어하는 것, 이를 사람의 본성을 거역하는 것이라고 한다. 이런 사람은 재앙이 반드시 그의 몸에[159] 미칠 것이다.

好人之所惡하며 惡人之所好를 是謂拂人之性이라 菑(災) 必逮夫身이니라

【장구】

'불'(拂)은 '거스르다'라는 뜻이다. 선을 좋아하고 악을 미워하는 것이 사람의 본성이다. 사람의 본성을 거스르게 되면 어질지 못함이 심한 것이다. 「진서」(秦誓)에서 이 절까지는 모두 호오(好惡)를 공적으로 하느냐 사적으로 하느냐 하는 지극한 점을 거듭 말하여 위의 문장에서 인용한 「남산유대」(南山有臺)와 「절남산」(節南山)의 의미[160]를 밝힌 것이다.

---

159) 그의 몸에: 원문의 '부신'(夫身)은 '기신'(其身)과 같은 뜻이다.
160) 위의……의미: 「남산유대」(南山有臺)는 전 제10장 제3절에 인용되어 있으며, 「절남산」(節南山)은 전 제10장 제4절에 인용되어 있다.

拂은 逆也라 好善而惡惡이 人之性也라 至於拂人之性이면 則不仁之甚者也라 自秦誓至此는 又皆以申言好惡公私之極하여 以明上文所引南山有臺·節南山之意라

전10-18

그러므로 군자는 큰 도를 가지고 있으니, 반드시 충성[忠]과 신실[信]로써 그 도를 얻고 교만함[驕]과 사치함[泰]으로써 그 도를 잃는다.

是故로 君子는 有大道하니 必忠信以得之하고 驕泰以失之니라

【장구】

'군자'는 지위로써 말한 것[161]이다. '도'(道)[162]는 그 자리에 있으면서 자신을 닦고 남을 다스리는 술법을 말한다. 자기 마음을 발하여 스스로 극진히 함이 충(忠)이 되고, 남을 따라 어김이 없는 것을 신(信)이라 한다. '교'(驕)는 뽐내고 고고한 체하는 것이며, '태'(泰)는 사치하고 방자한 것이다. 이 절은 위에 인용한 『시경』의 「문왕」과 『서경』의 「강고」를 인용한 의미[163]를 인하여 말한 것이다. 전 제10장 안에는 '득실'(得失)을 세 차례 말하였는데, 어기(語氣)가 더욱 절실해졌다. 이는 대개 이 절에 이르러 천리가 보존되느냐 없어지느냐 하는 기미가 결판나기

---

161) 지위로써 말한 것: 여기서는 천하를 통치하는 사람을 가리켜 말한 것이다. '지위'는 천자의 자리를 가리킨다. '군자'에는 두 가지 의미가 있다. 하나는 높은 벼슬자리에 있는 사람을 가리키고, 또 하나는 덕이 있는 사람을 가리킨다.

162) 도(道): 원문 '군자유대도'(君子有大道)의 '도'를 가리킨다.

163) 위에……의미: 「문왕」을 인용한 것은 전 제10장 제5절이고, 「강고」를 인용한 것은 전 제10장 제11절이다. 이 두 절에는 모두 '득실'(得失)을 말하였다.

때문이다.

君子는 以位言之라 道는 謂居其位而修己治人之術이라 發己自盡이 爲忠이요 循物無違를 謂信이라 驕者는 矜高하고 泰者는 侈肆라 此는 因上所引文王·康誥之意而言이라 章內에 三言得失한대 而語益加切이라 蓋至此하여 而天理存亡之幾가 決矣라

전10-19

재물을 생산하는 데에는 큰 도리가 있다. 그러니 재물을 생산하는 자는 많고 그것을 소비하는 자가 적으며, 재물을 생산하는 것은 빠르고 그것을 소비하는 것이 더디면 재물은 항상 풍족할 것이다.

生財有大道하니 生之者衆하고 食之者寡하며 爲之者疾하고 用之者舒하면 則財恒足矣리라

【장구】

여씨(呂氏)[164]가 이렇게 말하였다. "나라에 놀고먹는 사람이 없으면 재물을 생산하는 자가 많을 것이며, 조정에 요행으로 벼슬하는 자가 없으면 소비하는 자가 적을 것이다. 백성들의 농사지을 시기를 빼앗지 않으면 재물을 생산하는 것이 빠를 것이며, 수입을 헤아려 지출을 하면 재물을 쓰는 것이 더딜 것이다." 내가 살펴보건대 이 절은 앞의 국토를 소유하고〔有土〕 재물을 소유한〔有財〕 것[165]을 인하여 말해 나라의 재정을 넉넉히 하는 방도는 근본을 힘쓰고 소비를 절약하는 데에 달렸지, 반

---

164) 여씨(呂氏): 북송 때 정자(程子)의 문인인 여대림(呂大臨, 1040~92)을 말한다.
165) 국토를……것: 이 내용은 전 제10장 제6절에 보인다.

드시 근본을 밖으로 하고 말단을 안으로 한 뒤에 재물을 모을 수 있는 것이 아님을 밝힌 것이다. 이 절부터 마지막 절까지는 모두 한 가지 의미이다.

呂氏曰 國無遊民이면 則生者가 衆矣요 朝無幸位면 則食者가 寡矣요 不奪農時면 則爲之疾矣요 量入爲出이면 則用之舒矣라 愚按컨대 此는 因有土有財而言하여 以明足國之道는 在乎務本而節用이요 非必外本內末而後財可聚也라 自此로 以至終篇히 皆一意也라

전10-20

어진 사람은 재물로 자신을 일으키고, 어질지 못한 사람은 자신을 망쳐가면서 재물을 일으킨다.

仁者는 以財發身하고 不仁者는 以身發財니라

【장구】

'발'(發)은 '기'(起)와 같은 뜻이다. 어진 사람은 재물을 흩어서 백성들을 얻고, 어질지 못한 사람은 자신을 망쳐 가면서 재물을 불린다.

發은 猶起也라 仁者는 散財以得民하고 不仁者는 亡身以殖貨라

전10-21

윗사람이 인(仁)을 좋아하는데도 아랫사람이 의(義)를 좋아하지 않은 경우는 아직까지 없었다. 그러니 아랫사람이[166] 의를 좋아하는데

---

166) 아랫사람이: 원문의 '미유호의'(未有好義)는 '미유하호의이'(未有下好義而)로

도 그 임금의 일[167]이 유종의 미를 거두지 않은 경우는 아직까지 없었으며, 아랫사람이 의를 좋아하는데도[168] 국가의 창고에 있는 재물이 그 임금의 재물[169]이 아닌 경우는 아직까지 있지 않았다.

未有上好仁而下不好義者也니 未有〈下〉好義요 〈而〉其事不終者也며 未有〈下好義而〉府庫財가 非其財者也니라

【장구】

윗사람이 인을 좋아하여 그 아랫사람을 사랑하면 아랫사람도 의를 좋아하여 그 윗사람에게 충성을 바칠 것이다. 그러므로 국가의 일은 반드시 끝마침이 있으며, 국가 창고의 재물은 어긋나게 지출될 근심이 없을 것이다.

上好仁하여 以愛其下하면 則下好義하여 以忠其上이라 所以로 事必有終하여 而府庫之財는 無悖出之患也리라

전10-22

맹헌자(孟獻子)[170]가 말하기를 "수레를 끄는 네 마리 말[171]을 기르

보아야 의미가 통한다. 즉 '호의'(好義) 앞에 생략된 주어가 '하'(下)이며, 뒤에 접속사 '이'(而)가 생략된 것이다.

167) 그 임금의 일: 원문의 '기사'(其事)는 '그 임금의 일'을 가리킨다.

168) 아랫사람이……좋아하는데도: 원문의 '미유부고재'(未有府庫財)는 '미유하호의이부고재'(未有下好義而府庫財)로 보아야 의미가 통한다.

169) 그 임금의 재물: 원문의 '기재'(其財)는 '그 임금의 재물'을 가리킨다.

170) 맹헌자(孟獻子): 노나라 공족(公族)으로 권력을 가진 삼가(三家)의 한 가문인 맹손씨(孟孫氏)의 중손멸(仲孫蔑)을 말한다. 헌자는 사후에 붙여진 시호이다.

171) 수레를……말: 원문의 '마승'(馬乘)은 수레 한 대를 끄는 네 마리 말을 가리킨다. '승'(乘)은 네 마리 말이 끄는 수레를 지칭하는데, 때로는 '네 필의 말'을

는 대부(大夫)는 닭과 돼지 기르는 일을 살피지 않고, 저장한 얼음을 사용하는[172) 경대부(卿大夫)는 소와 양을 기르지 않고, 전차 1백 대를 출동할 수 있는 채지(採地)가 있는 대부는 백성들에게 세금을 가혹하게 거두는 가신(家臣)을 두지 않는다. 백성들에게 세금을 가혹하게 거두는 가신[173)을 두느니보다는 차라리 도둑질하는 가신을 두는 것이 더 낫다[174)"라고 하였으니, 이를 일러 "나라는 이익으로써 이로움을 삼지 않고 의리로써 이로움을 삼는다"라고 하는 것이다.

孟獻子曰 "畜(휵)馬乘은 不察於鷄豚하고 伐氷之家는 不畜(휵)牛羊하고 百乘之家는 不畜(휵)聚斂之臣하나니 與其有聚斂之臣으론 寧有盜臣이라" 하니 此謂國은 不以利爲利요 以義爲利也니라

【장구】

맹헌자(孟獻子)는 노나라 어진 대부 중손멸(仲孫蔑)이다. '휵마승'(畜馬乘)은 사인(士人)이 처음으로 등용되어 대부가 된 사람의 가문이다. '벌빙지가'(伐氷之家)는 경대부 이상으로 상례(喪禮)·제례(祭禮)에 얼음을 쓰는 가문이다. '백승지가'(百乘之家)는 채지(采地)가 있는 가문이다. 군자는 차라리 자기의 재물을 잃을지언정 차마 백성의 힘을 상하게

가리키기도 한다.

172) 저장한······사용하는: 원문의 '벌빙'(伐氷)은 여름에 쓰기 위해 겨울철에 얼음을 채취해 석빙고에 저장해 두는 것을 말한다.

173) 백성들에게······가신: 원문의 '취렴지신'(聚斂之臣)은 백성들에게 세금 거두는 일을 급급히 하는 신하를 말한다.

174) 백성들에게······낫다: 원문의 '여기유취렴지신 영유도신'(與其有聚斂之臣 寧有盜臣)은 '여기(與其)~영(寧)~'의 문형으로 '~하기보다는 차라리 ~하는 편이 더 낫다'고 해석한다.

하지 않는다. 그러므로 차라리 도둑질하는 가신을 둘지언정 백성들에게 세금을 가혹하게 거두는 신하를 두지 않는다. '차위'(此謂) 이하는 맹헌자의 말을 해석한 것이다.

孟獻子는 魯之賢大夫仲孫蔑也라 畜馬乘은 士初試爲大夫者也라 伐冰之家는 卿大夫以上喪祭用冰者也라 百乘之家는 有采地者也라 君子는 寧亡己之財언정 而不忍傷民之力이라 故로 寧有盜臣이언정 而不畜聚斂之臣이라 '此謂'以下는 釋獻子之言也라

전10-23

국가에 최고통치자가 되어서도 재물을 모으려 힘쓰는 것은 반드시 소인이 부추기는 것을 말미암는다.[175] 그러니 저 소인[176]이 임금을 부추겨 나라를 다스리면[177] 천재(天災)와 인재(人災)[178]가 함께 이르는지라, 아무리 훌륭한 인물이 조정에 있을지라도 어떻게 해볼 수 없을 것이다. 이를 일러 "나라는 이익으로써 이로움을 삼지 않고 의리로써 이로움을 삼는다"라고 하는 것이다.

---

175) 소인이······말미암는다: 원문 '필자소인의'(必自小人矣)의 서술어는 '자'(自)이다. 주자의 주에 '자'를 '유'(由)의 뜻으로 풀이했다.

176) 저 소인: 원문 '피위선지소인'(彼爲善之小人)은 상하 문맥으로 볼 때 의미가 통하지 않기 때문에 주자는 '위선지'(爲善之) 세 자를 연문(衍文)으로 보아 빼버렸다.

177) 부추겨······다스리면: 원문 '사위국'(使爲國家)도 번역하기 어려운 구절이다. 번역본에 '소인으로 하여금 나라를 다스리게 하면'으로 번역한 경우가 많은데, 이는 오역이다. '사'(使) 뒤에 '임금'이 생략된 문투로, 소인이 임금을 사주하여 국가를 다스리게 한다는 의미이다. '위'(爲)는 '다스리다'라는 뜻이다.

178) 천재(天災)와 인재(人災): 대전본 소주 주자의 설에 '재유천강 해자인작'(菑有天降 害自人作)이라 하였으므로 천재와 인재로 풀이하였다.

長國家而務財用者는 必自小人矣니 彼(爲善之)小人之使爲國家면 菑害竝至라 雖有善者라도 亦無如之何矣리니 此謂國은 不以利爲利요 以義爲利也니라

【장구】

'피위선지'(彼爲善之)는 이 구 위·아래에 궐문이나 오자가 있는 듯하다. '자'(自)는 '말미암는다'라는 뜻이니, 소인이 임금을 인도하는 것을 말미암는다는 말이다. 이 한 절은 이익으로 이로움을 삼는 폐해를 깊이 밝혀 거듭 말하여서 결론을 지었으니, 그 정녕한 의미가 절실하다. 이상은 전 제10장이니, 치국·평천하를 해석한 것이다. 이 장의 의리는 힘써야 할 것이 백성과 더불어 호오(好惡)를 함께하며 그 이익을 독차지하지 않는 데 있으니, 모두 혈구(絜矩)의 의미를 미루어 넓힌 것이다. 능히 이와 같이 하면 전왕을 친히 여기는 후대의 왕과 전왕을 어질게 여기는 후대의 현인 및 전왕이 즐겁게 해준 것을 즐거워하고 이롭게 해준 것을 이롭게 여기는 후대의 백성들이[179] 각기 제자리를 얻어 천하가 태평하게 다스려질 것이다. 무릇 전문 10장 가운데 앞의 네 장은 삼강령의 지취(旨趣)를 통합적으로 논한 것이고, 뒤의 여섯 장은 팔조목의 공부(工夫)를 상세히 논한 것이다. 그 중에 제5장은 명선(明善)의 요체이고, 제6장은 성신(誠身)의 근본이다.[180] 그러니 초학자들에게는 더욱 마땅히 힘써야 할 급무가 된다. 독자들은 그 내용이 일상에 가까운 것이라 하여 소홀히

179) 전왕을……백성들이: 원문 '친현낙리'(親賢樂利)는 전 제3장 제5절의 '군자현기현이친기친 소인 낙기락이이기리'(君子 賢其賢而親其親 小人 樂其樂而利其利)를 줄여 쓴 것이다.

180) 제5장은……근본이다: 명선(明善)과 성신(誠身)은 『중용장구』 제20장에 보이는 말로 명선은 『대학』 팔조목의 격물치지(格物致知)와 관계있고, 성신은 『대학』 팔조목의 성의(誠意)와 관계있다.

해서는 안 된다.

'彼爲善之'는 此句上下에 疑有闕文誤字라 自는 由也니 言由小人導之也라 此一節은 深明以利爲利之害하여 而重言以結之하니 其丁寧之意가 切矣라 右는 傳之十章이니 釋治國平天下라 此章之義는 務在與民同好惡而不專其利니 皆推廣絜矩之意也라 能如是면 則親賢樂利가 各得其所하여 而天下平矣라 凡傳十章에 前四章은 統論綱領旨趣요 後六章은 細論條目工夫라 其第五章은 乃明善之要요 第六章은 乃誠身之本이니 在初學에 尤爲當務之急이니 讀者는 不可以其近而忽之也라

해설

전 제10장은 모두 23절로 되어 있어서 전체의 요지와 논리구조를 파악하기가 쉽지 않다. 이 장에 대해 주자는 '여기까지는……을 말한 것이다'라는 식으로 구분하여 요지를 드러내기는 하였지만, 명확히 단락을 나누어 요지를 파악하지는 않았다. 그런데 『대학장구대전』소주에 실린 운봉 호씨(雲峯胡氏, 호병문〔胡炳文〕)의 설에는 이 23절을 아래와 같이 나누어 그 요지를 파악하였다.

단락	범위	요지
제1단락	제1절(所謂平天下)	言所以有絜矩之道
제2단락	제2절(所惡於上)	言此之謂絜矩之道
제3단락	제3절(南山有臺)~제5절(文王)	就好惡上言絜矩
제4단락	제6절(是故君子先愼乎德)~제11절(康誥曰)	就財用言絜矩
제5단락	제12절(楚書曰)~제13절(舅犯曰)	當連上文善與不善者看……兼財用好好惡言也
제6단락	제14절(泰誓曰)~제17절(好人之所惡)	就用人言
제7단락	제18절(是故君子有大道)	不分言好惡與財用之絜矩 但言君子有大道
제8단락	제19절(生財有大道)~제23절(長國家)	生財大道 亦卽絜矩之道

이러한 운봉 호씨의 단락나누기는 주자의『대학장구』주에 의거한 것이기 때문에 조선시대에 대체로 받아들여졌다. 그런데 18세기 기호학파의 한원진(韓元震)은 운봉 호씨의 설에 이견을 제시하며 새롭게 단락을 나누어 요지를 파악하였다. 한원진은 송시열의 재전 문인으로 정통 주자학자인데, 이들은 이이(李珥)로부터 문제제기가 되었던 대전본 소주의 설에 대해 주자의 정설과 다른 설을 분변하는 데 상당한 노력을 기울였다.

한원진은 전 제10장 23절을 여섯 단락으로 나누어 요지를 파악하는 설을 제기하였는데, 이를 정리해보면 다음과 같다.

단 락	범 위	요 지
제1단락	제1절(所爲平天下)~제2절(所惡於上)	言上行下效 以明君子不可無絜矩之道 言好惡之公 以釋絜矩之義
제2단락	제3절(南山有臺)~제5절(文王)	南山有臺言君子能公好惡 而得其絜矩之道 則爲民父母/節南山言在上者 不能公好惡 而失其絜矩之道 則爲天下僇
제3단락	제6절(先愼乎德)~제11절(康誥曰)	就財貨上 言好惡之公不公
제4단락	제12절(楚書曰)~제13절(舅犯曰)	所以結上財貨之說 而起下用人之意
제5단락	제14절(泰誓曰)~제18절(是故君子有大道)	就用人上 言好惡之公不公
제6단락	제19절(生財有大道)-제23절(長國家)	復合財貨用人而言 以應楚書舅犯之意

전 제10장의 요지를 어떤 사람은 혈구(絜矩)와 호오(好惡)의 측면에 초점을 맞추어 논하기도 하고, 어떤 사람은 재화(財貨)와 용인(用人)의 측면에 초점을 맞추어 논하기 한다. 주자는『대학혹문』에서 "이 장의 뜻이 넓기 때문에 전문에서 말한 것이 상세하다. 그러나 그 실상은 호오와 의리(義利)의 양단에 불과할 따름이다"라고 하여 요지를 호오와 의리로 파악하였다.

한원진은 "호오를 공정하게 하는 것이 혈구를 행하는 방법이다. 호오를 공정하게 해야 할 것으로는 재화와 용인보다 더 큰 것이 없다. 그러므로 재화와 용인 두 축으로 나누어 말했다"라고 하여 공적인 호오를 통한 재화와 용인을 전체의 요지로 파악하였다. 한원진의 설은 운봉 호씨의 설에 비해 보다 간결하면서도 명료하게 요지를 파악한 것으로 평가된다.

제1절은 혈구(絜矩)를 말했는데, 전 제9장과 마찬가지로 제가(齊家)의 덕목인 효(孝)·제(悌)·자(慈)를 통해 미루어 교화하는 점을 말한 것이다. 이는 평천하하는 도는 천자가 스스로 모범을 보여 천하 사람들이 보고 따라 하게 하는 데 있다고 본 것인데, 그 덕을 효·제·자에서 찾은 것이다.

제2절은 혈구지도를 다시 상세하게 설명하였다. 나와 상하관계에 있는 사람들과 전후 좌우 사람들의 마음을 헤아려 나가는 것을 혈구지도로 말하였다. 제2절 주자의 주에 보이듯이 전 제10장의 전체 논리구조는 혈구를 바탕으로 미루어 나간 것이다. 즉 제1절과 제2절은 혈구지도를 말한 것이다.

제3절부터 제5절까지는 혈구를 바탕으로 한 호오(好惡)를 거론하였다. 즉 임금과 백성들의 관계에서 임금이 능히 혈구하여 호오를 공적으로 하느냐 사적으로 하느냐에 따라 평천하의 여부가 달렸다는 것이다.

제6절부터 제11절까지 여섯 절은 재화(財貨)에 대해 임금이 혈구하여 호오를 공적으로 하느냐 사적으로 하느냐 하는 점을 거론하였다.

제12절과 제13절은 앞의 재화에 대한 문제와 뒤에서 거론할 용인(用人)에 대한 문제를 차례로 말하여 앞 단락의 요지를 정리하고 뒷 단락을 이끌어내는 역할을 한다.

제14절부터 제18절까지는 용인(用人)을 거론한 것인데, 역시 혈구하여 호오를 공적으로 하느냐 사적으로 하느냐 하는 점을 논하고 있다.

제19절부터 마지막 제23절까지는 재화와 용인을 합하여 말한 것이다. 앞부분은 재화를 주로 말하고 뒷부분은 용인을 주로 말하였다.

대학혹문
大學或問

"'대학지도'에 대해 '대인의 학문'이라고
말한 것은 어째서입니까?
내가 '대인의 학문'이라고 말한 것은
어린아이의 학문에 대비해서 말한 것입니다."

大學之道 吾子以爲大人之學 何也

此對小子之學 言之也

편제篇題

어떤 사람이 물었다. "'대학지도'(大學之道)[1]에 대해 그대가 '대인의 학문'[大人之學][2]이라고 말한 것은 어째서입니까?" 나는 아래와 같이 답하였다.

"내가 대인의 학문이라고 말한 것은 어린아이의 학문에 대비해서 말한 것입니다."

〈或問〉"大學之道 吾子以爲大人之學 何也" 曰 "此對小子之學 言之也"

어떤 사람이 물었다. "감히 묻건대 그 어린아이의 학문이 되는 내용은 무엇입니까?" 나는 아래와 같이 답하였다.

"나는 「대학장구서」(大學章句序)에 그것을 대략 진술해놓았습니다.[3]

---

1) 대학지도(大學之道): 이는 『대학장구』 경일장 제1절에 보인다.
2) 대인의 학문[大人之學]: 이는 『대학장구』 경일장 제1절 '대학지도'(大學之道)를 해석한 주자의 주에 보인다.
3) 그것을……진술해놓았습니다: 주자의 「대학장구서」에 의하면 여덟 살에 소학에 들어가 쇄소응대진퇴지절(灑掃應對進退之節)과 예악사어서수(禮樂射御書數)의 글을 배운다고 하였다.

그리고 옛날의 법제 가운데 오늘날에도 마땅히 시행할 만한 것을 뽑아 편집하여 책[4]으로 만들었습니다. 학자들은 그 책을 살펴보지 않아서는 안 될 것입니다."

〈或問〉日 "敢問其爲小子之學 何也" 日 "愚於序文 已略陳之 而古法之宜於今者 亦旣輯而爲書矣 學者 不可以不之考也"

어떤 사람이 물었다. "듣건대 군자는 원대(遠大)한 것에 힘쓰고, 소인은 근소(近少)한 것에 힘쓴다고 합니다. 지금 그대는 사람들에게 대학의 도를 바야흐로 말하려 하면서 다시 『소학』이라는 책을 살펴보기를 바라니, 어째서입니까?" 나는 아래와 같이 답하였다.

"학문의 대소는 참으로 같지 않은 점이 있습니다. 그러나 그 도가 되는 점은 한 가지일 뿐입니다. 그러므로 어렸을 때에 『소학』을 학습하지 않으면 그 방심(放心)을 거두어들여 덕성을 함양해 『대학』의 기본을 삼을 것이 없을 것입니다. 또 그가 성장한 뒤에 『대학』을 배우지 않으면 의리를 살펴 사업에 조처하여 『소학』의 성공을 거두어들일 길이 없을 것입니다. 이것이 학문의 대소가 같지 않은 까닭입니다. 이는 어렸을 때와 성장한 뒤에 학습할 내용이 달라야 하기 때문에 고하(高下)·심천(深淺)·선후(先後)·완급(緩急)의 다름이 있을 뿐이지, 고금(古今)을 분변하고 의리(義利)를 구분하여 향기로운 풀과 악취 나는 풀 또는 하얀 얼음과 시꺼먼 숯이 상반되는 것처럼 확연히 구분하여 서로 용납할 수 없는 것과는 같지 않습니다. 오늘날 어려서 배우는 사인(士人)들로 하여금 먼저 쇄소(灑掃)·응대(應對)·진퇴(進退)할 때와 예(禮)·악(樂)·사(射)·어(御)·서(書)·수(數)를 익힐 때에 스스로 극진히 함이 있게 하고, 그들이

---

4) 책: 주자가 만든 『소학』(小學)을 가리킨다.

성장한 뒤에는 명덕(明德)·신민(新民)하여 지어지선(止於至善)하는 데에 나아가게 해야 합니다. 이것이 공부를 하는 차례의 당연한 점이니, 어찌하여 불가하겠습니까?"

〈或問〉曰 "吾聞 君子務其遠者大者 小人務其近者小者 今子方將語人以大學之道 而又欲其考乎小學之書 何也" 曰 "學之大小 固有不同 然其爲道 則一而已 是以 方其幼也 不習之於小學 則無以收其放心 養其德性 而爲大學之基本 及其長也 不進之於大學 則無以察夫義理 措諸事業 而收小學之成功 是則學之大小所以不同 特以少長所習之異宜 而有高下淺深先後緩急之殊 非若古今之辨 義利之分 判然 如薰猶氷炭之相反而不可以相入也 今使幼學之士 必先有以自盡乎洒掃應對進退之間 禮樂射御書數之習 俟其旣長而後 進乎明德新民 以止於至善 是乃次第之當然 又何爲而不可哉"

어떤 사람이 물었다. "어려서 배우는 사인들이 그대의 말에 따라 차례차례 점진적으로 학문에 나아가 등급을 건너뛰어 절차를 능멸하는 병폐를 면할 수 있다면 참으로 다행일 것입니다. 그러나 이미 나이 들어 이런 과정을 따라 배울 수 없는 사람이 도리어 『소학』에 종사하고자 한다면 들어갈 수 없어서 그 억울한 심정을 금할 수 없고, 부지런히 애써 노력해도 성취하기 어렵다는 걱정을 떨치지 못할까 염려됩니다. 그가 곧장 『대학』에 종사하고자 한다면 또한 차서를 잃어 근본이 없어서 스스로 그 경지에 도달할 수 없을까 염려할 것입니다. 그러니 어찌하는 것이 좋겠습니까?" 나는 아래와 같이 답하였다.

"이미 흘러가버린 세월은 다시 되돌릴 수 없습니다. 그러나 공부의 차서와 조목 같은 것은 어찌 다시 보완할 수 없는 것이겠습니까? 예컨대

나는 이렇게 들었습니다.

'경(敬) 한 글자는 성학(聖學)의 처음을 이루어주고 끝을 완성시켜주는[成始成終] 것이다. 『소학』을 배우는 자가 이 경으로 말미암지 않으면 본원을 함양하여 쇄소·응대·진퇴의 절도와 예·악·사·어·서·수의 가르침을 삼갈 길이 없을 것이며, 『대학』을 배우는 자가 이 경으로 말미암지 않으면 총명을 개발하여 진덕(進德)하고 수업(修業)해서[5] 명덕·신민의 공효를 이룰 길이 없을 것이다.'

그러므로 정자(程子)께서 격물(格物)의 도리를 드러내 밝힐 때에 반드시 이 경 자로써 설을 펴신 것입니다. 불행히도 배울 때를 놓쳐 나중에 배우는 자는 참으로 이 '경' 한 글자에 힘을 기울여 『대학』에 나아가되 『소학』을 겸하여 보충하는 것이 해롭지 않습니다. 그러면 그가 학문에 나아가는 것이 근본이 없어서 스스로 그 경지에 도달할 수 없음을 걱정하지 않아도 될 것입니다. 혹 그가 너무 실의(失意)하여 『소학』을 겸하여 공부할 수 없는 경우 예의를 통해 몸가짐을 단단히 단속하고[6] 양지(良知)·양능(良能)[7]의 근본을 함양하는 것도 그 과정에서 『소학』의 내용을 터득할 수 있어서 전에 『소학』을 배우지 못한 것을 걱정하지 않게 될 것입니다.

다만 7년 앓은 병에 3년 묵은 쑥을 구할 때엔 그 공력을 백배로 하지

---

5) 진덕(進德)하고 수업(修業)해서: 진덕은 '덕에 나아가다'라는 뜻으로 존덕성(尊德性)에 해당하며, 수업은 '학업을 닦다'라는 뜻으로 도문학(道問學)에 해당한다.

6) 예의를……단속하고서: 원문의 '고기기부지회근해지속'(固其肌膚之會 筋骸之束)은 『예기』 「예운」(禮運)에 "故禮義也者 所以講信修睦而固人之肌膚之會 筋骸之束也"라고 한 말을 줄여 쓴 것이다. 예의로 자기 몸가짐을 단속함을 말한다.

7) 양지(良知)·양능(良能): 『맹자』 「진심 상」에 보이는 문구로, 배우지 않고서도 본연적으로 아는 것, 배우지 않고서도 본연적으로 능한 것을 말한다.

않으면 그것을 구할 수 없을 것입니다. 또한 지난 일에 허물을 돌리기만
하고 나중에 보완해야 할 일에 대해 스스로 노력하지 않는다면 들어가
지는 못하고 부지런히 애만 쓰는 것이[8] 날로 더욱 심해져 몸과 마음이
전도되어 혼란스럽고 미혹되어 끝내 치지(致知)·역행(力行)의 터전으
로 삼을 것이 없게 되는 경우를 보았습니다. 그런데 하물며 천하와 국가
를 다스리는 데 미침이 있고자 하는 경우에 있어서이겠습니까."

〈或問〉曰"幼學之士 以子之言而得循序漸進 以免於躐等陵節
之病 則誠幸矣 若其年之旣長而不及乎此者 欲反從事於小學 則
恐其不免於扞格不勝勤苦難成之患 欲直從事於大學 則又恐其
失序無本 而不能以自達也 則如之何"曰"是其歲月之已逝者
則固不可得而復追矣 若其工夫之次第條目 則豈遂不可得而復
補耶 若吾聞之 敬之一字 聖學之所以成始而成終者也 爲小學者
不由乎此 固無以涵養本源而謹夫灑掃應對進退之節與夫六藝之
敎 爲大學者 不由乎此 亦無以開發聰明進德修業而致夫明德新
民之功也 是以 程子發明格物之道 而必以是爲說焉 不幸過時而
後學者 誠能用力於此 以進乎大 而不害兼補乎其小 則其所以進
者 將不患於無本而不能以自達矣 其或摧頹已甚 而不足以有所
兼 則其所以固其肌膚之會 筋骸之束 而養其良知良能之本者 亦
可以得之於此 而不患其失之於前也 顧以七年之病 而求三年之
艾 非百倍其功 不足以致之 若徒歸咎於旣往 而所以補之於後者
又不能以自力 則吾見其扞格勤苦 日有甚焉 而身心顚倒 眩瞀

---

8) 들어가지는……쓰는 것이: 원문의 '한격근고'(扞格勤苦)는 『예기』「학기」(學記)
에 "發然後禁 則扞格而不勝 時過然後學 則勤苦而難成"이라고 한 것을 줄여 쓴 것
이다.

迷惑 終無以爲致知力行之地矣 況欲有以及乎天下國家也哉"

어떤 사람이 물었다. "그렇다면 이른바 경(敬)이라는 것은 또한 어떻게 힘쓰는 것입니까?" 나는 아래와 같이 답하였다.

"정자(程子)께서는 이 경 한 글자에 대해 일찍이 '주일무적'(主一無適)[9]으로 말씀하시기도 했고, '정제엄숙'(整齊嚴肅)[10]으로 말씀하시기도 했습니다. 문인 사씨(謝氏)[11]의 설에 이르면 또한 이른바 '상성성법'(常惺惺法)[12]이라는 것이 있으며, 문인 윤씨(尹氏)[13]의 설에 이르면 또한 이른바 '기심수렴 불용일물'(其心收斂 不容一物)[14]이라는 것이 있습니다. 이 몇 가지 설을 보면 경공부에 힘쓰는 방법을 충분히 알 수 있습니다."

〈或問〉曰 "然則所謂敬者 又若何而用力耶" 曰 "程子於此 嘗以主一無適言之矣 嘗以整齊嚴肅言之矣 至其門人謝氏之說 則又有所謂常惺惺法者焉 尹氏之說 則又有所謂其心收斂不容一物者焉 觀是數說 足以見其用力之方矣"

---

9) 주일무적(主一無適): 경공부(敬工夫)의 한 가지로, 한 마음을 주로 하여 다른 데로 달아남이 없도록 한다는 뜻이다.

10) 정제엄숙(整齊嚴肅): 경공부의 한 가지로, 몸과 마음을 정돈하고 가지런히 하며 엄정하게 하고 정숙하게 한다는 뜻이다.

11) 사씨(謝氏): 정자의 문인 사량좌(謝良佐, 1050~1103)를 말한다. 상채 사씨(上蔡謝氏)로 일컬어진다.

12) 상성성법(常惺惺法): 경공부의 한 가지로, 마음을 항상 깨어 있게 하는 법을 말한다.

13) 윤씨(尹氏): 정자의 문인 윤돈(尹焞, 1071~1142)을 말한다. 화정 윤씨(和靖尹氏)로 일컬어진다.

14) 기심수렴 불용일물(其心收斂 不容一物): 경공부의 한 가지로 그 마음을 거두어들여 한 사물도 용납하지 않는다는 뜻이다.

어떤 사람이 물었다. "경(敬)이 학문의 처음이 되는 까닭은 그렇지만, 경이 학문의 끝이 되는 까닭은 어째서입니까?" 나는 아래와 같이 답하였다.

"경은 한 마음의 주재이며 만사의 근본입니다. 그 힘쓸 바의 방법을 알면 『소학』의 공부가 이에 힘입어 처음이 될 수밖에 없음을 알 것이며, 『소학』의 공부가 이에 힘입어 시작이 됨을 알면 저 『대학』의 공부도 이에 힘입어 끝이 될 수밖에 없는 것도 하나로 꿰뚫어서 의심하지 않게 될 것입니다. 대체로 이 마음이 확립된 뒤에 이로 말미암아 격물치지하여 사물의 이치를 극진히 알면 이른바 '덕성(德性)을 드높이고 묻고 배우는 것으로 말미암는다'[15]라는 것일 것이고, 이로 말미암아 성의(誠意)·정심(正心)하여 자신을 수양하면 이른바 '그 대체(大體)를 먼저 세우면 작은 것이 빼앗을 수 없다'[16]라는 것일 것이며, 이로 말미암아 제가(齊家)·치국(治國)하여 천하에 미치면 이른바 '자신을 닦아서 백성을 편안히 한다'[17]라는 것과 이른바 '공경함을 돈독히 하여 천하가 태평하게 다스려진다'[18]라는 것일 것입니다. 이는 모두 처음부터 하루도 경(敬)에서 벗어나지 않는 것입니다. 그렇다면 경 한 글자가 어찌 성학의 처음과 끝을 이루는 요체가 아니겠습니까?"

〈或問〉日 "敬之所以爲學之始者 然矣 其所以爲學之終也 奈何" 日 "敬者 一心之主宰 而萬事之本根也 知其所以用力之方

---

15) 덕성(德性)을…말미암는다: 이 문구는 『중용장구』 제27장에 보인다. 존덕성은 행(行)이고, 도문학은 지(知)이다.

16) 그……없다: 이 문구는 『맹자』 「고자 상」에 보인다. 대(大)는 대체(大體)로 마음을 말하고, 소(小)는 소체(小體)로 감각기관을 통해 일어나는 욕망을 말한다.

17) 자신을……한다: 이 문구는 『논어』 「헌문」(憲問)에 보인다.

18) 공경함을……된다: 이 문구는 『중용장구』 제33장에 보인다.

則知小學之不能無賴於此以爲始　知小學之賴此以始　則夫大學
之不能無賴乎此以爲終者　可以一以貫之而無疑矣　蓋此心既立
由是格物致知　以盡事物之理　則所謂尊德性而道問學　由是誠意
正心以修其身　則所謂先立其大者而小者不能奪　由是齊家治國
以及乎天下　則所謂修己以安百姓　篤恭而天下平　是皆未始一日
而離乎敬也　然則敬之一字　豈非聖學始終之要也哉"

경일장 經一章

　어떤 사람이 물었다. "그렇다면 이 『대학』에 이른바 '재명명덕 재신민 재지어지선'(在明明德 在新民 在止於至善)이라고 한 것에 대해 상세한 말씀을 들려주시겠습니까?" 나는 아래와 같이 답하였다.

　"천도(天道)가 유행하여 만물을 발육(發育)하는데, 조화를 행하는 것은 음양·오행일 뿐입니다. 그러나 이른바 음양·오행이라는 것도 반드시 이 이(理)가 있은 뒤에 이 기(氣)가 있는 것입니다. 만물을 낳을 때에도 반드시 이 기가 모인 것을 인한 뒤에 이 형체가 있게 됩니다. 그러므로 사람과 동물이 태어날 때에는 반드시 이 이(理)를 얻은 뒤에 건순(健順)·인의예지(仁義禮智)의 본성이 됨이 있으며, 반드시 이 기를 얻은 뒤에 혼백(魂魄)·오장백해(五臟百骸)의 신체가 됨이 있습니다. 주자(周子)[19]가 이른바 '무극(無極)의 진리와 음양오행의 정기가 묘하게 합하여 응축된 것이다'라고 한 것은 바로 이를 말한 것입니다.

　그러나 이(理)로써 말하면 만물이 근원을 하나로 하니, 참으로 사람과 동물은 귀천의 차이가 없습니다. 그렇지만 기로써 말하면 바르고 통하는 것을 얻은 것은 사람이 되고, 치우치고 막힌 것을 얻은 것은 다른 생물이 됩니다. 그러므로 혹 귀하기도 하고 천하기도 하여 가지런할 수가 없습

---

19) 주자(周子): 북송의 학자 주돈이(周敦頤, 1017~73)를 말한다. 자는 무숙(茂叔), 호는 염계(濂溪)이다. 이정(二程)의 스승으로 「태극도설」 등을 지었다.

니다. 천하여 동물이 된 경우는 형기(形氣)의 치우치고 막힌 데에 구애되어 본체의 온전함을 충만히 할 길이 없습니다. 오직 사람이 태어날 때에는 바르고 통한 형기를 얻어서 본성이 가장 귀한 것이 됩니다. 그러므로 사람의 마음은 텅 비고 신령스럽고 맑아서 온갖 이치가 다 구비되어 있습니다. 대개 사람이 금수와 다른 까닭은 바로 여기에 있습니다. 사람이 누구나 요임금·순임금처럼 성인이 되어 능히 천(天)·지(地)와 더불어 셋이 되어서 만물의 화육(化育)을 도울 수 있는 까닭 또한 여기에서 벗어나지 않습니다. 이것이 이른바 명덕(明德)이라는 것입니다.

그러나 그 통한 기에는 청(淸)·탁(濁)의 다름이 없을 수 없고, 그 바른 기에도 미(美)·악(惡)의 다름이 없을 수 없습니다. 그러므로 부여받은 자질이 맑은 자는 지혜롭고, 부여받은 자질이 탁한 자는 어리석으며, 부여받은 자질이 아름다운 자는 어질고, 부여받은 자질이 추악한 자는 불초하여 또한 같을 수 없는 점이 있습니다. 반드시 상등의 지혜와 크게 어진 자질을 타고난 사람만이 능히 그 본체를 온전히 하여 조금도 밝지 않음이 없게 됩니다. 여기에 미치지 못함이 있으면 이른바 명덕이라는 것은 이미 가려짐이 없을 수 없어서 온전함을 잃게 됩니다. 하물며 기질에 가려진 마음으로 사물의 무궁한 변화에 응접(應接)하면 눈은 아름다운 여색(女色)을 원하고, 귀는 듣기 좋은 소리를 원하며, 입은 맛난 음식을 바라고, 코는 향기로운 냄새를 바라며, 사지는 안일을 원하여 덕을 해치는 것을 어찌 이루 다 말할 수 있겠습니까.

이 두 가지가 서로 인하여 반복해서 깊어지고 견고해집니다. 그러므로 덕의 밝음은 날로 더욱 혼매해지고, 마음의 신령함은 아는 것이 정욕(情欲)·이해(利害)의 사사로운 것에 불과할 따름입니다. 이런 경우는 비록 사람의 형기를 가지고 있다 하더라도 실제로 무엇이 금수와 다르겠으며, 비록 요임금·순임금처럼 될 수 있어서 천·지와 더불어 셋이 되어 화육을 도울 수 있다 할지라도 또한 스스로 자신의 덕을 확충함이 있을 수 없습니다.

　그러나 본래 밝은 본체는 하늘에서 얻은 것이어서 끝내 혼매해질 수 없는 점이 있습니다. 그러므로 비록 혼매해지고 가려짐이 극에 달할지라도 잠깐 사이에 한 차례 깨달음이 있으면 이 빈 틈새로 나아가 본체가 이미 밝게 됩니다. 그러므로 성인이 가르침을 베풀 때에 먼저『소학』속에서 그런 마음을 함양(涵養)하게 하고,『대학』의 도리로써 다시 열어준 것입니다.『대학』의 도에 굳이 격물치지의 설을 먼저 내세운 것은 그들로 하여금 그들이 함양한 가운데로 나아가 그들이 발한 것을 인하여 그것을 밝히는 단서를 열어주게 하려는 것입니다. 이어서 성의·정심·수신의 조목을 말한 것은 그들로 하여금 그들이 이미 밝힌 단서를 인하여 자신에게 돌이켜서 그것을 밝힌 실질을 극진히 하게 하려는 것입니다.

　이미 그것을 밝히는 단서를 열어줌이 있고, 또 그것을 밝힌 실질을 극진히 함이 있으면, 내가 하늘에서 얻어 일찍이 밝지 않음이 없는 덕이 초연히 기질과 물욕의 누가 없어져 본체의 온전함을 다시 얻은 것이 어찌 아니겠습니까? 이것이 이른바 명명덕이라는 것으로, 본성의 분수 밖에서 인위적으로 조작한 바가 있는 것이 아닙니다.

　그러나 이른바 명명덕이라는 것은 또한 사람마다 다 같이 얻은 것으로 나만 사사로이 얻은 것이 아닙니다. 지난날 함께 물욕에 가려졌을 때에는 어질고 어리석은 분별이 참으로 크지 않았지만, 지금 나는 다행히 스스로 명덕을 밝힌 것이 있습니다. 그러니 일반인들이 이 덕을 함께 얻고서도 스스로 밝히지 못하여 바야흐로 비천하고 더럽고 구차하고 하천(下賤)한 속에서 기꺼운 마음으로 미혹되고 매몰되어 있으면서도 스스로 알지 못하는 것을 보면 어찌 그들을 위해 측은히 여기며 그들을 구제함이 있기를 생각하지 않겠습니까.

그러므로 반드시 내가 스스로 밝힌 것을 미루어 그들에게 미쳐서 처음에는 제가(齊家)를 하고, 중간에는 치국(治國)을 하고, 마지막으로는 평천하(平天下)에까지 이릅니다. 이 명덕으로 스스로 밝힐 수 없는 자들로 하여금 모두 스스로 명덕을 밝혀서 옛날 물든 더러운 관습을 제거함이 있게 하는 것, 이것이 이른바 신민(新民)이라는 것인데, 또한 부쳐주거나 더해주는 바가 있는 것이 아닙니다.

그러나 덕이 나에게 있으면 밝히는 것이 마땅하지만, 백성에게 있으면 그들 스스로 새롭게 하는 것이 마땅합니다. 이 모두 사람의 힘으로 할 바가 아니니, 내가 덕을 밝혀 백성들을 새롭게 변화시키는 것은 또한 사사로운 마음으로 구차하게 할 수 있는 것이 아닙니다. 하늘에서 얻어 일상생활 속에서 드러나는 것은 참으로 각각 본연의 일정한 법칙이 있지 않음이 없으니, 정자(程子)께서 이른바 '의리의 정미함이 지극하기 때문에 이름할 수 없는 점이 있다'라고 하신 것입니다. 그러므로 짐짓 지선(至善)으로 지목한 것입니다. 전문(전 제3장)에 이른바 임금이 되었을 때에는 인(仁), 신하가 되었을 때에는 경(敬), 자식이 되어서는 효(孝), 아비가 되어서는 자(慈), 남들과 교유할 때에는 신(信)이라고 한 것은 그 조목의 큰 것들입니다.

일반인의 마음은 참으로 이 덕을 가지고 있지만 혹 능히 알지 못하기도 합니다. 학자는 비록 그것을 알더라도 반드시 이 지선에 이르러서 다른 데로 옮아가지 않는 사람이 드뭅니다. 이것이 『대학』의 가르침이 된 것은 그 이치가 대략 회복되더라도 불순(不純)함이 있으며, 대략 사욕을 극복했더라도 극진하지 않음이 있으면 장차 수기(修己)·치인(治人)의 도를 극진히 할 방법이 없음을 고려했기 때문입니다. 그러므로 굳이 이 지선을 지적해서 말하여 명명덕과 신민의 표적(標的)으로 삼은 것입니다. 자신의 덕을 밝혀 백성들을 새롭게 변화시키고자 하는 사람이 진실로 이를 구하여 반드시 지선에 이르러서 조금이라도 과(過)·불급(不及)의 차이가 있음을 용납하지 않는다면 그가 인욕(人欲)을 제거하고 천리(天理)를 회복하는 데에 털끝만큼의 여한도 없을 것입니다.

무릇 『대학』 한 권의 대지(大指)를 총괄하여 말하면 팔사(八事)[20]에서 벗어나지 않으며, 팔사의 요점을 총괄하여 말하면 또한 삼강령에서 벗어나지 않습니다. 이것이 내가 결단해 『대학』의 강령으로 삼으면서 의심하지 않는 이유입니다. 그러나 맹자(孟子)가 돌아가신 뒤로 도학(道學)이 전함을 얻지 못하여 세상의 군자들은 각기 그들 생각에 편의한 대로 학문을 하였습니다. 이에 그 명덕을 밝히는 데 힘쓰지 않고 단지 정교(政敎)·법도(法度)로 백성들을 충분히 새롭게 할 수 있다고 여기는 자들이 있었습니다. 또 자신만 사랑하여 자신만 홀로 선하게 하면서 '자기의 명덕을 잘 밝힐 뿐, 백성을 새롭게 변화시키는 것을 달갑게 여기지 않는다'라고 스스로 말하는 자도 있었습니다. 이 두 가지가 당면한 급무임을 대략 알면서도 단지 조금 성취하는 데 안주하고, 가까이 있는 이로움에 익숙하여 지선이 있는 곳에 머물려고 하지 않는 자가 있었습니다. 이 모두 이 책을 제대로 살피지 않은 과실이니, 능히 자신을 완성하고 남을 완성시켜 주면서도[21] 어긋나지 않을 사람은 이 세상에 드뭅니다."

〈或問〉曰 "然則 此篇所謂在明明德 在新民 在至於至善者 亦可得而聞其說之詳乎" 曰 "天道流行 發育萬物 其所以爲造化者 陰陽五行而已 而所謂陰陽五行者 又必有是理而後有是氣 及其生物 則又必因是氣之聚而後有是形 故人物之生 必得是理 然後

---

20) 팔사(八事): 『대학』의 팔조목을 가리킨다.

21) 자신을……주면서도: 성기(成己)는 자기를 완성하는 것이고, 성물(成物)은 남을 완성시켜주는 것이다. 이 말은 『중용장구』 제25장에 보인다.

有以爲健順仁義禮智之性 必得是氣 然後有以爲魂魄五臟百骸
之身 周子所謂無極之眞 二五之精 妙合而凝者 正謂是也 然以
其理而言之 則萬物一原 固無人物貴賤之殊 以其氣而言之 則得
其正且通者 爲人 得其偏且塞者 爲物 是以 或貴或賤而不能齊
也 彼賤而爲物者 既梏於形氣之偏塞 而無以充其本體之全矣 唯
人之生 乃得其氣之正且通者 而其性爲崔貴 故其方寸之間 虛靈
洞徹 萬理咸備 蓋其所以異於禽獸者 正在於此 而其所以可爲堯
舜 而能參天地以贊化育者 亦不外焉 是則所謂明德者也 然其通
也 或不能無淸濁之異 其正也 或不能無美惡之殊 故其所賦之
質 淸者智 而濁者愚 美者賢 而惡者不肖 又有不能同者 必其上
智大賢之資 乃能全其本體 而無少不明 其有不及乎此 則其所謂
明德者 已不能無蔽而失其全矣 況乎又以氣質有蔽之心 接乎事
物無窮之變 則其目之欲色 耳之欲聲 口之欲味 鼻之欲臭 四肢
之欲安佚 所以害乎其德者 又豈可勝言也哉 二者相因 反覆深
固 是以 此德之明 日益昏昧 而此心之靈 其所知者 不過情欲利
害之私而已 是則雖日有人之形 而實何以遠於禽獸 雖日可以爲
堯舜而參天地 而亦不能有以自充矣 然而本明之體 得之於天 終
有不可得而昧者 是以 雖其昏蔽之極 而介然之頃 一有覺焉 則
卽此空隙之中 而其本體 已洞然矣 是以 聖人施敎 既已養之於
小學之中 而復開之以大學之道 其必先之以格物致知之說者 所
以使之卽其所養之中 而因其所發 以啓其明之之端也 繼之以誠
意正心修身之目者 則又所以使之因其已明之端 而反之於身 以
致其明之之實也 夫既有以啓其明之之端 而又有以致其明之之
實 則吾之所得於天 而未嘗不明者 豈不超然無有氣質物欲之累
而復得其本體之全哉 是則所謂明明德者 而非有所作爲於性分

之外也 然其所謂明明德者 又人人所同得 而非有我之得私也 向
也 俱爲物欲之所蔽 則其賢愚之分 固無以大相遠者 今吾旣幸有
以自明矣 則視彼衆人之同得乎此 而不能自明者 方且甘心迷惑
沒溺於卑汚苟賤之中 而不自知也 豈不爲之惻然而思有以救之
哉 故必推吾之所自明者以及之 始於齊家 中於治國 而終及於平
天下 使彼有是明德 而不能自明者 亦皆有以自明而去其舊染之
汚焉 是則所謂新民者 而亦非有所付卑增益之也 然德之在己而
當明 與其在民而當新者 則又皆非人力之所爲 而吾之所以明而
新之者 又非可以私意苟且而爲也 是其所以得之於天 而見於日
用之間者 固已莫不各有本然一定之則 程子所謂以其義理精微
之極 有不可得而名者 故姑以至善目之 而傳所謂君之仁 臣之敬
子之孝 父之慈 與人交之信 乃其目之大者也 衆人之心 固莫不
有是 而或不能知 學者 雖或知之 而亦鮮能必至於是而不去 此
爲大學之敎者 所以慮其理雖粗復而有不純 已雖粗克而有不盡
且將無以盡夫修己治人之道 故必指是而言 以爲明德新民之標
的也 欲明德而新民者 誠能求必至是 而不容其少有過不及之差
焉 則其所以去人欲而復天理者 無毫髮之遺恨矣 大抵 大學一篇
之指 總而言之 不出乎八事 而八事之要 總而言之 又不出乎此
三者 此愚所以斷然以爲大學之綱領而無疑也 然自孟子沒 而道
學不得其傳 世之君子 各以其意之所便者爲學 於是 乃有不務明
其明德 而徒以政教法度 爲足以新民者 又有愛身獨善 自謂足以
明其明德 而不屑乎新民者 又有略知二者之當務 顧乃安於小成
狃於近利 而不求止於至善之所在者 是皆不考乎此篇之過 其能
成己成物而不謬者 鮮矣"

어떤 사람이 물었다. "정자(程子)가 '친'(親)을 바꾸어 '신'(新)으로 본 것은 근거한 바가 무엇이며, 그대가 그 설을 따르는 것 또한 상고한 바가 무엇이기에 반드시 그 설이 옳다고 합니까? 또한 자신의 생각으로 가벼이 경문(經文)을 고쳤으니, 이는 '의심스러운 것은 그대로 전한다'[22]라는 뜻이 아닌 듯합니다. 어찌 생각하십니까?" 나는 아래와 같이 답하였다.

"상고한 바 없이 문득 그 글자를 바꾼 점은 참으로 그대의 질책한 바와 같습니다. 지금 판본에 '친민'(親民)이라고 한 것은 문장의 의리로 미루어보면 이치가 통하지 않습니다. '신민'(新民)이라고 한 것은 전문으로 살펴보면 근거가 있습니다. 정자는 이에 대해 조처한 것이 또한 매우 분명합니다. 그런데 하물며 그 본문을 없애지 않고 단지 'ㅇ자는 ㅇ자가 되어야 한다'라고만 말씀하였으니, 이는 한유(漢儒)[23]들이 경전을 해석하면서 부득이하게 쓴 변례(變例)입니다. 그러니 의심스러운 것을 그대로 전한다는 뜻에 무엇이 해롭겠습니까? 굳이 글자를 고치지 않는 것이 옳다고 생각한다면 세상에는 아마도 그 오류를 답습하면서 마음속으로는 옳지 않음을 알면서도 고의로 천착하고 견강부회하여 자기의 설이 반드시 통용되기를 구하는 자가 있을 것입니다. 그러면 그것은 성인의 말씀을 업신여기고 후학을 오도함이 더욱 심할 것이니, 어찌 그것을 취해 법도로 삼을 수 있겠습니까?"

〈或問〉日 "程子之改親爲新也 何所據 子之從之 又何所考而

---

22) 의심스러운……전한다:『춘추곡량전』에 "以信傳信 以疑傳疑"라 하였다. 의심스러운 것은 곡해하지 말고 그대로 전하는 것이 옳다는 말이다.

23) 한유(漢儒): 한나라 때 훈고(訓詁)를 주로 하던 유학자들을 말한다. 한나라 때는 불타고 남은 경전을 다시 복원하였기 때문에 훈고를 위주로 하여 경전을 해석하였다.

必其然耶 且以己意輕改經文 恐非傳疑之義 奈何" 曰 "若無所
考而輒改之 則誠若吾子之譏矣 今親民云者 以文義推之 則無理
新民云者 以傳文考之 則有據 程子於此 其所以處之者 亦已審
矣 矧未嘗去其本文 而但曰某當作某 是乃漢儒釋經不得已之變
例 而亦何害於傳疑耶 若必以不改爲是 則世蓋有承誤踵訛 心知
非是 而故爲穿鑿附會 以求其說之必通者矣 其侮聖言而誤後學
也 益甚 亦何足取以爲法邪"

　어떤 사람이 물었다. "'격물치지하여 머물 바를 안 뒤에 마음에 정해진
방향이 있게 되니, 정해진 방향이 있은 뒤에 마음이 능히 고요해지고, 마
음이 고요해진 뒤에 능히 편안해지고, 마음이 편안해진 뒤에 다가오는
사물을 능히 사려(思慮)하게 되고, 사려한 뒤에 그칠 바를 능히 얻게 된
다'라고 한 것은 무엇을 말한 것입니까?" 나는 아래와 같이 답하였다.

　"이는 위 문장의 의미를 미루어 근본한 것으로, 명덕과 신민이 지어지
선하는 바의 연유를 말한 것입니다. 대개 명덕과 신민은 참으로 지선(至
善)에 머물고자 합니다. 그러나 먼저 지선의 소재를 앎이 있지 않으면,
마땅히 그칠 바를 얻어서 거기에 머무는 것이 있을 수 없습니다. 예컨대
활을 쏘는 자는 참으로 정곡(正鵠)을 맞히고자 합니다. 그러나 먼저 정
곡의 소재를 앎이 있지 않으면 마땅히 적중할 목표를 얻어서 그곳에 적
중시킴이 있을 수 없습니다. '지지'(知止)라고 말한 것은 격물치지하여
천하의 일에 대해 모두 지선의 소재를 앎이 있는 것입니다. 이는 내가 마
땅히 머물 바의 지경입니다.

　능히 머물 바를 알면 마음속의 사사물물이 모두 정해진 이치가 있게
될 것입니다. 이치가 정해지면 그 마음을 움직일 것이 없어서 능히 고요
하게 될 것입니다. 마음이 고요해지면 장소를 가릴 바 없이 능히 편안해

지게 될 것입니다. 능히 편안해지면 일상생활 속에서 조용히 한가하게 지내다가 사물이 이르게 되면 그것을 헤아려 능히 사려함이 있을 것입니다. 능히 사려하면 사물에 따라 이치를 살펴서 깊이를 지극히 하고 기미를 연구하여 각각 그칠 바의 지경을 얻어서 그곳에 머물지 않음이 없을 것입니다. 그러나 그칠 바를 참으로 알고 나면 그칠 바를 반드시 얻게 되니, 참으로 서로의 거리가 매우 먼 것이 아닙니다.

지지(知止)와 능득(能得) 사이의 네 가지 절차는 대개 그 소이연(所以然)[24]이 연고를 미루어 말한 것입니다. 이 네 가지 절차가 있는 것은 공자가 15세 때 학문에 뜻을 둔 뒤부터 70세 때 마음이 하고자 하는 바를 따라도 법도에서 벗어나지 않는 경지에 이른 것[25]처럼, 또는 맹자가 선(善)·신(信)에서 성(聖)·신(神)에 이르기까지의 경지를 말씀한 것[26]처럼 실제로 현격한 등급이 있어서 종신토록 차례차례 해나가야 하는 일이 되는 것과는 같지 않습니다."

〈或問〉曰 "知止而后 有定 定而后 能靜 靜而后 能安 安而后 能慮 慮而后 能得 何也" 曰 "此推本上文之意 言明德新民 所以止於至善之由也 蓋明德新民 固皆欲其止於至善 然非先有以知夫至善之所在 則不能有以得其所當止者而止之 如射者 固欲其中夫正鵠 然不先有以知其正鵠之所在 則不能有以得其所當中者而中之也 知止云者 物格知至 而於天下之事 皆有以知其至善之所在 是則吾所當止之地也 能知所止 則方寸之間 事事物物

---

24) 소이연(所以然): 그러한 까닭을 말한다.

25) 공자가……것: 이는 『논어』「위정」에 보이는 "吾十有五而志于學 三十而立 四十而不惑 五十而知天命 六十而耳順 七十而從心所欲不踰矩"를 줄여서 쓴 것이다.

26) 맹자가……것: 이는 『맹자』「진심 하」에 보이는 "可欲之謂善 有諸己之謂信 充實之謂美 充實而有光輝之謂大 大而化之之謂聖 聖而不可知之之謂神"을 가리킨다.

皆有定理矣 理旣有定 則無以動其心而能靜矣 心旣能靜 則無所
擇於地而能安矣 能安則日用之間 從容閒暇 事至物來 有以揆之
而能慮矣 能慮則隨事觀理 極深研幾 無不各得其所止之地而止
之矣 然旣眞知所止 則其必得所止 固已不甚相遠 其間四節 蓋
亦推言其所以然之故 有此四者 非如孔子之志學以至從心 孟子
之善信以至聖神 實有等級之相懸 爲終身經歷之次序也"

　어떤 사람이 물었다. "'사물에는 본말(本末)이 있고 일에는 종시(終
始)가 있으니, 먼저 할 바와 나중에 할 바를 알면 도에 가깝다'라고 한 말
은 무슨 뜻입니까?" 나는 아래와 같이 답하였다.

　"이는 위 문장 2절의 의미를 결론지은 것입니다. 명덕과 신민은 두 사
물인데 내외로 상대하기 때문에 본말이라고 한 것입니다. 지지(知止)·
능득(能得)은 한 가지 일이지만 서로 수미상관을 이루기 때문에 종시라
고 한 것입니다. 참으로 근본을 먼저 하고 말단을 나중에 하며, 처음을
먼저 하고 끝을 나중에 할 줄 알면 나아가는 데 차서가 있게 되어 도의
경지에 다가가는 것이 멀지 않을 것입니다."

　〈或問〉曰 "物有本末 事有終始 知所先後 則近道矣 何也" 曰
"此結上文兩節之意也 明德新民兩物 而內外相對 故曰本末 知
止能得一事 而首尾相因 故曰終始 誠知先其本而後其末 先其始
而後其終也 則其進爲有序 而至於道也 不遠矣"

　어떤 사람이 물었다. "옛날 온 천하 사람들에게 그들의 명덕을 밝혀주
고자 한 사람은 먼저 자기 나라를 잘 다스렸고, 자기 나라를 잘 다스리고
자 한 사람은 먼저 자기 집안사람들을 균평히 대하였고, 자기 집안사람
들을 균평히 대하고자 한 사람은 먼저 자기 몸을 닦았고, 자기 몸을 닦고

자 한 사람은 먼저 자기 마음을 바르게 하였고, 자기 마음을 바르게 하고 자 한 사람은 먼저 자기 마음속에 싹튼 생각을 선으로 가득 차게 하였고, 마음속에 싹튼 생각을 선으로 가득 채우고자 한 사람은 먼저 그 앎을 극진히 하였으니, 앎을 극진히 하는 것은 사물에 나아가는 데 달렸다'라고 한 것은 무슨 뜻입니까?" 나는 아래와 같이 답하였다.

"이는『대학』의 차서를 말한 것으로 그 상세함이 이와 같으니, 대개 삼 강령의 조목입니다. 격물·치지·성의·정심·수신은 명명덕의 일이고, 제가·치국·평천하는 신민의 일입니다. 격물·치지는 지선의 소재를 알고자 하는 것입니다. 성의로부터 평천하까지는 지선을 얻어서 거기에 머물고자 하는 것입니다. 이른바 '고지욕명명덕어천하자'(古之欲明明德於天下者)라는 것은 그의 명덕을 스스로 밝혀서 그것을 미루어 백성들을 새롭게 변화시켜 천하 사람들로 하여금 모두 그들의 명덕을 밝히게 함이 있는 것입니다. 사람들이 모두 그들의 명덕을 밝힘이 있으면 각각 그의 마음속 싹튼 생각을 선으로 가득 차게 하고, 각각 그들의 마음을 바르게 하고, 각각 그들의 몸을 닦아서 각각 그들의 친한 이를 친히 대하고, 각각 그들의 상관을 어른으로 공경하여 천하가 태평하게 다스려지지 않음이 없을 것입니다.

그러나 천하의 근본은 나라(國)에 있기 때문에 천하를 태평하게 다스리고자 하는 사람은 반드시 먼저 자기 나라를 잘 다스림이 있는 것입니다. 또 나라의 근본은 집안(家)에 있기 때문에 나라를 잘 다스리고자 하는 사람은 반드시 먼저 자기 집안사람들을 균평히 대함이 있는 것입니다. 또 집안의 근본은 자기 몸에 있기 때문에 자기 집안사람들을 균평히 대하고자 한 사람은 반드시 먼저 자기 몸을 닦음이 있는 것입니다.

몸의 주인에 이르러서는 마음이 한번이라도 그 본연의 바름을 얻지 못하면 몸이 주인으로 삼을 바가 없어서 비록 억지로 힘써 몸을 닦으려고 하지만 또한 닦을 수가 없습니다. 그러므로 몸을 닦고자 하는 사람은 반드시 먼저 그 마음을 바르게 함이 있는 것입니다. 마음이 발하고 나서는 생각에 조금이라도 사욕이 있어서 그 속에 뒤섞이게 되어 선을 행하고 악을 제거하는 데 혹 충실하지 못함이 있게 되면 마음이 얽매이는 바가 되어 억지로 힘써 그 마음을 바로잡으려 해도 바로잡을 수 없습니다. 그러므로 마음을 바르게 하고자 하는 사람은 반드시 먼저 그 마음속 싹튼 생각을 선으로 가득 차게 함이 있는 것입니다.

지(知)의 경우에는 마음의 신명(神明)이 온갖 이치를 묘합(妙合)하여 만물을 주재하는 데 그 마음을 가지지 않은 사람이 없지 않지만, 혹 그 표리(表裏)로 하여금 환하게 하여 극진하지 않음이 없게 할 수 없으면 은밀하고 미세한 사이에 진실함과 망령됨이 뒤섞여서 억지로 힘써 그 생각을 선으로 가득 채우려 해도 그렇게 할 수 없습니다. 그러므로 마음속 싹튼 생각을 선으로 가득 채우고자 하는 사람은 반드시 먼저 그 앎을 극진히 함이 있는 것입니다. '치'(致)는 미루어 극진히 한다는 말이니, '상을 당했을 때 슬픔을 극진히 한다'(喪致乎哀)[27]의 '치'(致)와 같은 뜻으로 그것을 미루어 극진한 데 이르는 것을 말합니다.

천하의 사물에 이르러서는 반드시 각각 소이연(所以然)의 연고와 소당연(所當然)의 법칙이 있으니, 이른바 이(理)라는 것입니다. 사람들이 이 이(理)를 알지 못하는 것은 아니지만, 혹 그 이(理)의 정밀하고 거칠고 은미하고 드러난 것으로 그 궁극을 남음이 없도록 연구할 수 없으면 이(理)에 미처 궁구하지 못한 바가 있어서 앎에 반드시 가려짐이 있게 될 것입니다. 비록 억지로 힘써 그것을 극진히 하고자 하더라도 그렇게 할 수가 없습니다. 그러므로 앎을 극진히 하는 도는 사물에 나아가 이

---

27) 상을……한다: 이 문구는 『논어』 「자장」(子張)에 보인다.

(理)를 살펴서 그 사물의 이(理)를 이르게 하는 데 달렸습니다. '격'(格)
은 끝까지 이른다는 말로, '문조(文祖)에 이르다'(格于文祖)[28]의 '격'
(格)과 같으니 그것을 끝까지 하여 그 극에 이르는 것을 말합니다.

　이것이 『대학』의 팔조목으로 성현이 서로 전한 것인데, 사람을 가르치
고 학문을 하는 바의 차례가 지극히 상세하게 되어 있습니다. 그러나 한
(漢)나라와 위(魏)나라 이후로 여러 유학자들의 의논이 이에 미친 것이
있다는 말을 아직 들어보지 못했습니다. 당나라 때 한자(韓子)[29]에 이르
러 이 내용을 인용해서 설을 지어 「원도」(原道)에 드러냈으니, 그는 거
의 들은 것이 있는 듯합니다. 그러나 그의 말은 성의·정심만 극도로 하
고 치지(致知)·격물(格物)에 대해서는 말한 것이 없으니,[30] 이는 그 단
서를 탐색하지 못하고 그 차례를 갑자기 말한 것으로 '바른 것을 택하기
는 하였으나 정밀하지 못하고, 올바른 것을 말하기는 하였으나 상세하
지 않다'[31]라는 병폐를 면치 못한 것입니다. 어찌하여 이런 말로 순자(荀
子)[32]와 양웅(揚雄)[33]을 비난하겠습니까?"

　〈或問〉曰 "古之欲明明德於天下者 先治其國 欲治其國者 先

---

28) 문조(文祖)에……이르다: 이 문구는 『서경』 「순전」(舜典)에 보인다. 문조는 요
　　임금의 시조 사당이다.

29) 한자(韓子): 당나라 때 문장가 한유(韓愈, 768~824)를 가리킨다.

30) 그의……없으니: 이 말은 한유의 「원도」 팔조목 가운데 격물치지를 언급하지
　　않은 것에 대해 비판한 것이다. 「원도」에 "傳曰 古之欲明明德於天下者 先治其國
　　欲治其國者 先齊其家 欲齊其家者 先修其身 欲修其身者 先正其心 欲正其心者 先誠
　　其意 然則古之所謂正心而誠意者 將以有爲也"라고 하였다.

31) 바른……않다: 이 문구는 한유의 「원도」에 보이는 말로 한유가 순자(荀子)와
　　양웅(揚雄)을 비판한 말이다.

32) 순자(荀子): 전국시대 유가의 한 사람인 순황(荀况)으로 맹자가 성선설을 주장
　　한 것과는 반대로 성악설을 주장한 인물이다.

33) 양웅(揚雄): 전한(前漢) 말기의 학자로 『태현경』(太玄經)을 저술하였다.

齊其家 欲齊其家者 先修其身 欲修其身者 先正其心 欲正其心
者 先誠其意 欲誠其意者 先致其知 致知 在格物 何也”曰“此
言大學之序 其詳如此 蓋綱領之條目也 格物致知誠意正心修身
者 明明德之事也 齊家治國平天下者 新民之事也 格物致知 所
以求知至善之所在 自誠意 以至於平天下 所以求得夫至善而止
之也 所謂明明德於天下者 自明其明德 而推以新民 使天下之人
皆有以明其明德也 人皆有以明其明德 則各誠其意 各正其心 各
修其身 各親其親 各長其長 而天下無不平矣 然天下之本 在國
故欲平天下者 必先有以治其國 國之本 在家 故欲治國者 必先
有以齊其家 家之本 在身 故欲齊家者 必先有以修其身 至於身
之主 則心也一有不得其本然之正 則身無所主 雖欲勉强以修之
亦不可得而修矣 故欲修身者 必先有以正其心 而心之發 則意也
一有私欲 雜乎其中 而爲善去惡 或有未實 則心爲所累 雖欲勉
强以正之 亦不可得而正矣 故欲正心者 必先有以誠其意 若夫知
則心之神明 妙衆理而宰萬物者也 人莫不有 而或不能使其表裏
洞然無所不盡 則隱微之間 眞妄錯雜 雖欲勉强以誠之 亦不可得
而誠矣 故欲誠意者 必先有以致其知 致者 推致之謂 如喪致乎
哀之致 言推之而至於盡也 至於天下之物 則必各有所以然之故
與其所當然之則 所謂理也 人莫不知 而或不能使其精粗隱顯 究
極無餘 則理所未窮 知必有蔽 雖或勉强以致之 亦不可得而致矣
故致知之道 在乎卽事觀理 以格夫物 格者 極至之謂 如格于文
祖之格 言窮之而至其極也 此大學之條目 聖賢相傳 所以敎人爲
學之次第 至爲纖悉 然漢魏以來 諸儒之論 未聞有及之者 至唐
韓子 乃能援以爲說 而見於原道之篇 則庶幾其有聞矣 然其言極
於正心誠意 而無曰致知格物云者 則是不探其端而驟語其次 亦

未免於擇焉不精語焉不詳之病矣 何乃以是而議荀揚哉"

어떤 사람이 물었다. "'사물의 이치가 이른 뒤에 앎이 지극해지고, 앎이 지극해진 뒤에 마음속에 싹튼 생각이 선으로 가득 차게 되고, 마음속에 싹튼 생각이 선으로 가득 찬 뒤에 마음이 바르게 되고, 마음이 바르게된 뒤에 몸이 닦이고, 몸이 닦인 뒤에 집안사람들이 균평히 대우를 받게되고, 집안사람들이 균평히 대우를 받은 뒤에 나라가 잘 다스려지고, 나라가 다스려진 뒤에 천하가 태평하게 다스려진다'라는 것은 무슨 뜻입니까?" 나는 아래와 같이 답하였다.

"이는 거듭 위 문장의 의미를 설명한 것입니다. 격물은 사물의 이치가각각 그 지극한 데에 이르러 남음이 없음을 말합니다. 사물에 있는 이치가 그 극에 이르러 남음이 없으면 나에게 있는 앎도 이른 바를 따라 극진하지 않음이 없을 것입니다. 앎이 극진하지 않음이 없으면 마음이 발하는 것은 능히 이치에 전일하여 스스로 속이는 것이 없을 것입니다. 마음속에 싹튼 생각에 스스로 속이는 것이 없게 되면 마음의 본체가 바깥 사물에 동요되지 않아서 바르지 않음이 없을 것입니다. 마음이 그 바름을얻으면 몸이 처신하는 바가 치우친 데에 빠지지 않아서 몸이 닦이지 않음이 없을 것입니다. 몸이 닦이지 않음이 없으면 그것을 미루어 천하와국가를 다스리는 데에도 들어 조처할 수 있으니, 어찌 여기에서 벗어나지모(智謀)와 공리(功利)의 말단적인 데에서 구하겠습니까?"

〈或問〉曰"物格而后 知至 知至而后 意誠 意誠而后 心正 心正而后 身修 身修而后 家齊 家齊而后 國治 國治而后 天下平何也"曰"此覆說上文之意也 物格者 事物之理 各有以詣其極而無餘之謂也 理之在物者 旣詣其極而無餘 則知之在我者 亦隨所詣而無不盡矣 知無不盡 則心之所發 能一於理而無自欺矣 意

不自欺 則心之本體 物不能動而無不正矣 心得其正 則身之所處
不至陷於所偏而無不修矣 身無不修 則推之天下國家 亦舉而措
之耳 豈外此而求之智謀功利之末哉"

어떤 사람이 물었다. "이 책의 첫머리에 명명덕을 말하여 신민으로 대
를 삼았으니, 이는 전적으로 명덕을 스스로 밝혀야 한다고 말한 것입니
다. 그런데 아래 단락 평천하에서 다시 명덕을 밝히는 것으로 말을 했으
니, 신민의 일이 그 속에 들어 있는 듯합니다. 어찌 그 말이 한결같지 않아
서 분변하는 것이 분명치 않단 말입니까?" 나는 아래와 같이 답하였다.

"이 책의 첫머리에 말한 명명덕·신민·지어지선 세 가지는 『대학』의
강령입니다. 이 셋을 빈주(賓主)·대대(對待)·선후(先後)·차례〔次第〕로
써 말하면 명명덕이 또한 세 가지의 강령입니다. 아래 단락에 이른 뒤에
야 그 체용(體用)의 온전함을 극진히 하여 한 마디 말로써 그 점을 거론
해 천하가 아무리 커도 내 마음의 본체에 다 갖추어져 있지 않음이 없으
며, 사물이 아무리 많아도 내 마음의 작용이 꿰뚫지 않음이 없음을 드러
낸 것입니다. 이는 대개 반드시 그 점을 분석해서 정밀함을 극진히 하여
혼란스럽지 않은 다음에야 그것을 합쳐 그 광대함을 극진히 하여 남음
이 없게 되기 때문입니다. 이것이 또한 말을 하는 차서입니다."

〈或問〉曰 "篇首之言明明德以新民爲對 則固專以自明爲言矣
後段於平天下者 復以明明德言之 則似新民之事 亦在其中 何其
言之不一 而辨之不明邪"曰 "篇首三言者 大學之綱領也 而以
其賓主對待先後次第言之 則明明德者 又三言之綱領也 至此後
段 然後極其體用之全 而一言以舉之 以見夫天下雖大而吾心之
體 無不該 事物雖多而吾心之用 無不貫 蓋必析之有以極其精而
不亂 然後合之有以盡其大而無餘 此又言之序也"

어떤 사람이 물었다. "'천자로부터 서인(庶人)에 이르기까지 일체 모든 사람이 수신(修身)으로 근본을 삼는다. 그 근본이 어지러우면서도 말단이 다스려지는 경우는 없었다. 그 후하게 대할 사람에게 박하게 하고, 박하게 대할 사람에게 후하게 하는 경우는 아직까지 있지 않았다'라는 것은 무슨 뜻입니까?" 나는 아래와 같이 답하였다.

"이 절은 앞 문장 두 절의 의미를 결론지은 것입니다. 내 몸[身]으로써 천하·국가와 상대적으로 말하면 몸은 근본이 되고 천하·국가는 말단이 됩니다. 가(家)로써 천하·국가와 상대적으로 말하면 그 이치가 비록 한결같지 않은 적은 없지만 그 박하게 대하고 후하게 대하는 분별은 차등이 없을 수 없습니다. 그러므로 능히 격물치지하여 성의를 하고 정심을 하여 자기 몸을 닦지 않으면 근본이 반드시 혼란하여 말단을 다스릴 수 없게 됩니다. 또 자기 어버이를 친히 하지 않고, 자기 상관을 상관으로 대접하지 않으면 이는 후하게 대할 사람에게 박하게 대하는 것이니, 남의 어버이나 상관에게 미칠 방법이 없을 것입니다. 이는 모두 필연의 이치입니다. 맹자께서 이른바 '후하게 대할 사람에게 박하게 대하면 어느 사람인들 박하게 대하지 않음이 없을 것이다'[34]라고 한 것은 그 말이 대개 여기에 근본한 것입니다."

〈或問〉曰 "自天子 以至於庶人 壹是皆以修身爲本 其本亂 而末治者 否矣 其所厚者 薄 而其所薄者 厚 未之有也 何也" 曰 "此結上文兩節之意也 以身對天下國家而言 則身爲本而天下國家爲末 以家對國與天下而言 則其理雖未嘗不一 然其厚薄之分亦不容無等差矣 故不能格物致知以誠意正心而修其身 則本必亂而末不可治 不親其親 不長其長 則所厚者薄而無以及人之親

---

34) 후하게……것이다: 이 문구는 『맹자집주』「진심 상」 제44장에 보인다.

長 此皆必然之理也 孟子所謂於所厚者薄 無所不薄 其言蓋亦本
於此云"

어떤 사람이 물었다. "치국·평천하는 천자와 제후의 일이니, 경대부
이하의 사람들은 그 일에 간여할 수 없습니다. 그런데 지금『대학』의 가
르침에서는 의례 '명명덕어천하'(明明德於天下)로써 말을 하니, 어찌 그
지위에서 벗어난 것을 생각하고 그 분수가 아닌 것을 범하는 것이 되지
않겠습니까? 그것이 어떻게 위기지학(爲己之學)이 될 수 있겠습니까?"
나는 아래와 같이 답하였다.

"하늘의 밝은 명은 태어날 적에 함께 얻은 것으로, 나만 사사로움을 얻
은 것이 아닙니다. 그러므로 군자의 마음은 드넓게 크고 공정하여 천하
를 바라볼 때에 어느 한 생명체라도 내 마음으로 사랑해야 할 대상 아닌
것이 없으며, 어느 한 가지 일이라도 나의 직분상 해야 할 바가 아닌 것
이 없다고 여깁니다. 비록 형세상 비천한 신분의 일반인일지라도 자기
임금을 요임금과 순임금 같은 분으로 만들고, 자기 백성을 요순시대의
백성으로 만들고 싶은 포부가 그들 분수 안에 있지 않은 때가 없습니다.
더구나『대학』의 가르침은 천자의 원자(元子)와 여러 아들, 공후(公
侯)·경대부·사(士)들의 적자(適子), 그리고 선발된 나라의 준수한 자들
을 위해 개설한 것이니, 이들은 모두 장차 천하와 국가를 책임져 사양할
수 없는 점이 있는 사람들입니다. 그렇다면 평소 그들을 가르치고 미리
양성하는 일에 천하와 국가를 자기들이 해야 할 당연한 일로 여겨 그 근
본을 바르게 하고 그 근원을 맑게 함이 있기를 미리 구하는 것을 어찌 하
지 않을 수 있겠습니까?
후세에는 가르치고 배우는 일이 밝혀지지 않아 임금이나 아비 된 사람
들은 사려가 여기에 미치지 못해서 목전의 일만 구차하게 따랐습니다.

그러므로 천하가 잘 다스려지는 날은 항상 적었고, 천하가 어지러운 날은 항상 많았습니다. 패망한 나라의 임금과 망한 가문의 주인이 항상 당세에 이어졌으니, 슬퍼할 만합니다.

논자들이 이 점을 살펴보지 않고 도리어 성인의 법도를 의심하니, 또한 어째서이겠습니까? 대체로 학자로서 천하의 일을 바라볼 때에 내가 당연히 해야 할 일이라고 여겨 그 일을 하면 비록 갑병(甲兵)·전곡(錢穀)[35]을 관리하고 변두유사(籩豆有司)[36]의 일일지라도 모두 나를 위한 것이 됩니다. 그러나 세상에 알려지길 구할 수 있기 때문에 그 일을 한다면 비록 할고(割股)하고 여묘(廬墓)하며[37] 폐거(弊車)·이마(羸馬)[38]를 탈지라도 남을 위하는 것이 됩니다. 장경부(張敬夫)[39]가 다음과 같이 한 말은 매우 좋습니다. 그는 '위기(爲己)란 의도하는 바가 없이 그렇게 하는 것이다'라고 하였으니, 그 말의 의미가 깊고도 절실하여 선대의 현인들이 발명하지 못한 점이 있는 듯합니다. 학자들이 이 말로써 날마다 스스로 성찰하면 선(善)과 이(利)의 사이를 살핌이 있어서 털끝만큼의 어긋남도 없을 것입니다."

---

35) 갑병(甲兵)·전곡(錢穀): 갑병은 갑옷과 병기이고, 전곡은 돈과 곡식이다. 갑병은 군수물자를 관리하는 하급 관리의 일을 말하고, 전곡은 국가의 재정 출입을 관리하는 하급 관리의 일을 가리킨다.

36) 변두유사(籩豆有司): 변두는 국가 제사의 제물을 담아 올리는 그릇을 말하고, 유사는 그런 실무를 담당하는 하급 관리를 가리킨다.

37) 할고(割股)하고 여묘(廬墓)하며: 할고는 부모의 목숨이 위태로울 때 허벅지의 살을 베어 올리는 것이며, 여묘는 부모가 돌아가신 뒤 여막을 짓고 삼년상을 치르는 것을 말한다.

38) 폐거(弊車)·이마(羸馬): 폐거는 너덜거리는 낡은 수레이고, 리마는 파리하게 마른 말을 가리킨다. 즉 빈한한 사람이 타는 수레와 말을 가리킨다.

39) 장경부(張敬夫): 주자와 학문을 토론한 호남 지방의 학자 장식(張栻, 1133~80)을 말한다. 경부는 그의 자이며, 호는 남헌(南軒)이다.

〈或問〉曰 “治國平天下者 天子諸侯之事也 卿大夫以下 蓋無
與焉 今大學之敎 乃例以明明德於天下爲言 豈不爲思出其位 犯
非其分 而何以得爲爲己之學哉” 曰 “天之明命有生之所同得 非
有我之得私也 是以 君子之心 豁然大公 其視天下 無一物而非
吾心之所當愛 無一事而非吾職之所當爲 雖或勢在匹夫之賤 而
所以堯舜其君 堯舜其民者 亦未嘗不在其分內也 又況大學之敎
乃爲天子之元子衆子 公侯卿大夫士之適子 與國之俊選而設 是
皆將有天下國家之責而不可辭者 則其所以素敎而預養之者 安
得不以天下國家爲己事之當然 而預求有以正其本淸其源哉 後
世敎學不明 爲人君父者 慮不足以及此 而苟循於目前 是以 天
下之治日常少 亂日常多 而敗國之君 亡家之主 常接迹於當世
亦可悲矣 論者不此之監 而反以聖法爲疑 亦獨何哉 大抵 以學
者而視天下之事 以爲己事之所當然而爲之 則雖甲兵錢穀籩豆
有司之事 皆爲己也 以其可以求知於世而爲之 則雖割股廬墓弊
車羸馬 亦爲人耳 善乎 張子敬夫之言 曰 爲己者 無所爲而然者
也 此其語意之深切 蓋有前賢所未發者 學者以是而日自省焉 則
有以察乎善利之間 而無毫釐之差矣”

　어떤 사람이 물었다. “그대는 말하기를 ‘경문은 아마도[40] 공자의 말씀
인데 증자가 기술한 듯하고, 전문은 증자의 생각인데 그의 문인이 기록
한 것이다’라고 하였는데, 무엇을 가지고 그런 줄 안단 말입니까?” 나는
아래와 같이 답하였다.
　“정경(正經)[41]의 경우, 문사(文辭)는 간략하지만 이치는 갖추어져 있

고, 말은 비근하지만 그 뜻은 원대합니다. 이는 성인이 아니면 그렇게 할 수 없는 글입니다. 그러나 다른 증거가 없기 때문에 또한 '그 글이 혹 옛 현인의 말에서 나온 것인 듯하다'라고도 생각됩니다. 그러므로 의심하면서 감히 질정하지 않은 것입니다.

전문(傳文)을 보면 증자의 말씀을 인용하기도 하였는데, 『중용』『맹자』의 내용과 합치되는 점이 많으니, 증자 문인들의 손에서 만들어졌음을 알 수 있으며, 자사(子思)가 맹자에게 전수한 것도 의심의 여지가 없습니다.

대개 『중용』의 이른바 '명선'(明善)이란 곧 『대학』의 격물치지의 공효이며, '성신'(誠身)이란 곧 『대학』의 성의·정심·수신의 공효입니다. 그리고 맹자가 이른바 '지성'(知性)[42]이란 『대학』의 격물이며, '진심'(盡心)[43]이란 『대학』의 지지(知至)이며, '존심양성'(存心養性)[44]·'수신'(修身)[45]이란 『대학』의 성의·정심·수신입니다. 기타 신독(愼獨)을 말한 것,[46] 불겸(不慊)의 설,[47] 의(義)와 이(利)를 분별한 것,[48] 항언(恒

---

41) 정경(正經): 『대학장구』의 경문을 말한다.

42) 지성(知性): 『맹자집주』「진심 상」 제1장에 "盡其心者 知其性"이라고 한 것을 가리킨다.

43) 진심(盡心): 『맹자집주』「진심 상」 제1장에 "盡其心者 知其性"이라고 한 것을 가리킨다.

44) 존심양성(存心養性): 『맹자집주』「진심 상」 제1장에 "存其心 養其性 所以事天也"라고 한 것을 가리킨다.

45) 수신(修身): 『맹자집주』「진심 상」 제1장에 "夭壽不貳 修身以俟之 所以立命也"라고 한 것을 가리킨다.

46) 신독(愼獨)을 말한 것: 『맹자』에 '신독'(愼獨)을 말한 것은 없으니, 그 내용이 신독에 대해서 말한 것을 가리키는 듯하다.

47) 불겸(不慊)의 설: 『맹자집주』「공손추 상」 제2장에 "行有不慊於心 則餒矣"라고 한 것을 가리킨다.

48) 의(義)와 이(利)를 분별한 것: 『맹자집주』「양혜왕 상」 제1장에서 "王何必曰利

言)의 차서[49]와 같은 것들 또한 『대학』의 내용과 합치되지 않는 것이 없습니다. 그러므로 정자(程子)께서 '이 책은 공씨(孔氏)의 유서(遺書)로 학자들이 먼저 힘써야 할 것이며, 『논어』와 『맹자』는 오히려 그 다음에 읽어야 한다'라고 한 말씀한 데서 또한 그 뜻을 알 수 있습니다."

〈或問〉曰 "子謂正經 蓋夫子之言 而曾子述之 其傳則曾子之意 而門人記之 何以知其然也"曰 "正經 辭約而理備 言近而指遠 非聖人 不能及也 然以其無他左驗 且意其或出於古昔先民之言也 故疑之而不敢質 至於傳文 或引曾子之言 而又多與中庸孟子者合 則知其成於曾氏門人之手 而子思以授孟子 無疑也 蓋中庸之所謂明善 卽格物致知之功 其曰 誠身 卽誠意正心修身之效也 孟子之所謂知性者 物格也 盡心者 知至也 存心 養性 修身者 誠意正心修身也 其他 如謹獨之云 不慊之說 義利之分 恒言之序 亦無不脗合焉者 故程子以爲孔氏之遺書 學者之先務 而論孟 猶處其次焉 亦可見矣"

어떤 사람이 물었다. "정자께서 이 『대학』을 먼저 읽고 그다음에 『논어』와 『맹자』를 읽어야 한다고 하고, 다시 『중용』에 대해 언급하시지 않은 것은 어째서입니까?" 나는 아래와 같이 답하였다.

"이 『대학』은 후세에 전하여 가르침을 세운 대전(大典)으로, 천하와 후세를 통틀어 말한 것입니다. 『논어』와 『맹자』는 기미에 응하고 사물을 접할 때의 은미한 말씀으로, 한 때 또는 한 사건을 인하여 말씀하신 것입니다. 그러므로 이 『대학』의 규모가 비록 크지만 그 수미가 갖추어져 강

亦有仁義而已矣······苟後義而先利"라고 한 것 등을 가리킨다.
49) 항언(恒言)의 차서: 『맹자집주』 「이루 상」 제5장에 "人有恒言 皆曰天下國家 天下之本在國 國之本在家 家之本在身"이라고 한 것을 가리킨다.

령을 찾을 수 있고, 절목이 분명하지만 공부에 차서가 있어 학자의 일상생활에 절실하지 않음이 없습니다. 『논어』와 『맹자』의 내용이 사람들을 위한 점에서는 매우 절실하지만 묻는 사람이 한 사람이 아니고, 기록한 자도 한 사람이 아니어서 선후(先後)와 심천(深淺)에 차례가 없기도 하고, 억양(抑揚)과 진퇴(進退)가 가지런하지 않기도 합니다. 또 그중에는 초학자들이 일생상활 속에서 미칠 바가 아닌 내용이 있습니다. 이 점이 바로 정자께서 이 『대학』을 먼저 읽고 『논어』와 『맹자』를 뒤에 읽으라고 말씀하신 까닭입니다. 이는 대개 그 내용의 난이함과 완급으로 말한 것이지, 성인의 말씀에 우열이 있어서 그런 것은 아닙니다.

『중용』에 대해서는 또한 성인 문하에서 전수한 극치의 말씀으로 후학들이 쉽게 들을 수 있는 것이 더욱 아닙니다. 그러므로 정자의 가르침은 급급히 이에 대해 언급하지 않으신 것입니다. 그러니 『논어』와 『맹자』에 통달한 뒤에야 이 『중용』을 읽을 수 있다고 생각하신 것이 어찌 아니겠습니까?

대개 『대학』을 먼저 읽지 않으면 강령을 가지고서 『논어』와 『맹자』의 정미한 뜻을 극진히 할 방법이 없고, 『논어』와 『맹자』를 참고하지 않으면 융회관통해서 『중용』의 귀착점을 지극히 할 길이 없습니다. 그러나 『중용』에서 그 지극한 이치를 이해하지 못하면, 어떻게 대본(大本)을 세우고 대경(大經)을 경륜하여[50] 천하의 서적을 읽으면서 천하의 일을 논하겠습니까?

이로써 살펴보건대 강학에 힘쓰는 자는 참으로 사서(四書)에 급히 통달하지 않아서는 안 될 것이며, 사서를 읽는 자 또한 『대학』을 먼저 읽지

---

50) 대본(大本)을……경륜하여: 이는 『중용장구』 제32장의 "唯天下至誠 爲能經綸天下之大經 立天下之大本"이라고 한 데서 인용한 것이다.

않아서는 안 될 것이 매우 분명합니다. 오늘날 가르치는 사람들 중에는 혹 이를 버려두고 힘쓰지 않으며, 도리어 다른 설을 먼저 읽는 사람이 있으니, 공허한 데에 빠지고 공명과 이욕으로 흘러 성인의 문하에서 죄를 짓지 않을 자는 거의 드물 것입니다."

〈或問〉曰 "程子之先是書而後論孟 又且不及乎中庸 何也" 曰 "是書垂世立敎之大典 通爲天下後世而言者也 論孟應機接物之微言 或因一時一事而發者也 是以 是書之規模雖大 然其首尾該備而綱領可尋 節目分明而工夫有序 無非切於學者之日用 論孟之爲人雖切 然而問者非一人 記者非一手 或先後淺深之無序 或抑揚進退之不齊 其間蓋有非初學日用之所及者 此程子所以先是書後論孟 蓋以其難易緩急言之 而非以聖人之言 爲有優劣也 至於中庸 則又聖門傳授極致之言 尤非後學之所易得而聞者 故程子之敎 未遽及之 豈不又以爲論孟旣通 然後可以及此乎 蓋不先乎大學 無以提挈綱領而盡論孟之精微 不參之論孟 無以融貫會通而極中庸之歸趣 然不會其極於中庸 則又何以建立大本 經綸大經 而讀天下之書 論天下之事哉 以是觀之 則務講學者 固不可不急於四書 而讀四書者 又不可不先於大學 亦已明矣 今之敎者 乃或棄此不務 而反以他說先焉 其不溺於虛空 流於功利而得罪於聖門者 幾希矣"

전 제1장 傳一章

　어떤 사람이 물었다. "전 제1장 이하로 제3장의 중반에 이르기까지 정현(鄭玄)이 전한 판본에는 원래 '몰세불망'(沒世不忘) 밑에 있고, 정자(程子)는 '차위지지지야'(此謂知之至也) 다음으로 옮겨두었는데, 그대는 유독 무슨 까닭으로 그렇지 않은 줄 알아서 옮겨다 전 제1장으로 삼았단 말입니까?" 나는 아래와 같이 답하였다.

　"경문(經文)으로 전문(傳文)을 통솔하고, 전문으로 경문에 부합하면 그 차례를 알 수 있으니, 위의 두 설이 옳지 않음이 분명합니다."

　或問 "一章而下 以至三章之半 鄭本元在沒世不忘之下 而程子 乃以次於此謂知之至也之文 子獨何以知其不然 而遂以爲傳之 首章也" 曰 "以經統傳 以傳附經 則其次第可知 而二說之不然 審矣"

　어떤 사람이 물었다. "그렇다면 '극명덕'(克明德)이라고 한 것은 무슨 뜻입니까?" 나는 아래와 같이 답하였다.

　"이는 문왕이 자기의 덕을 능히 밝힌 점을 말한 것입니다. 대개 사람은 덕을 밝혀야 함을 알아서 밝히려 하지 않는 사람이 없습니다. 그러나 앞에서는 기품(氣稟)[51]에 얽매이고, 뒤에서는 물욕(物欲)에 가려지기 때

---

51) 기품(氣稟): 태어날 때 품부 받은 기질을 말한다.

문에 비록 그 덕을 밝히고자 하지만 능히 밝히지 못함이 있는 것입니다. 문왕의 마음은 하늘의 이치와 혼연일체가 되어 그 덕을 능히 밝히길 기다리지 않아도 저절로 밝아졌을 것입니다. 그러나 오히려 능히 그 덕을 밝히셨다고 말한 것은 또한 문왕만이 그 덕을 능히 밝혔고 다른 사람은 능히 밝히지 못했음을 드러낸 것이며, 또한 그 덕을 능히 밝히지 못한 자가 그 덕을 능히 밝히는 공부를 극진히 하지 않아서는 안 됨을 드러낸 것입니다."

〈或問〉曰 "然則其曰克明德者 何也" 曰 "此言文王能明其德也 蓋人莫不知德之當明而欲明之 然氣稟拘之於前 物欲蔽之於後 是以 雖欲明之而有不克也 文王之心 渾然天理 亦無待於克之而自明矣 然猶云耳者 亦見其獨能明之而他人不能 又以見夫未能明者之不可不致其克之之功也"

어떤 사람이 물었다. "'고시천지명명'(顧諟天之明命)이라는 것은 무슨 뜻입니까?" 나는 아래와 같이 답하였다.

"사람이 하늘과 땅의 중간에 천명을 받아 태어나기 때문에 사람의 명덕은 다른 것이 아니라 곧 하늘이 우리에게 명한 것으로, 지선(至善)이 보존된 바입니다. 이 덕의 전체(全體)와 대용(大用)은 일상생활 속에서 어느 때인들 드러나지 않음이 없습니다. 다만 사람이 이 점을 살피지 않기 때문에 인욕에 빠져 스스로 그 덕을 밝힐 줄 모르는 것입니다. 항상 눈길을 거기에 두어 참으로 그 덕이 내 앞에 늘 참여해 있고, 수레 앞의 횡목(橫木)에 늘 의지해 있는 것[52]을 보듯 한다면 본디 이루어진 본성이

---

52) 내……것: 이는 『논어』 「위령공」에 보이는 "子曰 言忠信 行篤敬…… 立則見其參於前也 在輿則見其倚於衡也"에서 인용한 것이다.

보존되고 또 보존되어 도의(道義)가 나오게 될 것입니다.[53]"

〈或問〉曰 "顧諟天之明命 何也"曰 "人受天地之中以生 故人之明德 非他也 卽天之所以命我 而至善之所存也 是其全體大用 蓋無時而不發見於日用之間 人惟不察於此 是以 汨於人欲而不知所以自明 常目在之 而眞若見其參於前 倚於衡也 則成性存存而道義出矣"

어떤 사람이 물었다. "'극명준덕'(克明峻德)이란 무슨 뜻입니까?" 나는 아래와 같이 답하였다.

"이는 요임금이 자신의 대덕(大德)을 능히 밝혔음을 말한 것입니다."

〈或問〉曰 "克明峻德 何也"曰 "言堯能明其大德也

어떤 사람이 물었다. "이 세 가지[54]는 모두 스스로 자신의 덕을 밝히는 일입니다. 그러나 그것을 이와 같이 말한 데에는 또한 차서가 있는 것입니까?" 나는 아래와 같이 답하였다.

"「강고」를 인용한 제1절은 명덕을 통합해 말한 것일 뿐입니다. 「태갑」을 인용한 제2절은 하늘〔天〕이 애초 사람〔人〕을 위하지 않음이 없고, 사람은 애초 하늘을 위하지 않음이 없음을 말한 것입니다. 「제전」을 인용한 제3절은 덕을 이룩한 일을 오로지 말하여 그 위대함을 지극히 한 것입니다. 그러니 그 말의 깊음과 얕음에 대략 차서가 있습니다."

〈或問〉曰 "是三者 固皆自明之事也 然其言之亦有序乎"曰

---

53) 본디……것입니다: 이 문구는 『주역』 「계사전 상」의 "天地設位 而易行乎其中矣 成性存存 道義之門"에서 인용한 것이다.
54) 세 가지: 『대학장구』 전 제1장 제1절의 '극명덕'(克明德), 제2절의 '고시천지명명'(顧諟天之明命), 제3절의 '극명준덕'(克明峻德)을 가리킨다.

"康誥通言明德而已 太甲則明天之未始不爲人 而人之未始不爲天也 帝典則專言成德之事 而極其大焉 其言之淺深 亦略有序矣"

전 제2장 傳二章

어떤 사람이 물었다. "세숫대야에 명(銘)이 있는 것은 무슨 뜻입니까?" 나는 아래와 같이 답하였다.

"세숫대야는 항상 사용하는 그릇이며, 명은 스스로 경책하는 말입니다. 옛날 성현들은 전전긍긍하면서 어느 때든 경계하고 삼가고 두려워하지 않음이 없었습니다. 그러나 오히려 태만하고 소홀하여 혹시라도 그런 마음을 잊어버리는 경우가 있을까 두려워하였습니다. 그러므로 자신이 항상 사용하는 그릇에 각기 그 일에 따라 명문을 새겨두고서 경계를 극진히 하였습니다. 이는 자신이 항상 눈에 보일 때마다 매번 마음으로 경계해서 소홀히 하여 잊어버리는 데 이르지 않으려고 한 것입니다."

或問"盤之有銘 何也" 日"盤者 常用之器 銘者 自警之辭也 古之聖賢 競競業業 固無時而不戒謹恐懼 然猶恐其有所怠忽而 或忘之也 是以 於其常用之器 各因其事而刻銘 以致戒焉 欲其 常接乎目 每警乎心 而不至於忽忘也"

어떤 사람이 물었다. "목욕하는 대야에 새겨넣은 말이 이와 같은 것은 무슨 뜻입니까?" 나는 아래와 같이 답하였다.

"사람에게 명덕이 있는 것은 그에게 신체가 있는 것과 같습니다. 덕이 본래 밝은 것은 그의 신체가 본래 깨끗한 것과 같습니다. 덕이 밝지만 이욕(利欲)이 혼매하게 하는 것은 신체가 깨끗하지만 때에 오염된 것과 같습니다. 어느 날 존양(存養)·성찰(省察)의 공부를 하여 참으로 전날 이욕이 혼매하게 한 것을 제거하고 날마다 자신을 새롭게 변화시킴이 있으면 또한 신체를 깨끗하게 씻어 전날 때에 오염된 것을 제거함이 있는 것과 같습니다.

그러나 자신을 새롭게 변화시킨 뒤에도 새롭게 변화시키는 공부가 이어지지 않으면 이욕이 교차되어 다시 전날처럼 혼매함이 있게 될 것입니다. 이는 신체를 깨끗하게 씻은 뒤에 신체를 깨끗하게 하려는 노력을 계속하지 않으면 때가 끼어 다시 전날처럼 오염됨이 있는 것과 같습니다. 그러므로 반드시 새롭게 변화시킨 것으로 말미암아 날마다 새롭게 하고 또 날마다 새롭게 하여 존양·성찰의 공부를 잠시도 끊어짐이 없게 하면 명덕이 항상 밝아서 다시는 이욕에 의해 혼매하게 되지 않을 것입니다. 이 또한 사람이 어느 날 목욕을 한 후로 날마다 목욕을 하고 어느 날인들 목욕을 하지 않는 날이 없어 신체를 깨끗이 씻는 노력을 잠시도 그치지 않으면 신체가 항상 청결하여 다시는 옛날 오염된 것에 더럽혀지지 않는 것과 같습니다.

옛날 탕(湯)임금이 본성을 회복하여[55] 성인의 경지에 이른 것은 바로 이런 데서 터득함이 있었던 것입니다. 그러므로 그의 덕을 일컬은 경우, '음악과 여색을 가까이 하지 않으며, 재물과 이식을 불리지 않았다'[56]라고 한 말이 있고, 또 '의리로써 일을 절제하고, 예로써 마음을 절제하였다'[57]라고 한 말이 있으며, '간언을 따르며 거역하지 않았고, 허물을 고

---

55) 본성을 회복하여: 원문의 '반지'(反之)는 『맹자집주』 「진심 하」에 "堯舜 性者也 湯武 反之也"라고 한 데서 인용한 것이다.
56) 음악과……않았다: 이 문구는 『서경』 「중훼지고」(仲虺之誥)에 보인다.
57) 의리로써……절제하였다: 이 문구는 『서경』 「중훼지고」에 보인다.

치는 데 인색하지 않았다'[58]라고 한 말이 있고, 또 '남을 허여하되 모든 것을 갖추길 구하지 않고, 자신을 검속할 때에는 미치지 못하는 듯이 하였다'[59]라고 한 말이 있으니, 이 모든 구절에서 탕임금이 날마다 자신을 새롭게 한 실상을 충분히 알 수 있습니다. 이른바 '통명함과 공경함이 날마다 향상되었다'[60]라고 한 데 이르면 그 말이 더욱 간략하지만 그 의미는 더욱 절실합니다.

그러나 본디 탕임금이 이런 덕을 얻은 까닭은 또한 그가 이윤(伊尹)에게 배워서 발휘함이 있었기 때문입니다. 그러므로 이윤이 '나는 탕임금과 더불어 모두 순일(純一)한 덕을 가졌다'라고 스스로 말하였고, 태갑(太甲)[61]에게 정권을 되돌려준 초기에 다시 '처음부터 끝까지 오직 마음을 전일하게 하여 이에 날마다 자신의 덕을 새롭게 하십시오'라는 말로 정녕한 경계를 한 것입니다. 대개 이 때 태갑은 바야흐로 동(桐) 땅에서 스스로 자신의 잘못을 원망하고 자신의 마음을 다스려 인(仁)에 마음을 두고 의(義)로 옮아 복귀하게 된 것입니다. 이 또한 이른바 '진실로 어느 날 자신을 새롭게 변화시키다'라고 한 경우입니다. 그러므로 이윤이 일찍이 탕임금에게 고한 말을 다시 미루어서 그에게 고하여 그가 날마다 이처럼 자신을 변화시키는 데로 나아가 중단하는 바가 없어서 열성조(列聖祖)가 이룩한 덕을 계승함이 있기를 바란 것입니다. 그러니 그 의미 또한 깊고도 절실합니다.

그 뒤 주나라 무왕이 즉위한 초기에 사상보(師尙父)[62]의 『단서』(丹

---

58) 간언을……않았다: '종간불불'(從諫弗咈)은 『서경』「이훈」(伊訓)에 보이고, '개과불린'(改過不吝)은 『서경』「중훼지고」에 보인다.

59) 남을……하였다: 이 문구는 『서경』「이훈」에 보인다.

60) 통명함과……향상되었다: 이 문구는 『시경』상송(商頌)「장발」(長發)에 보인다.

61) 태갑(太甲): 탕임금의 장손으로 왕위에 올라 이윤의 보좌를 받았다.

62) 사상보(師尙父): 주나라 무왕이 강태공(姜太公)을 높여 부른 칭호. 강태공은 강

書)에 '공경이 태만을 이기는 자는 길하고, 태만이 공경을 이기는 자는 멸하며, 의리가 이욕(利欲)을 이기는 자는 순종하고, 이욕이 의리를 이기는 자는 흉한다'라는 경계를 받아들였습니다. 무왕은 물러난 뒤 자신이 사용하는 궤석(几席)·술잔·칼·창문 등에 그 문구를 새기지 않는 데가 없었습니다. 대개 무왕은 탕임금의 풍도를 듣고서 흥기한 사람입니다. 지금도 그 유언을 예서(禮書)[63]에서 자못 발견할 수 있습니다. 천하를 잘 다스리고자 하는 임금과 학문에 뜻을 둔 사인(士人)은 모두 이 점을 고찰하지 않아서는 안 됩니다."

〈或問〉曰 "然則沐浴之盤 而其所刻之辭如此 何也" 曰 "人之有是德 猶其有是身也 德之本明 猶其身之本潔也 德之明而利欲昏之 猶身之潔而塵垢汚之也 一旦存養省察之功 眞有以去其前日利欲之昏而日新焉 則亦猶其疏瀹澡雪而有以去其前日塵垢之汚也 然旣新矣 而所以新之之功 不繼 則利欲之交 將復有如前日之昏 猶旣潔矣 而所以潔之之功 不繼 則塵垢之集 將復有如前日之汚也 故必因其已新 而日日新之 又日新之 使其存養省察之功 無少間斷 則明德常明 而不復爲利欲之昏 亦如人之一日沐浴 而日日沐浴 又無日而不沐浴 使其疏瀹澡雪之功 無少間斷 則身常潔淸 而不復爲舊染之汚也 昔成湯所以反之而至於聖者 正惟有得於此 故稱其德者 有曰不邇聲色 不殖貨利 又曰以義制事 以禮制心 有曰從諫弗咈 改過不吝 又曰與人不求備 檢身若不及 此皆足以見其日新之實 至於所謂聖敬日躋云者 則其言愈

상(姜尙) 또는 여상(呂尙)이라고 한다. 강(姜)은 성(姓)이고, 여(呂)는 씨(氏)이며, 상(尙)은 이름이다. 여(呂) 땅에 봉해져서 여상이라고 부르게 되었다.

63) 예서(禮書): 『대대례』(大戴禮) 「무왕천조」(武王踐阼)에 무왕이 강태공에게 『단서』의 경계를 전해 받은 기록이 있다.

約 而意愈切矣 然本湯之所以得此 又其學於伊尹而有發焉 故伊
尹自謂與湯咸有一德 而於復政太甲之初 復以終始惟一 時乃日
新 爲丁寧之戒 蓋於是時 太甲方且自怨自艾於桐 處仁遷義而歸
是亦所謂苟日新者 故復推其嘗以告于湯者告之 欲其日進乎此
無所間斷 而有以繼其烈祖之成德也 其意亦深切矣 其後 周之武
王踐阼之初 受師尚父丹書之戒 曰敬勝怠者 吉 怠勝敬者 滅 義
勝欲者 從 欲勝義者 凶 退而於其几席觴豆刀劍戶牖 莫不銘焉
蓋聞湯之風而興起者 今其遺語 尚幸頗見於禮書 願治之君 志學
之士 皆不可以莫之考也"

　어떤 사람이 물었다. "이 장은 신민을 말한 것인데 이 문구를 인용한
것은 어째서입니까?" 나는 아래와 같이 답하였다.

　"이 절은 근본으로부터 그 점을 말한 것입니다. 대개 이로써 자신(自
新)의 지극함으로 삼았으니, 이는 신민의 단서입니다."

　〈或問〉曰 "此言新民 其引此 何也" 曰 "此自其本而言之 蓋以
是爲自新之至 而新民之端也"

　어떤 사람이 물었다. "『서경』「강고」(康誥)에 '작신민'(作新民)이라고
말한 것은 무슨 뜻입니까?" 나는 아래와 같이 답하였다.

　"무왕(武王)이 강숙(康叔)[64]을 봉할 때에 상(商)나라 유민들이 주왕
(紂王)의 더러운 풍속에 오염되어 본심을 잃었기 때문에 「강고」의 글을
지어 그에게 아뢴 것입니다. 이로써 그들이 고무되어 흥기함이 있어서

---

64) 강숙(康叔): 주나라 무왕의 동생 희숙(姬叔)으로, 강(康) 땅에 봉해졌기 때문에
　　'강숙'이라 부른다.

그들로 하여금 분발하여 악을 제거하고 선으로 옮겨가며, 옛날의 나쁜 풍습을 버리고 새로운 데로 나아가게 하고자 한 것입니다. 그러나 이것이 어찌 목소리를 크게 하고 얼굴빛을 사납게 하며 호령을 하는 것으로 미칠 수 있겠습니까. 또한 그들 스스로 자신을 새롭게 할 따름입니다."

〈或問〉曰 "康誥之言作新民 何也"曰 "武王之封康叔也 以商之餘民 染紂汚俗 而失其本心也 故作康誥之書而告之 以此欲其有以鼓舞而作興之 使之振奮踊躍 以去其惡而遷於善 舍其舊而進乎新也 然此豈聲色號令之所及哉 亦自新而已矣"

어떤 사람이 물었다. "공씨(孔氏)의 소서(小序)[65]에는 「강고」(康誥)를 성왕(成王)과 주공(周公)의 글로 여겼는데, 그대는 「강고」를 무왕의 일로 말하니, 어째서입니까?" 나는 아래와 같이 답하였다.

"이는 오봉 호씨(五峯胡氏)[66]의 설입니다. 내가 일찍이 그의 설에 따라 「강고」를 살펴보았는데, '짐제'(朕弟) · '과형'(寡兄)이라는 것은 모두 무왕이 스스로 말한 것이니, 곧 사리의 실상을 얻은 것입니다. 그 외의 증거도 많습니다. 「소서」(小序)의 말을 깊이 믿기에 부족함을 여기에서 알 수 있습니다. 그러나 이 「강고」의 대의에 관계된 바가 아니므로 자세히 논할 겨를이 없으니, 『서경』을 읽는 사람들을 위해 별도로 그 점을 언급해야 할 것입니다."

〈或問〉曰 "孔氏小序以康誥爲成王周公之書 而子以武王言之 何也"曰 "此 五峯胡氏之說也 蓋嘗因而考之 其曰朕弟寡兄云

---

65) 공씨(孔氏)의 소서(小序): 공씨는 공안국(孔安國)을 말한다. 한나라 때 공안국이 전한 『고문상서』(古文尚書)의 각 편 앞에 있는 서문을 말한다.

66) 오봉 호씨(五峯胡氏): 송나라 때 학자 호굉(胡宏)을 말한다. 호안국(胡安國)의 아들이다. 오봉 호씨의 설은 『황왕대기』(皇王大紀)에 보인다.

者 皆爲武王之自言 乃得事理之實 而其他証亦多 小序之言 不
足深信 於此可見 然非此書大義所關 故不暇於致詳 當別爲讀書
者言之耳"

어떤 사람이 물었다. "『시경』「문왕」(文王)에 '주나라가 비록 오래된
나라이지만 천명이 새로워졌다'라고 말한 것은 무슨 뜻입니까?" 나는 아
래와 같이 답하였다.

"말하자면 주나라가 나라를 세운 것이 후직(后稷)[67]으로부터 1천여
년이 되었는데, 문왕 때에 이르러 성덕(聖德)이 날로 새로워져서 백성들
도 크게 변하였기 때문에 하늘이 그에게 명하여 천하를 소유하게 한 것
입니다. 이것이 바로 나라가 비록 오래되었지만 천명은 새로워졌다는 것
입니다. 대개 백성들이 보고 본받는 것은 임금에게 있으며, 하늘이 보고
듣는 것은 백성에게 있습니다. 임금의 덕이 새로워지면 백성의 덕은 반
드시 새로워지며, 백성의 덕이 새로워지면 천명이 새로워지는 것도 오래
걸리지 않습니다."

〈或問〉曰 "詩之言周雖舊邦 其命維新 何也" 曰 "言周之有邦
自后稷以來千有餘年 至于文王 聖德日新 而民亦丕變 故天命之
以有天下 是其邦雖舊 而命則新也 蓋民之視效在君 而天之視聽
在民 君德旣新 則民德必新 民德旣新 則天命之新 亦不旋日矣"

어떤 사람이 물었다. "이른바 '군자는 어느 곳인들 그 지극함을 쓰지 않
음이 없다'라고 하는 것은 무슨 뜻입니까?" 나는 아래와 같이 답하였다.

---

67) 후직(后稷): 주(周)나라의 선조로 강원(姜嫄)이 천제(天帝)의 발자국을 밟고 잉
   태하여 낳았다고 한다. 이름은 기(棄)이다. 순임금 때 농사를 관장하는 관리가
   되어 '후직'으로 일컬어졌다.

"이는 앞 문장의 『시경』 『서경』을 인용한 의미를 결론지은 것입니다. 대개 탕임금의 세숫대야에 새긴 명문(銘文)은 자신(自新)을 말한 것이고, 『서경』「강고」(康誥)에서 인용한 문구는 신민(新民)을 말한 것이며, 『시경』「문왕」(文王)에서 인용한 시구는 자신(自新)과 신민의 지극함입니다. 그러므로 '군자는 어느 곳인들 그 지극함을 쓰지 않음이 없다'라고 말한 것입니다. '극'(極)은 곧 지선(至善)을 말합니다. '그 지극함을 쓴다'(用其極)라는 것은 그가 지선에 머물고자 할 따름입니다."

〈或問〉曰 "所謂君子無所不用其極者 何也" 曰 "此結上文詩書之意也 蓋盤銘 言自新也 康誥 言新民也 文王之詩 自新新民之極也 故曰君子無所不用其極 極卽至善之云也 用其極者 求其止於是而已矣"

전 제3장 傳三章

어떤 사람이 물었다. "전 제3장 제1절에 『시경』「현조」(玄鳥)를 인용한 것은 어째서입니까?" 나는 아래와 같이 답하였다.

"이는 백성들이 수도 근처 기내(畿內) 지방에 머물러 사는 것을 가지고서, 만물에는 각기 그칠 바가 있다는 점을 밝힌 것입니다."

或問 "此引玄鳥之詩 何也" 曰 "此以民之止於邦畿 而明物之各有所止也"

어떤 사람이 물었다. "제2절에 『시경』「면만」(綿蠻)을 인용하고 공자의 말씀으로 연계시켜놓았는데, 공자께서는 무엇 때문에 이런 말씀을 하신 것입니까?" 나는 아래와 같이 답하였다.

"이는 공자께서 『시경』의 시를 해설하신 말입니다. 대개 '새도 그가 그치고자 할 때에 마땅히 그쳐야 할 곳을 오히려 아는데, 어찌 만물의 영장이 된 사람으로서 도리어 새가 그칠 바를 능히 알아서 그곳에 그치는 것만 못할 수 있겠는가?'라고 말씀하신 것입니다. 사람은 마땅히 그칠 바를 알아야 한다는 의리를 발명한 것이 또한 깊고도 절실합니다."

〈或問〉曰 "引綿蠻之詩 而系以孔子之言 孔子 何以有是言也" 曰 "此夫子說詩之辭也 蓋曰 鳥於其欲止之時 猶知其當止之處 豈可人爲萬物之靈 而反不如鳥之能知所止而止之乎 其所以發明人當知止之義 亦深切矣"

어떤 사람이 물었다. "제3절에 『시경』 「문왕」(文王)을 인용하고서 임금[君]·신하[臣]·아비[父]·자식[子]의 그칠 바와 나라 사람들과의 교제[國人交]에서 그칠 바로써 연계시켜 놓은 것은 어째서입니까?" 나는 아래와 같이 답하였다.

"이는 성인이 그칠 바를 인하여 지선(至善)의 소재(所在)를 밝힌 것입니다. 대개 하늘이 인류를 태어나게 한 뒤로는 사물이 있으면 법칙이 있게 마련입니다. 그러므로 만물과 모든 일은 각각 마땅히 그쳐야 할 바가 있지 않음이 없습니다. 다만 거처하는 지위가 같지 않으니, 그쳐야 할 바의 선(善)도 한 가지가 아닙니다. 그러므로 임금이 되어서는 마땅히 그쳐야 할 바가 인(仁)에 있고, 신하가 되어서는 마땅히 그쳐야 할 바가 경(敬)에 있으며, 자식이 되어서는 마땅히 그쳐야 할 바가 효(孝)에 있고, 아비가 되어서는 마땅히 그쳐야 할 바가 자(慈)에 있으며, 나라 사람들과 교유할 때에는 마땅히 그쳐야 할 바가 신(信)에 있는 것입니다. 이 모두 천리(天理)와 인륜(人倫)의 극치로서 인심이 그칠 수 없는 데서 발하는 것입니다. 문왕이 천하에 법이 되어 후세에 전할 만한 것 또한 여기에 털끝만큼도 더할 것이 없습니다.

다만 일반인들은 대개 기품(氣稟)과 물욕(物欲)에 가려 혼매해지기 때문에 항상 공경할 수 없어서 그 그칠 바를 잃는 것입니다. 오직 성인의 마음은 표리가 환하여 털끝만큼의 가려짐이 없기 때문에 연속해서 빛나고 밝아서 절로 공경하지 않음이 없으며, 그치는 바가 지선 아닌 것이 없습니다. 이는 그칠 바를 알기를 기다린 뒤에 그칠 바를 얻는 것이 아닙니다. 그러므로 전 제3장에 이 「문왕」을 인용하여 그칠 바의 실상을 차례로 진술하여 천하의 후세 사람들로 하여금 취하여 본받을 수 있게 한 것입니다. 학자들이 여기에서 참으로 본심의 그칠 수 없는 데서 발한 것을 보고 그것을 이어 밝혀 연속해서 빛나고 밝게 하여 조금도 끊어짐이 없게 함이 있으면, 그의 마음을 공경히 하고 지선의 경지에 머무는 공부 또한 문왕의 경우와 같을 따름입니다. 『시경』 「문왕」에 이른바 '상천 (上天)의 일은 소리도 없고 냄새도 없거니와, 문왕을 본받고 본받으면 만방의 사람들이 흥기되어 믿을 것이다'라고 한 것이 바로 이런 의미 입니다."

〈或問〉曰 "引文王之詩 而繼以君臣父子與國人交之所止 何 也" 曰 "此因聖人之止 以明至善之所在也 蓋天生烝民 有物有 則 是以 萬物庶事 莫不各有當止之所 但所居之位 不同 則所止 之善 不一 故爲人君 則其所當止者 在於仁 爲人臣 則其所當止 者 在於敬 爲人子 則其所當止者 在於孝 爲人父 則其所當止者 在於慈 與國人交 則其所當止者 在於信 是皆天理人倫之極致 發於人心之不容已者 而文王之所以爲法於天下 可傳於後世者 亦不能加毫末於是焉 但衆人類爲氣稟物欲之所昏 故不能常敬 而失其所止 唯聖人之心 表裏洞然 無有一毫之蔽 故連續光明 自無不敬 而所止者 莫非至善 不待知所止而後得所止也 故傳引 此詩 而歷陳所止之實 使天下後世 得以取法焉 學者於此 誠有 以見其發於本心之不容已者 而緝熙之 使其連續光明 無少間斷 則其敬止之功 是亦文王而已矣 詩所謂上天之載 無聲無臭 儀刑 文王 萬邦作孚 正此意也"

어떤 사람이 물었다. "그대는 『시경』 「문왕」을 해석하면서 '경지'(敬 止)의 '지'(止)를 어조사로 해석하였는데,[68] 이 『대학장구』에서는 그

---

68) 그대는……해석하였는데: 주자의 『시집전』 「문왕」에 '오집희경지'(於緝熙敬 止)의 '지'(止)를 어조사로 해석한 것을 지적한 말이다.

'지'(止)를 다시 '그칠 바'〔所止〕의 의미로 풀이한 것은 어째서입니까?"
나는 아래와 같이 답하였다.

"옛날 사람들은 시를 인용할 때에 단장취의(斷章取義)하였고, 혹 그
문구를 빌려다 자기의 생각을 밝히기도 하였습니다. 그러니 반드시 본문
의 뜻을 모두 취한 것은 아닙니다."

〈或問〉曰 "子之說詩 旣以敬止之止 爲語助之辭 而於此書 又
以爲所止之義 何也" 曰 "古人引詩斷章 或姑借其辭以明己意
未必皆取本文之義也"

어떤 사람이 물었다. "제3절의 다섯 가지 조목은 말이 간략하면서도
뜻이 갖추어져 있습니다. 그런데 그대의 설에는 다시 이른바 '그 정미하
게 온축된 의미를 궁구하고, 또 유형을 미루어 그 남은 뜻을 통달하라'[69)]
라고 한 말이 있는데, 어찌 그 말을 부연하여 절실하지 않게 하였습니
까?" 나는 아래와 같이 답하였다.

"그 덕의 요체를 거론하여 총체적으로 명명하면 한 마디 말로 충분합
니다. 그러나 이 한 마디 말을 한 까닭을 논한다면, 시종(始終)과 본말(本
末)이 어찌 한 마디 말로 다할 수 있겠습니까? 그 명칭만 얻고 명명한 까
닭을 얻지 못하면 인(仁)이 혹 고식적인 데로 흐르고, 경(敬)이 혹 아첨
하는 데로 떨어지고, 효(孝)가 혹 아비를 악에 빠뜨리고, 자(慈)가 혹 자
식을 망치게 하며, 또한 그 신(信)이 되는 것도 반드시 미생(尾生)[70)]과

---

69) 그……통달하라: 이는 『대학장구』 전 제3장 제3절 주자의 주에 "學者 於此 究其
精微之蘊 而又推類以盡其餘"라고 한 것을 가리킨다.

70) 미생(尾生): 춘추 시대 노(魯)나라 사람으로, 어떤 여자와 다리 밑에서 만나기
로 약속했는데, 마침 비가 내려 강물이 불어났다. 그러나 그는 약속을 지키기
위해 다리 기둥을 붙잡고 매달려 있다가 불어난 물에 빠져 죽었다고 한다. 융통
성이 없이 고집스러운 신의를 미생지신(尾生之信)이라고 한다.

백공(白公)[71]이 한 것처럼 하지 않으리라는 보장이 없을 것입니다. 더구나 이 전 제3장에서 진술한 것은 짐짓 만물에는 각기 그칠 바가 있다는 범례를 보인 것입니다. 이 다섯 가지 조목은 큰 인륜(大倫)[72]의 조목에서 오히려 두 가지[73]가 빠져 있습니다. 그러니 유형을 미루어 그것을 통달하지 않으면 또한 어떻게 천하의 이치를 극진히 하겠습니까?"

〈或問〉曰 "五者之目 詞約而義該矣 子之說 乃復有所謂究其精微之蘊 而推類以通之者 何其言之衍而不切耶"曰"擧其德之要而總名之 則一言足矣 論其所以爲是一言者 則其始終本末 豈一言之所能盡哉 得其名而不得其所以名 則仁或流於姑息 敬或墮於阿諛 孝或陷父 而慈或敗子 且其爲信 亦未必不爲尾生白公之爲也 又況傳之所陳 姑以見物各有止之凡例 其於大倫之目 猶且闕其二焉 苟不推類以通之 則亦何以盡天下之理哉"

어떤 사람이 물었다. "제4절에 다시 『시경』「기욱」(淇澳)의 시구를 인용한 것은 어째서입니까?" 나는 아래와 같이 답하였다.

"앞의 절에는 지선에 머무는 이치를 말한 것이 갖추어져 있습니다. 그러나 그것을 구하는 바의 방법과 그것을 얻은 뒤의 효험에 대해서는 언급하지 않았습니다. 그러므로 다시 이「문왕」을 인용하여 그 점을 발명한 것입니다. '여절여차'(如切如磋)는 학문을 강구하는 것이 정밀해지면 더욱 정밀해지길 구한다는 말입니다. '여탁여마'(如琢如磨)는 그 자신을

---

71) 백공(白公): 춘추 시대 초나라 평왕(平王)의 손자로, 오(吳)나라에 망명해 있었는데 영윤(令尹) 자서(子西)가 불러 백공(白公)으로 삼았다. 그러나 뒤에 신의를 저버리고 난을 일으켜 자서를 살해하였으며, 자신도 그 난에 죽었다.
72) 큰 인륜(大倫): 부자유친(父子有親), 군신유의(君臣有義), 부부유별(夫婦有別), 장유유서(長幼有序), 붕우유신(朋友有信)을 가리킨다.
73) 두 가지: 부부유별과 장유유서를 가리킨다.

수양하는 것이 주밀해지면 더욱 주밀해지길 구한다는 말입니다. 이것이 선을 택하여 굳게 잡고 일취월장하여 지선(至善)의 경지에 이르러 머물 수 있는 이유입니다. '준율'(恂慄)은 엄정심과 공경심이 내면에 보존되어 있는 것이고, '위의'(威儀)는 그 빛이 밖으로 드러난 것입니다. 이는 얼굴에 드러나고 등에 드러나 사지에 다 베풀어진 것[74]으로, 지선의 경지에 이르러 머물게 되는 징험입니다. '성덕지선 민불능망'(盛德至善 民不能忘)은 대개 인심이 다 같이 그렇게 여기는 것을 성인이 먼저 얻어서 안으로 충만하게 하여 밖으로 드러난 것이 또한 이와 같으니, 그 때문에 백성들이 모두 그를 우러르며 잊지 못하는 것입니다. '성덕'(盛德)은 몸이 얻은 바로써 말한 것이고, 지선은 이치가 지극한 바로써 말한 것입니다. '절차탁마'(切磋琢磨)는 그가 지선의 경지에 이르기를 구할 따름입니다."

〈或問〉曰 "復引淇澳之詩 何也" 曰 "上言止於至善之理 備矣 然其所以求之之方 與其得之之驗 則未之及 故又引此詩以發明之也 夫如切如磋 言其所以講於學者已精 而益求其精也 如琢如磨 言其所以修於身者已密 而益求其密也 此其所以擇善固執 日就月將 而得止於至善之由也 恂慄者 嚴敬之存乎中也 威儀者 輝光之著乎外也 此其所以睟面盎背 施於四體 而爲止於至善之驗也 盛德至善 民不能忘 蓋人心之所同然 聖人旣先得之 而其充盛宣著 又如此 是以民皆仰之而不能忘也 盛德以身之所得而言也 至善 以理之所極而言也 切磋琢磨 求其止於是而已矣"

---

74) 얼굴에……것: 이 문구는 『맹자』「진심 상」제21장에 보인다.

어떤 사람이 물었다. "'절차탁마'(切磋琢磨)는 무엇으로 학문(學問)과 자수(自修)의 구별을 삼습니까?" 나는 아래와 같이 답하였다.

"뼈와 뿔은 결을 찾을 수 있어서 자르고 다듬는 일이 쉬우니, 이른바 시조리(始條理)[75]라는 일에 해당합니다. 옥과 돌은 한 덩어리로 되어 있는 데다 단단하여 쪼개고 다듬는 일이 어려우니, 이른바 종조리(終條理)[76]라는 일에 해당합니다."

〈或問〉曰 "切磋琢磨 何以爲學問自修之別也" 曰 "骨角 脈理可尋 而切磋之功易 所謂始條理之事也 玉石 渾全堅確 而琢磨之功難 所謂終條理之事也"

어떤 사람이 물었다. "제5절에 『시경』「열문」(烈文)의 시구를 인용하였는데, 전왕이 세상을 떠났는데도 그를 잊지 못하는 점을 말한 것은 어째서입니까?" 나는 아래와 같이 답하였다.

"'현기현'(賢其賢)은 들어서 아는 것이니, 그분의 덕업이 성대한 것을 추앙하는 것입니다. '친기친'(親其親)은 자손들이 보전하는 것이니, 그분이 감싸주고 길러준 은혜를 사모하는 것입니다. '낙기락'(樂其樂)은 배불리 먹고 배를 두드리며 그분이 즐겁게 해준 것을 편안히 여기는 것입니다. '이기리'(利其利)는 농지를 경작해 먹고 살며 우물을 파 물을 마시면서 그분이 이롭게 해준 것을 누리는 것입니다. 이는 모두 선왕의 성덕과 지선이 남긴 은택입니다. 그러므로 그분이 세상을 떠났지만 사람들은 오히려 그분을 사모하며, 세월이 오래 흘렀지만 그분을 잊지 못하는

---

75) 시조리(始條理): 『맹자』「만장 하」제10장에 보인다. 금(金)으로 소리를 내는 것을 시조리라고 한다.

76) 종조리(終條理): 『맹자』「만장 하」제10장에 보인다. 옥(玉)으로 거두어들이는 것을 종조리라고 한다.

것입니다. 위의 절에서는 「기욱」의 시구를 인용하여 명명덕이 그칠 바를 얻은 것으로 말하여 신민의 단서를 드러냈고, 이 절에서는 「열문」의 시구를 인용하여 신민이 그칠 바를 얻은 것으로 말하여 명명덕의 공효를 보여주었습니다."

〈或問〉曰 "引烈文之詩 而言前王之沒世不忘 何也" 曰 "賢其賢者 聞而知之 仰其德業之盛也 親其親者 子孫保之 思其覆育之恩也 樂其樂者 含哺鼓腹 而安其樂也 利其利者 耕田鑿井 而享其利也 此皆先王盛德至善之餘澤 故雖已沒世而人猶思之 愈久而不能忘也 上文之引淇澳 以明明德之得所止言之 而發新民之端也 此引烈文 以新民之得所止言之 而著明明德之效也"

어떤 사람이 물었다. "『시경』「기욱」과 「열문」의 시구를 인용한 두 절은 원래 성의장 뒤에 있었는데, 정자(程子)는 전 제10장의 중간으로 옮겨 두었습니다.[77] 그런데 그대는 유독 무엇을 가지고 그것이 그렇지 않다는 점을 알아 이 전 제3장에 소속시킨 것입니까?" 나는 아래와 같이 답하였다.

"두 선생[78]이 옮겨 놓은 것은 문장의 의미가 연속되지 않기 때문에 따를 수 없는 점이 있습니다. 또한 이른바 '도성덕지선 몰세불망'(道盛德至善 沒世不忘)이라고 한 말로써 미루어보면 이 두 절은 이곳에 소속시키는 것이 마땅함을 알 수 있습니다."

〈或問〉曰 "淇澳烈文二節 鄭本 元在誠意章後 而程子置之卒

---

77) 정자(程子)는……두었습니다: 정호(程顥)와 정이(程頤) 모두 이 2절을 전 제10장 '詩云 節彼南山……' 다음으로 옮겨 놓았다.
78) 두 선생: 정호(程顥)와 정이(程頤)를 말한다.

章之中 子獨何以知其不然 而屬之此也" 曰 "二家所繫 文意不
屬 故有不得而從者 且以所謂道盛德至善沒世不忘者推之 則知
其當屬乎此也"

전 제4장 傳四章

어떤 사람이 물었다. "청송장(聽訟章) 1장은 정현(鄭玄)의 판본에는 원래 '지어신'(止於信) 뒤와 정심수신장(正心修身章) 앞에 있습니다. 정자(程子)는 또 이 장을 경문(經文) 뒤와 '차위지지지야'(此謂知之至也) 위에 옮겨두었는데, 그대는 그 설을 따르지 않고 이곳에 옮겨놓은 것은 어째서입니까?" 나는 아래와 같이 답하였다.

"이 청송장 결어로써 고찰해보면 그것이 본말(本末)의 의미를 해석한 것이 됨을 알 수 있습니다. 경일장 본문과 대조해보면 이 청송장은 이 자리에 소속되는 것이 타당함을 알 수 있습니다. 두 선생의 설은 미안한 점이 있기 때문에 따를 수 없습니다."

或問"聽訟一章 鄭本 元在止於信之後 正心修身之前 程子 又進而實之經文之下 此謂知之至也之上 子不之從而實之於此 何也"曰"以傳之結語考之 則其爲釋本末之義 可知矣 以經之本文乘之 則其當屬於此 可見矣 二家之說 有未安者 故不得而從也"

어떤 사람이 물었다. "그렇다면 '청송'(聽訟)과 '무송'(無訟)이 명명 덕과 신민의 의리에 해당되는 바는 무엇입니까?" 나는 아래와 같이 답하였다.

"성인은 덕이 성대하고 인(仁)이 익숙하니, 명덕을 스스로 밝힌 것은 모두 천하의 지선을 지극히 한 것입니다. 그러므로 능히 그 덕을 크게 하여 그 백성들의 심지(心志)를 외복(畏服)시킴이 있어서, 그들로 하여금 감히 실정이 없는 변명하는 말을 다하지 못하게 하는 것입니다. 그러므로 성인이 소송을 판결하는 것은 일반인과 다를 바 없지만, 저절로 판결할 만한 소송이 없어지는 것입니다. 대개 자기의 덕이 밝아져서 백성들의 덕이 저절로 새로워지면 그 근본이 밝아진 효험을 얻게 됩니다. 혹 능히 그렇게 하지 못해 분쟁하며 변론 소송하는 사이에 분주히 진력하면서 신민의 효험을 얻으려는 것 또한 말단입니다. 이것이 전문을 지은 사람이 경문을 해석한 의도입니다."

〈或問〉曰 "然則聽訟無訟 於明德新民之義 何所當也"曰 聖人德盛仁熟 所以自明者 皆極天下之至善 故能大有以畏服其民之心志 而使之不敢盡其無實之辭 是以 雖其聽訟 無以異於衆人而自無訟之可聽 蓋己德旣明而民德自新 則得其本之明效也 或不能然 而欲區區於分爭辯訟之間 以求新民之效 其亦末矣 此傳者釋經之意也"

어떤 사람이 물었다. "그렇다면 경문에 본말(本末)과 함께 언급한 종시(終始)[79]를 거론하지 않은 것은 어째서입니까?" 나는 아래와 같이 답하였다.

"옛사람들이 경문을 해석할 때에는 그 대략만 취하였으니, 이와 같이 세세한 것에 대해서는 굳이 해석을 하지 않았습니다. 또한 이 장 아래에 궐문(闕文)[80]이 있으니, 또한 종시에 대한 해석이 본래 있었는데 궐문과

---

79) 종시(終始): 경일장 제3절에 보이는 '사유종시'(事有終始)의 '종시'를 가리킨다.
80) 궐문(闕文): 전 제5장인 격물치지장을 말한다. 주자는 '차위지지지야'(此謂知之至也)를 격물치지전의 결어로 보아 그 앞에 궐문이 있다고 확신해서 자신의 생

함께 잃어버린 것이 아닌 줄을 어찌 알겠습니까?"

〈或問〉曰 "然則其不論夫終始者 何也"曰 "古人釋經 取其大略 未必如是之屑屑也 且此章之下 有闕文焉 又安知其非本有而并失之也邪"

각으로 그 궐문을 보충해넣었다. 그것이 보망장이라는 격물치지전이다.

전 제5장 傳五章

어떤 사람이 물었다. "'차위지본'(此謂知本)에 대해 그 한 구가 청송장
(聽訟章)의 결어가 된다는 점에 대해서는 말씀을 들었습니다. 그런데 다
른 한 구가 정현의 판본에는 원래 경문의 뒤와 '차위지지지야'(此謂知之
至也) 앞에 있습니다. 정자(程子)는 이 구를 연문(衍文)으로 보았는데,
어째서입니까?" 나는 아래와 같이 답하였다.

"('차위지본'을 연문으로 본 것은) 이 구가 두 번 연속 나오는데, 다른
곳에 붙여둘 데가 없기 때문입니다."

或問"此謂知本 其一爲聽訟章之結語 則聞命矣 其一鄭本元在
經文之後 此謂知之至也之前 而程子以爲衍文 何也"曰"以其
複出而他無所繫也"

어떤 사람이 물었다. "'차위지지지야'(此謂知之至也)는 정현(鄭玄)의
판본에는 원래 '차위지본'(此謂知本)을 따라 경문 뒤에 위치하여 아래로
는 성의장(誠意章)의 앞에 소속되어 있습니다. 정자(程子)는 위의 중복
되는 '차위지본'(此謂知本) 구를 제거하고, 이 구를 청송지본장(聽訟知
本章)에 붙여 명명덕을 해석한 전 제1장 앞에 소속시켰는데, 이는 모두
설이 있습니다. 그런데 그대는 무슨 근거로 그 설이 모두 다 그런 것이
아닌 줄 알고 그 사이에서 취하고 버린 것이 있단 말입니까?" 나는 아래
와 같이 답하였다.

"이는 다른 것으로써 구할 것이 없습니다. 경문을 살펴보면 애초 재론의 여지가 없습니다. '지본'(知本)은 지지(知至)를 말한 것이니, 지(知)가 경문 뒤에 속하는 것은 옳지 않습니다. 청송장을 살펴보면 이미 지본(知本)으로 결론을 짓고 있는데, 그 중간에 또 지지(知至)에 관한 설이 없으니, '차위지지지야'(此謂知之至也)가 청송장을 다시 결론지은 것이 아님을 알 수 있습니다. 또한 그 아래 문장은 명명덕을 해석한 장에 속하여 저절로 전문의 제1장이 됩니다. 그러니 또한 어찌 이 구를 그 앞에 둘 수 있겠습니까? 그러므로 나는 이에 대해 모두 의심이 없을 수 없는 점이 있습니다. 다만 정자가 위의 '차위지본'(此謂知本) 구를 산삭한 것과 정현이 아래 문구를 이 구에 소속시킨 것은 경문과 전문의 차서로써 구해보면 합치되는 점이 있습니다. 그러므로 의견을 달리할 수 없었습니다."

〈或問〉曰 "此謂知之至也 鄭本元隨此謂知本 繫於經文之後 而下屬誠意之前 程子則去其上句之複 而附此句於聽訟知本之章 以屬明德之上 是必皆有說矣 子獨何據以知其皆不盡然 而有所取舍於其間邪" 曰 "此無以他求爲也 考之經文 初無再論 知本 知至之云者 則知屬之經後者之不然矣 觀於聽訟之章 旣以知本結之 而其中間又無知至之說 則知再結聽訟者之不然矣 且其下文所屬明德之章 自當爲傳文之首 又安得以此而先之乎 故愚於此 皆有所不能無疑者 獨程子上句之所刪 鄭氏下文之所屬 則以經傳之次求之 而有合焉 是以不得而異也"

어떤 사람이 물었다. "그렇다면 그대는 무엇을 가지고 그 문구가 지지(知至)의 결어를 해석한 것이 되는 줄 알며, 또 그 위에 마땅히 궐문이 있다는 것을 안단 말입니까?" 나는 아래와 같이 답하였다.

"문장의 의미와 아래 문장으로 미루어보면 이 문구가 지지(知至)를 해석한 것임을 알 수 있습니다. 그리고 구법(句法)으로 미루어보면 그것이 결어가 됨을 알 수 있습니다. 또 전문의 예로 미루어보면 그 문장에 궐문이 있음을 알 수 있습니다."

〈或問〉日 "然則子何以知其爲釋知至之結語 而又知其上之當有闕文也"日 "以文義與下文推之 而知其釋知至也 以句法推之而知其爲結語也 以傳之例推之 而知其有闕文也"

어떤 사람이 물었다. "이 책 경문의 차서에서 성의(誠意) 이하는 그 의리가 분명하고 전문도 다 갖추어져 있는데, 유독 이른바 '격물치지'(格物致知)라고 한 대목에 대해서만은 자의(字義)가 분명치 못하며, 전문에도 궐문이 있습니다. 또한 격물치지는 최초로 노력을 기울이는 지점이 되는데, 다시 위 문장에서 찾을 만한 말의 실마리가 없습니다. 그대는 스스로 정자의 의도를 취해 보충했다고 말하였으니, 정자의 말씀은 무엇을 가지고 그것이 반드시 경문의 의미에 합치되는 것인 줄 아십니까? 그리고 그대의 말씀은 또한 정자의 설에서 모두 나오지 않은 듯하니, 어째서입니까?" 나는 아래와 같이 답하였다.

"어떤 사람이 정자(程子)에게 묻기를 '학문은 어찌하면 깨달음을 얻을 수 있습니까?'라고 하자 정자께서 답하였습니다. '학문은 치지(致知)보다 먼저 할 것이 없습니다. 능히 그 앎을 극진히 하면, 사려가 날로 더욱 밝아져서 오랜 시간이 지난 뒤에는 깨닫게 됩니다. 『서경』에 이른바 사려는 지혜를 말한다(思曰睿)[81]라고 하였으니, 예(睿)는 통명(通明)하다는 말입니다. 동자(董子)[82]가 이른바 부지런히 힘써 학문을 하면 견문

---

81) 사려는……말한다: 이 문구는 『서경』 「홍범」(洪範)에 보인다.

이 넓어져서 지혜가 더욱 밝아진다고 한 것이 바로 이를 말한 것입니다. 배워서 깨달음이 없다면 무엇 때문에 학문을 하겠습니까?'

또 어떤 사람이 물었습니다. '충신(忠信)은 힘쓸 만하지만 치지(致知)는 어려운 일이니, 어찌합니까?' 정자께서 답하였습니다. '성경(誠敬)은 참으로 힘쓰지 않아서는 안 됩니다. 그러나 천하의 이치를 먼저 알지 않고서 또한 힘써 그것을 실천하는 경우는 아직까지 없었습니다. 그러므로 『대학』의 공부 차서에 치지를 먼저 한 뒤에 성의를 말한 것이니, 그 단계를 뛰어넘을 수 없는 점이 있습니다. 만약 성인의 총명(聰明)과 예지(睿智)가 없으면서 힘을 써서 성인이 일을 행한 자취를 실천하려고 하면, 어찌 성인처럼 행동을 하고 주선을 하여 예에 적중하지 않음이 없을 수 있겠습니까? 이치를 밝히는 것이 분명해야 힘쓰기를 기다리지 않아도 저절로 기꺼이 이치를 따를 수 있습니다. 무릇 인성(人性)은 본래 선하지 않음이 없습니다. 이치를 따라 행하면 어려움이 없을 것입니다. 오직 앎을 지극히 하지 않고서 단지 힘으로 그 일을 하려고 하니, 이 때문에 그 어려움을 괴롭게 여기고 그 즐거움을 모르는 것입니다. 이치를 알아 지극히 하면 이치를 따르는 것이 즐거움이 되고, 이치를 따르지 않는 것이 즐겁지 않음이 됩니다. 어찌 괴로워하면서도 이치를 따르지 않아 나의 즐거움을 해치겠습니까? 예전에 호랑이가 사람을 상하게 했다는 사람을 본 적이 있습니다. 군중들은 그의 말을 듣지 않은 사람이 없었는데, 그중 한 사람만 정신과 안색이 유독 변하였습니다. 그 이유를 물어보았더니 일찍이 호랑이에게 상처를 입은 사람이었습니다. 호랑이가 사람을 상하게 할 수 있는 것을 사람이면 누가 모르겠습니까? 그러나 그 말을 듣고서 두려워하는 자도 있고 두려워하지 않는 자도 있었습니다. 앎에는 진

---

82) 동자(董子): 한나라 때 학자 동중서(董仲舒)를 가리킨다.

실함도 있고 진실하지 않음도 있습니다. 그러니 학자가 도를 알 때에는 반드시 이 사람이 호랑이를 아는 것처럼 한 뒤에야 지극하게 됩니다. 만약 불선을 행해서는 안 되는 줄을 알면서도 혹 그런 짓을 한다고 말한다면, 앎을 진실하게 하지 않은 것일 따름입니다.'

이 두 조목은 모두 격물치지는 먼저 해야 할 일이지 뒤에 해서는 안 된다는 의미를 말씀하신 것입니다.

어떤 사람이 또 묻기를 '진덕(進德)하고 수업(修業)하는 방법 중에서 어느 것을 먼저 해야 합니까?'라고 하자 정자께서 답하였습니다. '정심(正心)·성의(誠意)보다 먼저 할 것이 없습니다. 그러나 성의하고자 하면 반드시 치지(致知)를 먼저 해야 합니다. 그리고 치지하고자 하는 것은 또한 격물(格物)에 달렸습니다. 치(致)는 극진히 한다는 뜻이고, 격(格)은 이른다는 뜻입니다. 무릇 하나의 사물이 있으면 반드시 하나의 이치가 있습니다. 그것을 궁구하여 지극히 하는 것이 이른바 격물이라는 것입니다. 그러나 격물 또한 한 가지 단서가 아닙니다. 독서하면서 도의(道義)를 강론해 밝히기도 하고, 고금의 인물을 논하면서 그 시비를 분별하기도 하고, 사물에 응하고 접하면서 그 타당성 여부를 처단하기도 하는 것, 이런 것들이 모두 궁리(窮理)입니다.'"

〈或問〉曰 "此經之序 自誠意以下 其義明 而傳悉矣 獨其所謂格物致知者 字義不明 而傳復闕焉 且爲最初用力之地 而無復上文語緒之可尋也 子乃自謂取程子之意以補之 則程子之言 何以見其必合於經意 而子之言 又似不盡出於程子 何邪" 曰 "或問於程子曰 學何爲而可以有覺也 程子曰 學莫先於致知 能致其知 則思日益明 至於久而後有覺爾 書所謂思日睿 睿作聖 董子所謂勉强學問 則聞見博而智益明 正謂此也 學而無覺 則亦何以學爲也哉 或問 忠信則可勉矣 而致知爲難 奈何 程子曰 誠敬

固不可以不勉 然天下之理不先知之 亦未有能勉以行之者也 故
大學之序 先致知 而後誠意 其等有不可躐者 苟無聖人之聰明睿
知 而徒欲勉焉 以踐其行事之迹 則亦安能如彼之動容周旋 無不
中禮也哉 惟其燭理之明 乃能不待勉彊 而自樂循理爾 夫人之性
本無不善 循理而行 宜無難者 惟其知之不至 而但欲以力爲之
是以 苦其難而不知其樂耳 知之而至 則循理爲樂 不循理爲不樂
何苦而不循理以害吾樂耶 昔嘗見有談虎傷人者 衆莫不聞 而其
間一人 神色獨變 問其所以 乃嘗傷於虎者也 夫虎能傷人 人孰
不知 然聞之有懼有不懼者 知之有眞有不眞也 學者之知道 必如
此人之知虎 然後爲至耳 若曰知不善之不可爲 而猶或爲之 則
亦未嘗眞知而已矣 此兩條者 皆言格物致知 所以當先而不可後
之意也 又有問 進修之術 何先者 程子曰 莫先於正心誠意 然欲
誠意 必先致知 而欲致知 又在格物 致 盡也 格 至也 凡有一物
必有一理 窮而至之 所謂格物者也 然而格物亦非一端 如或讀書
講明道義 或論古今人物而別其是非 或應接事物而處其當否 皆
窮理也"

어떤 사람이 물었다. "격물(格物)은 반드시 사물마다 그 극처에 이르러야 하는 것입니까? 한 사물의 극처에 이르는 데 그치더라도 온갖 이치를 다 통달할 수 있는 것입니까?" 나는 아래와 같이 답하였다.

"한 차례 사물의 이치가 이르러 온갖 이치에 통달하는 것은 안자(顔子)[83] 같은 분이라도 그런 데 이르지 못합니다. 오직 오늘 한 사물의 이치에 이르고, 내일 또 한 사물의 이치에 이르러 오래도록 익숙히 한 것

---

83) 안자(顔子): 공자의 제자 안회(顔回)를 가리킨다.

이 많은 뒤에야 훌쩍 벗어나서 온갖 이치를 관통하는 곳이 있게 될 것입니다."

또 답하였다. "이 한 몸으로부터 만물의 이치에 이르기까지 이해함이 많으면, 저절로 환하게 깨닫는 곳이 있을 것입니다."

또 답하였다. "궁리는 반드시 천하의 이치를 다 궁구함을 말하는 것이 아니며, 또 단지 하나의 이치를 궁구해 얻으면 바로 온 세상의 이치에 도달함을 말하는 것도 아닙니다. 다만 궁리를 축적한 것이 많은 뒤에 저절로 훌쩍 벗어나서 깨닫는 곳이 있게 될 것입니다."

또 답하였다. "격물은 천하의 사물을 모두 궁구하고자 하는 것이 아닙니다. 다만 한 가지 일 위에서 지극한 이치를 궁구하면 그 나머지는 유추할 수 있습니다. 효(孝)를 말하는 데 이르면 효도를 하는 이유가 무엇인가를 궁구해야 합니다. 만약 한 가지 일 위에서 그 이치를 궁구하여 얻지 못하면 별도로 다른 한 가지 일을 궁구해야 합니다. 어떤 사람은 궁구하기 쉬운 것을 먼저 궁구하고, 어떤 사람은 궁구하기 어려운 것을 먼저 궁구하는데, 이는 각기 그 사람 자질의 깊고 얕은 점을 따르는 것입니다. 비유하자면 천만 갈래의 길이 모두 수도로 갈 수 있는데 하나의 길을 택해 수도로 들어가니, 유추하여 그 나머지 길도 모두 통달할 수 있는 것과 같습니다. 대개 만물은 각기 하나의 이치를 갖추고 있는데, 온갖 이치는 동일하게 하나의 근원에서 나옵니다. 이것이 유추할 수 있어서 통하지 않음이 없는 이유입니다."

또 답하였다. "만물은 반드시 이치가 있으니, 모두 궁구해야 할 것들입니다. 만약 하늘과 땅이 높고 깊은 이유, 귀신이 보이지 않기도 하고 나타나기도 하는 이유와 같은 것들이 그것입니다. 만약 하늘에 대해 '나는 그 높은 것을 알 따름이다'라고 하고, 땅에 대해 '나는 그 깊은 것을 알 따름이다'라고 하며, 귀신에 대해 '나는 그 보이지 않기도 하고 나타나기도 하는 것을 알 따름이다'라고 말한다면 이는 이미 그러한 것을 말하는 것이니, 또한 어찌 이치를 궁구할 수 있겠습니까?"

또 답하였다. "효도를 하려고 하면 마땅히 효도를 행하는 바의 도리가 어떠한 것인지와 봉양을 하는 바의 마땅함이 어떠한 것인지를 알아서 따뜻하게 해드리고 시원하게 해드리는 바의 절도를 궁구하지 않음이 없은 뒤에야 효도를 능히 행할 수 있게 됩니다. 그러니 홀로 저 효(孝)라는 한 글자를 지킨다고 하여 효도를 행할 수 있는 것은 아닙니다."

〈或問〉曰 "格物者 必物物而格之耶 將止格一物 而萬理皆通耶" 曰 "一物格而萬理通 雖顔子 亦未至此 惟今日而格一物焉 明日又格一物焉 積習旣多 然後脫然有貫通處耳"

又曰 "自一身之中 以至萬物之理 理會得多 自當豁然有箇覺處"

又曰 "窮理者 非謂必盡窮天下之理 又非謂止窮得一理便到 但積累多後 自當脫然有悟處"

又曰 "格物 非欲盡窮天下之物 但於一事上窮盡 其他 可以類推 至於言孝 則當求其所以爲孝者如何 若一事上 窮不得 且別窮一事 或先其易者 或先其難者 各隨人淺深 譬如千蹊萬徑 皆可以適國 但得一道而入 則可以推類而通其餘矣 蓋萬物各具一理 而萬理同出一原 此所以可推而無不通也"

又曰 "物必有理 皆所當窮 若天地之所以高深 鬼神之所以幽顯 是也 若曰 天 吾知其高而已矣 地 吾知其深而已矣 鬼神 吾知其幽且顯而已矣 則是已然之詞 又何理之可窮哉"

又曰 "如欲爲孝 則當知所以爲孝之道如何 而爲奉養之宜如何 而爲溫淸之節 莫不窮究 然後能之 非獨守夫孝之一字而可得也"

어떤 사람이 물었다. "사물을 관찰하고 나를 성찰하는 것이 어찌 사물을 보는 것을 인하여 돌이켜 나에게서 그 점을 구하는 것이 아니겠습니까?" 나는 아래와 같이 답하였다.

"반드시 그렇지는 않습니다. 사물과 나는 이치를 하나로 합니다. 사물의 이치를 밝히자마자 곧바로 내 마음을 깨닫게 되니, 이것이 안과 밖을 합하는 도리입니다. 그 큰 점을 말하면 하늘이 높고 땅이 두터운 까닭일 것이고, 그 작은 점을 말하면 한 가지 사물의 소이연(所以然)에 이를 것이니, 이는 모두 학자들이 사유를 극진히 해야 할 바입니다."

〈或問〉"觀物察己者 豈因見物而反求諸己乎" 曰 "不必然也 物我一理 纔明彼 卽曉此 此合內外之道也 語其大 天地之所以 高厚 語其小 至一物之所以然 皆學者所宜致思也"

어떤 사람이 물었다. "그렇다면 먼저 사단(四端)을 구하는 것이 옳습니까?" 나는 아래와 같이 답하였다.

"성정(性情)에서 구하는 것은 참으로 몸에 절실합니다. 그러나 하나의 초목에도 모두 이치가 있으니, 그것을 살피지 않아서는 안 됩니다."

또 답하였다. "치지(致知)의 요점은 마땅히 지선(至善)의 소재를 아는 것입니다. 예컨대 아비는 자(慈)에 이르러 머물고, 자식은 효(孝)에 이르러 머무는 유형과 같습니다. 만약 이 점을 힘쓰지 않고 단지 범범하게 만물의 이치를 관찰하고자 하면 마치 대군의 유격대 기병(騎兵)이 너무 먼 곳으로 나가 돌아올 바가 없는 것과 같을까 염려스럽습니다."

또 답하였다. "격물은 자신에게서 그 이치를 살피는 것만 한 것이 없으니, 그 이치를 터득하는 것이 더욱 절실합니다. 이 아홉 조항[84]은 모두

---

84) 아홉 조항: 앞에서 격물치지에 대해 언급한 아홉 가지 조항을 가리킨다.

격물치지에서 마땅히 힘을 써야 할 지점과 그 차례의 공정(工程)을 말한 것입니다."

또 답하였다. "사물에 나아가 이치를 궁구하되, 성의를 세우고 그 이치를 궁구해야 합니다. 이치를 궁구하는 것이 더디고 빠른 것은 그 사람의 자질이 밝은가 어두운가에 달렸습니다."

또 답하였다. "도에 들어가는 데에는 경(敬)만 한 것이 없습니다. 능히 치지를 하면서도 마음을 공경에 두지 않는 경우는 아직까지 없습니다."

또 답하였다. "심성을 함양(涵養)할 적에는 경(敬)을 써야 하고, 학문에 나아가는 것은 치지에 달렸습니다."

또 답하였다. "치지는 앎을 기르는 데 달렸으며, 앎을 기르는 데에는 과욕(寡欲)보다 더 나은 것이 없습니다."

또 답하였다. "격물은 도로 나아가는 첫걸음입니다. 격물하기를 생각하면 이미 도에 가까워진 것입니다. 이는 어째서일까요? 그 마음을 수렴하여 방심하지 않게 하기 때문입니다. 이 다섯 조항은 또 본원을 함양하는 공부를 말한 것이니, 격물치지의 근본이 되는 것입니다. 무릇 정자(程子)가 설을 편 것이 이와 같은 데 불과합니다. 정자께서 격물치지의 전문에 대해 상세히 말씀하셨으니, 지금 그 의리를 찾아보면 의심할 만한 것이 없으며, 그 자의(字義)를 고찰해 보아도 모두 근거가 있습니다. 다른 책으로 논하자면 『주역』「문언」(文言)에 이른바 '학취문변'(學聚問辨)[85]과 『중용』에 이른바 '명선택선'(明善擇善)[86] 그리고 『맹자』에 이른바 '지성지천'(知性知天)[87]은 모두 굳게 지키고 힘써 행하는 것의 앞

---

85) 학취문변(學聚問辨): 『주역』 건괘(乾卦) 문언(文言)의 '學以聚之 問以辨之'를 말한다. '배워서 지식을 모으고 물어서 앎을 분변한다'는 뜻이다.
86) 명선택선(明善擇善): 『중용장구』 제20장에 보이는 '명호선'(明乎善)과 '택선'(擇善)을 말한다. '선을 밝히고' '선을 택한다'는 뜻이다.

에 있으니,『대학』에서 처음 가르칠 때의 공부가 이 격물치지에 달렸음을 징험할 수 있습니다. 내 일찍이 반복해서 이 점을 고찰해 보았는데, 그것이 반드시 그러하다는 점을 확신할 수 있었습니다. 그러므로 삼가 그 의도를 취하여 전문의 빠진 부분을 보충한 것입니다. 그렇지 않다면 어찌 감히 옳지 못한 죄를 범하고 증거 없는 말을 만들어서 성인의 경문과 현인의 전문 사이에 스스로 끼워넣는 일을 하겠습니까?"

〈或問〉曰 "然則先求之四端 可乎" 曰 "求之情性 固切於身 然一草一木 亦皆有理 不可不察"

又曰 "致知之要 當知至善之所在 如父止於慈 子止於孝之類 若不務此 而徒欲汎然以觀萬物之理 則吾恐其如大軍之遊騎出太遠而無所歸也"

又曰 "格物 莫若察之於身 其得之尤切 此九條者 皆言格物致知所當用力之地 與其次第工程也"

又曰 "格物窮理 但立誠意以格之 其遲速 則在乎人之明暗耳"

又曰 "入道莫如敬 未有能致知而不在敬者"

又曰 "涵養須用敬 進學則在致知"

又曰 "致知 在乎所養 養知 莫過於寡欲"

又曰 "格物者 適道之始 思欲格物 則固已近道矣 是何也 以收其心而不放也 此五條者 又言涵養本原之功 所以爲格物致知之本者也 凡程子之爲說者 不過如此 其於格物致知之傳詳矣 今也尋其義理 既無可疑 考其字義 亦皆有據 至以他書論之 則文

87) 지성지천(知性知天):『맹자집주』「진심 상」에 보이는 "盡其心者 知其性也 知其性 則知天矣"라고 한 것을 말한다. '인간의 본성을 알고' '하늘의 이치를 안다'는 뜻이다.

言所謂學聚問辨 中庸所謂明善擇善 孟子所謂知性知天 又皆在
乎固守力行之先 而可以驗夫大學始教之功爲有在乎此也 愚嘗
反覆考之 而有以信其必然 是以竊取其意 以補傳文之缺 不然
則又安敢犯不韙之罪 爲無證之言 以自託於聖經賢傳之間乎"

어떤 사람이 물었다. "그렇다면 그대의 설을 다 들을 수 있겠습니까?"
나는 아래와 같이 답하였다.

"들건대 천도(天道)가 유행하여 조화(造化)가 만물을 발육하는데, 소
리·색깔·모양·형상을 가지고 천지간에 가득 한 것을 모두 물(物)이라
고 합니다. 이 물이 있으면 그 물이 되는 까닭은 각기 당연한 법칙이 있
어서 스스로 그칠 수 없습니다. 이는 모두 하늘이 부여한 것을 얻은 것으
로 사람이 능히 할 수 있는 바가 아닙니다. 지금 그중에 지극히 절실하고
가까운 것으로 말하면 마음(心)이라는 것은 실로 몸(身)을 주재하는 것
인데, 그 본체에는 인·의·예·지·신의 성(性)이 있으며, 그 작용에는 측
은지심·수오지심·공경지심·시비지심의 정(情)이 있습니다. 이 성과
정은 한 덩어리로 마음속에 있다가 느낌을 따라 응하는데, 각기 주재하
는 바가 있어서 혼란스럽지 않습니다. 그 다음 몸에 갖추어진 것을 언급
하면 입·코·귀·눈·사지의 작용이 있으며, 다음 몸이 접촉하는 것을 언
급하면 군신 관계, 부자 관계, 부부 관계, 장유(長幼) 관계, 붕우 관계의
떳떳한 도리가 있습니다. 이 모두 당연한 법칙을 반드시 가지고 있어서
스스로 그칠 수 없으니, 이른바 이(理)라는 것입니다.

내 몸 밖으로 사람을 언급하면 사람의 이치는 나와 다르지 않습니다.
더 멀리 만물을 언급하면 만물의 이치도 사람과 다르지 않습니다. 그 큰
점을 극대화하면 천지의 운수와 고금의 사변이 이를 벗어나지 않습니
다. 그런데 그 작은 점을 극진히 말하면 티끌 하나의 미세함과 숨을 한

번 쉬는 경각도 빠뜨릴 수 없습니다. 이것이 바로 상제가 내려준 충심(衷心)이며, 모든 사람들이 간직하고 있는 떳떳한 인륜입니다. 이는 유자(劉子)가 이른바 '사람은 천지의 중간을 받아 태어난다'라고 한 것이고,[88] 공자께서 이른바 '성(性)과 천도(天道)'라고 하신 것이며,[89] 자사(子思)가 이른바 '하늘이 명한 것을 성(性)이라 한다'고 한 것이고,[90] 맹자가 이른바 '인의(仁義)의 마음'이라고 한 것이며,[91] 정자(程子)가 이른바 '천연의 저절로 있는 중도(中道)'라고 한 것이고,[92] 장자(張子)가 이른바 '만물의 일원(一源)'이라고 한 것이며,[93] 소자(邵子)가 이른바 '도의 형체(形體)'라고 한 것입니다.[94]

---

88) 유자(劉子)가……것이며: 유자(劉子)는 『춘추좌씨전』 성공(成公) 13년조에 보이는 유강공(劉康公)으로, 유(劉)는 식읍의 명칭이고, 강(康)은 시호이다. 주나라 천자의 후손으로 알려져 있다. 『춘추좌씨전』 성공 13년조에 "劉子曰 吾聞之 民受天地之中 以生 所謂命也"라는 말이 있다.

89) 공자(孔子)께서……것이며: 이 내용은 『논어』 「공야장」에 "夫子之言性與天道 不可得而聞也"라고 한 것을 가리킨다.

90) 자사(子思)가……것이며: 자사(子思)는 『중용』을 지은 공자의 손자 공급(孔伋)의 자이다. '천명지성'(天命之性)은 『중용장구』 제1장에 보이는 '천명지위성'(天命之謂性)을 가리킨다.

91) 맹자가……것이며: 『맹자』에는 인의(仁義)를 언급한 것이 여러 군데 보이는데, '인의지심'(仁義之心)이라고 말한 것은 「고자 상」에 보인다.

92) 정자(程子)가……것이며: '천연자유지중'(天然自有之中)은 주자가 정자의 말을 간추려 언급한 것으로, 『주자어류』 등에 보인다. 이 말은 『맹자집주』 「진심상」 제25장 '자막집중'(子莫執中)을 해석한 주자의 주에 인용한 정자의 말에 "中不可執也 識得則事事物物 皆有自然之中"이라고 한 것을 주자가 다시 간추려 말한 것이다.

93) 장자(張子)가……것이며: 장자(張子)는 북송 때 학자 장재(張載)를 말한다. 장재가 "성(性)은 만물의 하나의 근원이다."라고 한 말은 그의 『정몽』(正蒙) 「성명」(誠明)에 보인다.

94) 소자(邵子)가……것입니다: 소자(邵子)는 북송 때 학자 소옹(邵雍)을 말한다. "성(性)은 도의 형체이다"라고 한 말은 그의 『격양집』(擊壤集) 서문에 보인다.

다만 그 기질(氣質)에 청탁(淸濁)·편정(偏正)의 다름이 있고, 물욕(物欲)에 심천(深淺)·후박(厚薄)의 다름이 있습니다. 그러므로 사람이 다른 생명체에 대해서, 현인이 어리석은 사람에 대해서 서로 현격하게 차이가 나 같을 수 없을 따름입니다. 그 이치가 같기 때문에 한 사람의 마음으로 천하 만물의 이치에 대해 알지 못함이 없으며, 그 품부받은 기질이 다르기 때문에 그 이치에 대해 혹 궁구할 수 없는 점이 있는 것입니다. 이치에 미처 궁구하지 못한 것이 있기 때문에 그의 앎에 극진하지 않은 점이 있는 것입니다. 앎에 극진하지 않은 점이 있으면 그의 마음이 발하는 바가 반드시 의리에 순응하여 물욕의 사사로움과 뒤섞이지 않을 수 없는 것입니다. 이것이 마음속에 싹튼 생각이 선으로 가득 차지 않음이 있는 것이며, 마음에 바르지 못한 점이 있는 것이고, 몸에 닦이지 않는 점이 있어서 천하와 국가가 다스려질 수 없는 까닭입니다.

옛날 성인들은 대체로 이를 우려함이 있었습니다. 그러므로 그들을 처음 가르칠 때에 소학(小學) 과정[95]을 개설하여 그들로 하여금 성경(誠敬)을 익히게 하였으니, 방심을 거두어들여 덕성을 가르는 것이 이미 어느 곳인들 지극하지 않음이 없었습니다. 그들이 태학(太學)에 진학하면 또 그들로 하여금 사물에 나아가 이미 알고 있는 이치를 인하여 미루어 궁구해서 각기 그 지극한 이치에 도달하게 하였으니, 나의 지식이 또한 두루 넓어지고 정밀하고 절실해져서 극진하지 않음이 없게 되었습니다.

그 노력을 기울이는 방법으로는 드러난 일이나 행위에서 고찰하기도 하고, 사려의 은미한 점을 살피기도 하며, 문자 속에서 찾기도 하고, 강론할 때에 탐색하기도 합니다. 그리하여 그들로 하여금 심신(心身)의 성

---

95) 소학(小學) 과정: 예악사어서수(禮樂射御書數)와 쇄소응대진퇴지절(灑掃應對進退之節)을 말한다.

정(性情)의 덕 및 인륜의 일상생활에서의 떳떳한 도리부터 천지·귀신의 변화와 초목·금수의 마땅함에 이르기까지 저절로 그 한 사물 속에서 그것의 소당연(所當然)으로서 그만둘 수 없는 점과 그것의 소이연(所以然)으로서 바꿀 수 없는 점을 살필 수 있게 하였습니다. 반드시 그 표리(表裏)·정조(精粗)가 어느 것인들 극진하지 않음이 없으며, 다시 그 유형을 더욱 미루어 통달하여 어느 날 훌쩍 벗어나 관통하는 경지에 이르면 천하의 사물에 대해 모두 그 정밀하고 은미한 의리의 지극한 점을 궁구함이 있게 될 것이며, 나의 총명(聰明)과 예지(睿智)에도 모두 그 마음의 본체를 지극히 하여 극진하지 않음이 없을 것입니다. 이 점이 바로 내가 이 격물치지전의 궐문의 의미를 보충한 이유입니다. 비록 정자의 말씀을 다 쓸 수는 없었지만, 그 지취(指趣)와 요점은 합치되지 않는 것이 드뭅니다. 독자들은 또한 이 점을 깊이 고찰하여 실제로 알아야 할 것입니다."

〈或問〉曰 "然則吾子之意 亦可得而悉聞之乎" 曰 "吾聞之也 天道流行 造化發育 凡有聲色貌象而盈於天地之間者 皆物也 旣有是物 則其所以爲是物者 莫不各有當然之則 而自不容已 是皆得於天之所賦而非人之所能爲也 今且以其至切而近者言之 則心之爲物 實主於身 其體則有仁義禮智之性 其用則有惻隱羞惡恭敬是非之情 渾然在中 隨感而應 各有攸主而不可亂也 次而及於身之所具 則有口鼻耳目四肢之用 又次而及於身之所接 則有君臣父子夫婦長幼朋友之常 是皆必有當然之則 而自不容已 所謂理也 外而至於人 則人之理 不異於己也 遠而至於物 則物之理 不異於人也 極其大 則天地之運 古今之變 不能外也 盡於小 則一塵之微 一息之頃 不能遺也 是乃上帝所降之衷 烝民所秉之彝 劉子所謂天地之中 夫子所謂性與天道 子思所謂天命之性

孟子所謂仁義之心 程子所謂天然自有之中 張子所謂萬物之一
原 邵子所謂道之形體者 但其氣質有淸濁偏正之殊 物欲有淺深
厚薄之異 是以 人之與物 賢之與愚 相與懸絶而不能同耳 以其
理之同 故以一人之心 而於天下萬物之理 無不能知 以其稟之異
故於其理或有所不能窮也 理有未窮 故其知有不盡 知有不盡 則
其心之所發 必不能純於義理而無雜乎物欲之私 此其所以意有
不誠 心有不正 身有不修 而天下國家不可得而治也 昔者 聖人
蓋有憂之 是以 於其始敎 爲之小學 而使之習於誠敬 則所以收
其放心 養其德性者 已無所不用其至矣 及其進乎大學 則又使之
卽夫事物之中 因其所知之理 推而究之以各到乎其極 則吾之知
識亦得以周遍精切而無不盡也 若其用力之方 則或考之事爲之
著 或察之念慮之微 或求之文字之中 或索之講論之際 使於身心
性情之德 人倫日用之常 以至天地鬼神之變 鳥獸草木之宜 自其
一物之中 莫不有以見其所當然而不容已 與其所以然而不可易
者 必其表裏精粗 無所不盡 而又益推其類以通之 至於一日脫然
而貫通焉 則於天下之物 皆有以究其義理精微之所極 而吾之聰
明睿智 亦皆有以極其心之本體而無不盡矣 此愚之所以補乎本
傳闕文之意 雖不能盡用程子之言 然其指趣要歸 則不合者 鮮矣
讀者其亦深考而實識之哉"

　어떤 사람이 물었다. "그렇다면 그대의 학문은 마음에서 구하는 것이
아니라 자취에서 구하는 것이며, 안에서 구하는 것이 아니라 밖에서 구
하는 것입니다. 나는 성현의 학문이 이와 같이 얕고 근사하며 지리하지
않을 것이라 생각합니다." 나는 아래와 같이 답하였다.
　"사람이 학문을 하는 것은 마음과 이치일 뿐입니다. 마음이 비록 일신

(一身)을 주재하지만 그 본체의 허령(虛靈)함은 천하의 이치를 충분히 관장할 수 있습니다. 이치가 비록 만물에 흩어져 있지만 그 작용의 미묘함은 실로 한 사람의 마음에서 벗어나지 않습니다. 이는 애초 내외(內外)와 정조(精粗)로 논할 수 없습니다. 그러나 이 마음의 신령스러움을 알지 못하여 그것을 보존할 줄 모르면 혼매해져서 물욕과 뒤섞여 흔들려서 모든 이치의 미묘함을 궁구할 방법이 없게 됩니다. 모든 이치의 미묘함을 알지 못하여 그것을 궁구할 방법이 없으면 편협하고 고집스러워 이 마음의 온전함을 극진히 할 방법이 없게 됩니다. 이것이 이치와 사세(事勢)를 서로 필요로 하는 것이니, 대체로 반드시 그러한 점이 있습니다.

그러므로 성인이 교육과정을 개설할 때에 사람들로 하여금 이 마음의 신령스러움을 묵묵히 알아 단정하고 장엄하고 고요하고 전일한 상태에서 보존하여 궁리(窮理)의 근본으로 삼게 한 것입니다. 또 사람들로 하여금 모든 이치의 미묘함이 있는 것을 알아 널리 배우고 자세히 캐묻고 신중히 생각하고 명확히 분변할 때에 그 점을 궁구하여 마음을 다하는 공부를 극진히 하게 한 것입니다. 크고 작은 이치를 상호 함양하고, 움직이거나 고요할 때에 번갈아 함양하니, 애초 내외와 정조를 선택함이 있지 않았습니다. 진실되게 축적하고 오랫동안 노력하여 어느 날 환히 꿰뚫어 앎에 이르면 또한 그 이치가 하나로 일치함을 알 수 있을 것이니, 과연 내외와 정조를 말할 만한 점이 없는 것입니다.

지금 군이 이를 천근하고 지리하다고 여겨 별도로 일종의 그윽하고 황홀하고 어렵고 험한 의논을 하며 힘써 학자들로 하여금 노망하게 문자·언어의 밖에 마음을 두게 하면서 '도는 반드시 이와 같이 한 뒤에야 터득할 수 있다'라고 말한다면, 이는 근세 불교에서 치우치고 넘치고 사악하고 회피하는 말을 하는 허물일 것입니다. 학자들로 하여금 그런 데로

240

옮아가게 하여 옛사람들의 명덕·신민의 실학(實學)을 어지럽히는 것은 또한 잘못입니다."

〈或問〉日 "然則子之爲學 不求諸心而求諸迹 不求之內而求之外 吾恐聖賢之學不如是之淺近而支離也" 日 "人之所以爲學 心與理而已矣 心雖主乎一身 而其體之虛靈 足以管乎天下之理 理雖散在萬物 而其用之微妙 實不外一人之心 初不可以內外精粗而論也 然或不知此心之靈而無以存之 則昏昧雜擾 而無以窮衆理之妙 不知衆理之妙 而無以窮之 則偏狹固滯 而無以盡此心之全 此其理勢之相須 蓋亦有必然者 是以 聖人設教 使人默識此心之靈 而存之於端莊靜一之中 以爲窮理之本 使人知有衆理之妙 而窮之於學問思辨之際 以致盡心之功 巨細相涵 動靜交養初未嘗有內外精粗之擇 及其眞積力久 而豁然貫通焉 則亦有以知其渾然一致 而果無內外精粗之可言矣 今必以是爲淺近支離而欲藏形匿影 別爲一種幽深恍惚艱難阻絶之論 務使學者 莽然措其心於文字言語之外 而日道必如此 然後可以得之 則是近世佛學誑淫邪遁之尤者 而欲移之 以亂古人明德新民之實學 其亦誤矣"

어떤 사람이 물었다. "근세의 대유(大儒)로서 격물치지(格物致知)를 해석한 어떤 분은 '격(格)은 한(扞)과 같으니 막는다는 뜻이다. 능히 외물을 막은 뒤에야 지극한 도를 알 수 있다'[96]라고 하였습니다. 또 그 설을 유추한 어떤 분은 '사람은 태어나면서 고요하니, 그 본성은 본래 불선

---

96) 격(格)은……있다: 이는 북송 초의 사마광(司馬光)이 격물치지(格物致知)를 해석한 설이다.

이 없다. 그런데 불선한 짓을 함이 있는 것은 외물이 그의 마음을 유혹하기 때문이다. 이른바 물욕을 막아서 그 앎을 극진히 한다는 말은 또한 외물의 유혹을 막고 제거하면 본연의 선이 저절로 밝아진다는 것을 말한 것이다'[97]라고 하였습니다. 이런 설로 격물치지를 해석하는 것 또한 좋지 않습니까?" 나는 아래와 같이 답하였다.

"하늘이 인류를 태어나게 함에 사물이 있으면 법칙이 있게 하였으니, 만물이 도에 대해서는 참으로 처음부터 서로 분리되지 않는 것입니다. 그런데 지금 '외물을 막은 뒤에 지극한 도를 알 수 있다'라고 말한다면, 이는 부자의 관계를 끊은 뒤에야 효(孝)와 자(慈)를 알 수 있는 것이며, 군신의 관계를 벗어난 뒤에야 인(仁)과 경(敬)을 알 수 있을 것입니다. 이 어찌 이런 이치가 있겠습니까? '이른바 외물이라는 것은 불선으로 유혹하는 것일 뿐이니, 군신과 부자의 관계를 지적해 말하는 것은 아니다' 라고 말한다면 외물이 사람을 유혹하는 것으로는 음식에 대한 식욕과 남녀에 대한 성욕보다 더한 것이 없을 것입니다. 그러나 그 근본을 유추하면 참으로 사람이 당연히 가지고 있는 바로서 없을 수 없는 것 아닌 것이 없습니다.

다만 그 사이에는 절로 천리(天理)와 인욕(人欲)의 분변이 있어서 털끝만큼도 차이가 날 수 없습니다. 오직 이 사물이 있는 것만을 알고서 내가 그 사이에서 행하는 것에 어느 것이 천리이고 어느 것이 인욕인지를 살피지 않아, 그 때문에 극기복례(克己復禮)의 공부를 극진히 할 수 없어서 사물이 바깥에서 유혹하는 것이 천리의 본연을 빼앗는 것입니다. 한결같이 사물에 나아가 그 근원을 궁구하지 않고서 단지 사물이 나를 유혹하는 것만 미워하여 일체 외물을 막아 제거하려 하면, 이는 반드시

---

97) 사람은……것이다: 이는 송나라 때 사람 공주한(孔周翰)의 설이다.

입을 다물고 뱃속을 텅 비게 한 뒤에야 음식에 대한 바른 도리를 얻을 수 있을 것이며, 인류의 종적을 끊어지게 한 뒤에야 부부의 분별을 온전히 할 수 있을 것입니다. 비록 임금을 무시하고 아비를 무시하는 오랑캐의 가르침일지라도 그 설을 능히 채울 수 없는 점이 있을 것인데, 하물며 대중지정(大中至正)한 성인의 도인데 이런 설로 그것을 어지럽힐 수 있겠습니까?"

〈或問〉曰 "近世大儒 有爲格物致知之說者 曰格 猶扞也 禦也 能扞禦外物而後 能知至道也 又有推其說者 曰人生而靜 其性本無不善 而有爲不善者 外物誘之也 所謂格物以致其知者 亦曰扞去外物之誘 而本然之善 自明耳 是其爲說 不亦善乎" 曰 "天生烝民 有物有則 則物之與道 固未始相離也 今曰禦外物而後 可以知至道 則是絶父子而後 可以知孝慈 離君臣而後 可以知仁敬也 是安有此理哉 若曰所謂外物者 不善之誘耳 非指君臣父子而言也 則夫外物之誘人 莫甚於飮食男女之欲 然推其本 則固亦莫非人之所當有而不能無者也 但於其間 自有天理人欲之辨 而不可以毫釐差耳 惟其徒有是物而不能察於吾之所以行乎其間者孰爲天理 孰爲人欲 是以無以致其克復之功 而物之誘於外者 得以奪乎天理之本然也 一不卽物以窮其原 而徒惡物之誘乎己 乃欲一切扞而去之 則是必閉口枵腹 然後可以得飮食之正 絶滅種類然後 可以全夫婦之別也 是雖裔戎無君無父之敎 有不能充其說者 況乎聖人大中至正之道 而得以此亂之哉"

어떤 사람이 물었다. "정자(程子)로부터 격물(格物)을 궁리(窮理)로 여겨 학자들이 그 설을 전해 문자로 드러낸 것이 많습니다. 그대의 이 설도 그런 스승의 설을 발휘함이 있어서 후학들에게 도움이 되는 것입니까?" 나는 아래와 같이 답하였다.

"정자의 설은 나에게 절실하면서도 사물을 빠뜨리지 않고, 행사(行事)의 실제에 근본하였으면서도 문자의 공부를 폐하지 않으며, 큰 점을 극대화하면서도 작은 점을 소략하게 하지 않고, 정밀한 점을 궁구하면서도 거친 점을 소홀히 하지 않았으니, 학자들이 이에 따라 힘쓴다면 박학만을 힘써 지리한 데로 빠지지 않을 것이고, 간략한 데로만 나아가 광망(狂妄)한 데로 흐르지 않을 것입니다. 이미 점진적으로 쌓아나가는 공부를 버리지 않으면, 그 이른바 '어느 날 환히 꿰뚫어 알게 된다'라는 경지도 견문이나 사려로 미칠 수 있는 바가 아닐 것입니다. 이것이 경문을 해설한 의도와 덕으로 들어가는 방법에 있어서 반복해서 상세히 갖추어놓아 발명하기를 기다림이 없는 것이라고 말할 수 있습니다.

정자의 문인들과 같은 경우, 비록 '그들 스승의 설을 조술(祖述)했다'라고 하지만, 나의 소견으로 보면 모두 이런 정자의 설에 미칠 수 있는 것이 아닙니다.

대개 '반드시 만물의 이치를 궁구하여 일원(一源)에서 함께 나오는 것으로 격물(格物)을 삼고, 만물이 하나의 이치에서 함께 나오는 것을 아는 것으로 지지(知至)를 삼아야 하니, 내외의 도를 합하면 천인(天人)과 물아(物我)가 하나가 되고, 주야(晝夜)의 도리를 통달하면 사생(死生)과 유명(幽明)이 하나가 되고, 애락호오(哀樂好惡)의 정에 통달하면 사람과 조수(鳥獸)·어별(魚鼈)이 하나가 되고, 굽히고 펴지며 소멸하고 생장하는 변화를 구하면 천지(天地)와 산천(山川)이 하나가 된다'[98]라고 한 설은 그럴 듯합니다.

그러나 반드시 만물의 이치를 궁구하려고 하면서 오로지 외물을 지적

---

98) 반드시……된다: 이는 정자의 문인 여대림(呂大臨)의 설이다.

하면 나에게 있는 이치에 대해서는 밝지 못한 점이 있게 되며, 단지 만물의 비슷한 유형의 같은 점만 구하고 한 사물의 성정(性情)에 대한 다른 점을 궁구하지 않으면 이치에 정밀하고 은미한 점에 대해서는 살피지 못함이 있을 것입니다. 그의 설은 다른 점을 궁구하려고 하지 않아 위의 네 가지 다른 점이 있음을 면치 못하였으며, 반드시 같은 점을 궁구하려 하여 일원(一源)의 같은 점을 지극히 하지 못하였으니, 단지 견강부회하는 수고로움만 있지 관통하는 미묘함은 보이지 않습니다. 그러니 그 설이 정자의 설에 비해 어떠하겠습니까?

정자의 문인의 설에 '궁리는 단지 옳은 곳을 찾는 것일 뿐이다. 그러나 반드시 서(恕)로 근본을 삼아야 하고, 또한 큰 점을 먼저 해야 하니, 한 곳의 이치가 통하면 만나는 곳마다 모두 통하게 될 것이다'[99]라는 말이 있습니다.

그 설에 '옳은 곳을 찾는다'라고 한 것은 옳지만, '서(恕)로 근본을 삼는다'라고 말한 것은 인(仁)을 구하는 방도로, 궁리의 일이 아닙니다. 또 '큰 점을 먼저 한다'라고 한 것은 '가까운 것을 먼저 한다'라고 하는 설이 근사한 것만 못합니다. 또 '한 곳의 이치가 통하면 일체가 통한다'라고 한 것은 또한 안자(顔子)도 미칠 수 없는 경지로, 정자가 감히 말씀하시지 않는 것이니, 유추하여 쌓아나가는 공부가 차서를 따라 반드시 이를 수 있는 것만 못합니다.

또 정자의 문인의 설에 '천하의 사물은 다 궁구할 수 없다. 그러나 그 이치가 모두 나에게 갖추어져서 밖에서 얻어지는 것이 아니다. 이른바 격물에 대해 자신에게 돌이켜 성(誠)하면 천하의 사물이 나에게 있지 않음이 없음을 말한다고 하는 것은 그럴듯하다'[100]라는 말이 있습니다.

---

99) 궁리는……것이다: 이는 정자의 문인 사량좌(謝良佐)의 설이다.

그러나 '자신에게 돌이켜 성(誠)하다'라는 것은 곧 물격지지(物格知至) 이후의 일이 되니, 이는 궁리가 지극하여 어느 곳인들 극진하지 않음이 없음을 말한 것입니다. 그러므로 모든 천하의 이치를 자신에게 돌이켜 구해 모두 마치 눈으로 보고 귀로 듣고 손으로 잡고 발로 행하는 것이 여기에 다 갖추어져서 털끝만큼의 부실함도 없는 것을 봄이 있게 되는 것입니다. 그러니 참으로 이런 방도를 격물의 일로 삼은 것이 아니며, 또한 자신에게 돌이켜 구하기만 힘쓴다고 하여 천하의 이치가 자연히 성(誠)하지 않음이 없게 됨을 말한 것도 아닙니다.『중용』에 명선(明善)을 말한 것이 곧 물격(物格)·지지(知至)의 일이며, 성신(誠身)을 말한 것이 곧 의성(意誠)·심정(心正)의 공부입니다. 그러므로 선을 밝히지 않으면 자신에 돌이켜보아 성(誠)하지 않음이 있게 됩니다. 그 공부의 지위는 참으로 차서가 있어서 속일 수 없는 점이 있습니다. 지금 격물에 대한 설을 하면서 어찌 문득 이로써 말할 수 있겠습니까?

또 정자의 문인의 설에 '격물치지는 오늘 한 사물에 나아가고 내일 한 사물에 나아가는 것이다'[101]라는 내용으로 정자의 말씀을 그릇되게 여기는 말이 있습니다. 여러 문인들이 정자의 말씀을 기록한 것이 이와 같이 한결같지 않은데, 모두 오류를 면치 못하고 있습니다. 또한 정자의 설은 바로『중용』의 박학(博學)·심문(審問)·신사(愼思)·명변(明辨) 및 '터득하지 않으면 그냥 넘어가지 않는다'(弗得弗措)는 일이니, 이치에 어긋남이 없습니다. 잘못된 점이 무엇이기에 그 설을 의심하는지 모르겠습니다. 이 어찌 공경을 지키는 것이 간략한 데에 익숙해서 이치를 관찰하는 번거로움을 싫어하는 것이 아니겠습니까? 또한 그것은 자기가 들

---

100) 천하의……그럴듯하다: 이는 정자의 문인 양시(楊時)의 설이다.
101) 격물치지는……것이다: 이는 정자의 문인 윤돈(尹焞)의 설이다.

지 못한 것 때문에 남이 들은 것을 믿지 못하는 것일 따름입니다.

지경(持敬)[102]과 관리(觀理)[103]는 어느 하나도 폐할 수 없으니, 정자께서 참으로 이미 그 점을 말씀하셨습니다. 만약 자기가 우연히 듣지 못한 것으로 그 설을 믿지 않는다면, 유자(有子)[104]가 공자와 닮았다는 것만으로〔그를 추대해 섬기려 하면서〕[105]〔공자께서〕'벼슬을 그만두면 속히 빈한해지려 하고, 죽으면 속히 썩으려 해야 한다'[106]고 하신 말씀에 대해서는 오히려 자유(子游)[107]의 말을 기다린 뒤에야 확정됨이 없을 수 없었던 것[108]과 같을 것입니다. 지금 어찌 문득 한 사람이 듣지 못한 것으로 여러 사람이 함께 들은 것을 모두 폐할 수 있겠습니까?

또 정자의 영향을 받은 후학의 설에 '격물치지는 사물마다 살피는 것을 극진히 하여 되돌려 자기에게 돌이키는 것이니, 예컨대 하늘의 운행을 살펴 스스로의 심지를 강하게 하고, 땅의 형세를 살펴 덕을 두텁게 하는 것과 같은 것이다'[109]라고 하는 설은 그럴 듯합니다.

그러나 '되돌려 자기에게 돌이킨다'(宛轉歸己)라는 것은 정자가 이른 바 '사물과 나는 이치를 하나로 하니, 그것을 밝히자마자 곧 이것을 깨달

---

102) 지경(持敬): 공경한 마음을 늘 유지하는 것.

103) 관리(觀理): 사물의 이치를 관찰하여 아는 것.

104) 유자(有子): 공자의 문인 유약(有若)을 말한다.

105) 유자(有子)가……하면서: 이 내용은 『맹자』「등문공 상」에 보인다.

106) 벼슬을……한다: 이 문구는 『예기』「단궁 상」(檀弓上)에 보인다.

107) 자유(子游): 공자의 문인 언언(言偃)을 말한다.

108) 공자께서……것: 이는 『예기』「단궁 상」에 보이는 내용으로 요약하면 다음과 같다. 유자(有子)가 증자(曾子)에게 상례(喪禮)에 대해 공자에게 들은 것이 있는가를 묻자, 증자가 말하기를 "나는 '벼슬을 그만두면 속히 빈한해지려 하고, 죽으면 빨리 썩으려 해야 한다'라고 들었다"라고 하니, 유자가 말하기를 "이는 군자의 말씀이 아니다"라고 하면서 믿지 않았다. 뒤에 자유로부터 공자가 그렇게 말씀하신 이유를 듣고 나서야 유자는 그 말씀을 믿게 되었다.

109) 격물치지는……것이다: 이는 정자를 사숙한 호안국(胡安國)의 설이다.

게 된다'라고 한 의미를 살피지 못한 것입니다. 또 '하늘의 운행을 살펴 스스로의 심지를 강하게 하며, 땅의 형세를 살펴 덕을 두터이 한다'라고 한 것은 이미 정해진 명분을 따르고 이미 드러난 자취에 견주려고만 하는 것이니, 정자가 이른바 '그 소이연(所以然)과 그 소이위(所以爲)의 미묘함을 구한다'라고 한 것과 같지 않습니다.

다만 이른바 '사물에 나아가 싫증내지 않고 포기하지 않아서 몸소 친히 그것에 나아가 그 앎을 정한다'[110]라고 한 것은 격물치지(格物致知)의 치(致)가 안을 향하는 의미를 얻게 됨이 있습니다. 그런데 '사물에 나아가는 도는 반드시 의지를 세워 그 근본을 확정하고, 마음을 공경에 두어 그 의지를 간직해서 의지가 사물의 밖에 세워지고, 공경심이 사물 안에서 행해진 뒤에야 정밀히 할 수 있다'[111]라고 한 것은 또한 이른바 정자께서 '치지를 하고서 마음이 경(敬)에 있지 않은 경우는 아직까지 없다'라고 한 뜻에 부합하는 점이 있습니다. 다만 그 어의(語意)가 자못 급박한 데에 해가 되어, 이미 그 전체의 규모가 큰 것을 극진히 할 수 없으며, 또 그 조용히 잠심해 완미하고 축적이 오래되어 활연관통하는 공부를 볼 방법도 없을 것입니다.

아! 정자의 말씀은 격물치지에 대해 반복해서 문답한 것이 저와 같이 상세하고도 분명한데, 그의 문인들이 주장한 설은 이와 같아 겨우 한두 가지 합치되는 것이 있을 뿐, 미진한 바가 있음을 면치 못하고 있습니다. 이 또한 공자의 도를 몸소 체득한 70여 명의 제자들이 죽기도 전에 대의

---

110) 사물에……정한다: 이 내용은 호안국(胡安國)의 아들 호굉(胡宏)의 말로, 『주자어류』권18, 「대학오(大學五) - 혹문하(或問下)」에 보인다. 호굉은 정자의 문인 양시(楊時)에게 배웠다.
111) 그……있다: 이 내용은 호굉(胡宏)의 말로 『주자어류』권18, 「대학오 - 혹문하」에 보인다.

(大義)가 이미 어긋난 것과 같습니다. 그런데 오히려 어찌 그들의 설에 능히 발휘한 것이 있어서 후학들에게 도움이 있기를 바라겠습니까?

옛날 연평 선생(延平先生)[112]의 가르침을 들은 것을 근래 가만히 생각해 보았습니다. 선생의 말씀에 '학문을 하는 초기에는 이 마음을 항상 보존해서 다른 일에 끌려가지 말게 해야 한다. 한 가지 일을 만나면 그 일에 나아가 반복해 미루어 찾아 그 이치를 궁구해야 한다. 이 한 가지 일을 환히 알게 되길 기다린 뒤에 차서에 따라 조금씩 전진하여 다른 한 가지 일을 궁구해야 한다. 이와 같이 하기를 오래도록 하여 축적해 나가는 것이 많아지면 가슴속에 절로 씻은 듯이 맑은 점이 있게 될 것이니, 이는 문자와 언어로 미칠 수 있는 바가 아니다'라고 하셨습니다.

이 말씀을 자세히 음미하면 그 규모의 큰 점과 조리가 주밀한 점은 정자의 설에 미치지 못하는 듯하지만, 그 공부가 점진적으로 나가는 점과 의미가 깊고 절실한 점은 다른 사람의 설이 미칠 수 없는 점이 있습니다. 오직 일찍이 이 설에 실제로 힘쓰는 자만이 능히 이 점을 인식함이 있게 될 것이니, 쉽게 입으로 논쟁할 일이 아닙니다."

〈或問〉曰 "自程子以格物爲窮理 而其學者傳之 見於文字 多矣 是亦有以發其師說而有助於後學者耶"

曰 "程子之說 切於己而不遺於物 本於行事之實而不廢文字之功 極其大而不略其小 究其精而不忽其粗 學者循是而用力焉 則旣不務博而陷於支離 亦不徑約而流於狂妄 旣不舍其積累之漸而其所謂豁然貫通者 又非見聞思慮之可及也 是於說經之意 入德之方 其亦可謂反復詳備而無俟於發明矣 若其門人 雖曰祖其

---

112) 연평 선생(延平先生): 주자의 스승인 이통(李侗, 1093~1163)을 말한다. 연평은 그의 호이다.

師說 然以愚考之 則恐其皆未足以及此也

蓋有以必窮萬物之理 同出於一爲格物 知萬物同出乎一理爲知至 如合內外之道 則天人物我爲一 通晝夜之道 則死生幽明爲一 達哀樂好惡之情 則人與鳥獸魚鼈爲一 求屈伸消長之變 則天地山川爲一者 似矣 然其欲必窮萬物之理 而專指外物 則於理之在己者 有不明矣 但求衆物比類之同 而不究一物性情之異 則於理之精微者 有不察矣 不欲其異 而不免乎四說之異 必欲其同 而未極乎一原之同 則徒有牽合之勞 而不睹貫通之妙矣 其於程子之說 何如哉

又有以爲窮理 只是尋箇是處 然必以恕爲本 而又先其大者 則一處理通 而觸處皆通者 其曰尋箇是處者 則得矣 而曰以恕爲本 則是求仁之方 而非窮理之務也 又曰先其大者 則不若先其近者之切也 又曰一處通而一切通 則又顏子之所不能及 程子之所不敢言 非若類推積累之可以循序而必至也

又有以爲天下之物 不可勝窮 然皆備於我而非從外得也 所謂格物 亦曰反身而誠 則天下之物 無不在我者 是亦似矣 然反身而誠 乃爲物格知至以後之事 言其窮理之至 無所不盡 故凡天下之理 反求諸身 皆有以見其如目視耳聽手持足行之畢具於此 而無毫髮之不實耳 固非以是方爲格物之事 亦不謂但務反求諸身 而天下之理 自然無不誠也 中庸之言明善 卽物格知至之事 其言誠身 卽意誠心正之功 故不明乎善 則有反諸身而不誠者 其功夫地位 固有序而不可誣矣 今爲格物之說 又安得遽以是而爲言哉

又有以今日格一物 明日格一物 爲非程子之言者 則諸家所記程子之言 此類非一 不容皆誤 且其爲說 正中庸學問思辨 弗得弗措之事 無所咈於理者 不知何所病而疑之也 豈其習於持敬之

約而厭夫觀理之煩耶 抑直以己所未聞而不信他人之所聞也 夫
持敬 觀理 不可偏廢 程子固已言之 若以己偶未聞 而遂不之信
則以有子之似聖人 而速貧速朽之論 猶不能無待於子游而後定
今又安得遽以一人之所未聞 而盡廢衆人之所共聞者哉

又有以爲物物致察而宛轉歸己 如察天行以自強 察地勢以厚
德者 亦似矣 然其曰物物致察 則是不察程子所謂不必盡窮天下
之物也 又曰宛轉歸己 則是不察程子所謂物我一理 纔明彼卽曉
此之意也 又曰察天行以自強 察地勢以厚德 則是但欲因其已定
之名 擬其已著之迹 而未嘗如程子所謂求其所以然與其所以爲
者之妙也 獨有所謂卽事卽物 不厭不棄 而身親格之 以定其知者
爲得致字向裏之意 而其曰格之之道 必立志以定其本 居敬以持
其志 志立乎事物之表 敬行乎事物之內 而後乃可精者 又有以合
乎所謂未有致知而不在敬者之指 但其語意 頗傷急迫 旣不能盡
其全體規模之大 又無以見其從容潛玩積久貫通之功耳

嗚呼 程子之言 其答問反復之 詳且明也如彼 而其門人之所以
爲說者 乃如此 雖或僅有一二之合焉 而不免於猶有所未盡也 是
亦不待七十子喪 而大義已乖矣 尙何望其能有所發 而有助於後
學哉 間獨惟念昔聞延平先生之敎 以爲爲學之初 且當常存此心
勿爲他事所勝 凡遇一事 卽當且就此事 反復推尋 以究其理 待
此一事融釋脫落 然後循序少進 而別窮一事 如此旣久 積累之多
胸中自當有洒然處 非文字言語之所及也 詳味此言 雖其規模之
大 條理之密 若不逮於程子 然其功夫之漸次 意味之深切 則有
非他說所能及者 惟嘗實用力於此者 爲能有以識之 未易以口舌
爭也"

어떤 사람이 물었다. "그렇다면 이른바 격물치지의 학문이라는 것은 세상에서 이른바 다문박식하다고 하는 것과 어떻게 다릅니까?" 나는 아래와 같이 답하였다.

"이 격물치지는 자신에게 돌이켜 궁리하는 것을 주로 하여 반드시 그 본말과 시비의 지극한 경지를 궁구하는 것입니다. 저 다문박식은 외물을 따라 많이 아는 것을 자랑하는 것으로 임무를 삼아 그 표리(表裏)와 진망(眞妄)의 실상을 파헤치지 않습니다. 그러나 그 지극한 경지를 반드시 궁구하면 그 때문에 앎이 더욱 넓어질수록 마음이 더욱 밝아지지만, 그 실상을 파헤치지 않으면 그 때문에 지식이 더욱 많아질수록 마음은 더욱 막히게 됩니다. 이것이 바로 자신을 위하여 공부하는가, 남에게 보이기 위해 공부하는가 하는 점이 나뉘는 까닭이니, 살피지 않아서는 안 됩니다."

〈或問〉曰 "然則所謂格物致知之學 與世之所謂博物洽聞者 奚以異" 曰 "此以反身窮理爲主 而必究其本末是非之極摯 彼以徇外誇多爲務 而不覈其表裏眞妄之實 然必究其極 是以 知愈博而心愈明 不覈其實 是以 識愈多而心愈窒 此正爲己爲人之所以分 不可不察也"

전 제6장 傳六章

　어떤 사람이 물었다. "전 제6장의 본지에 대해서 그 상세한 내용에 오히려 말할 만한 점이 있습니까?" 나는 아래와 같이 답하였다.

　"천하의 도는 두 가지이니, 선과 악일 따름입니다. 그러나 그 원초를 헤아려서 차례를 따라가 보면 선은 천명이 부여한 바의 본연(本然)이고, 악은 물욕이 생기는 바의 사악하고 더러운 것입니다. 그러므로 사람의 떳떳한 본성은 선을 간직하고 악을 없애지 않음이 없으며, 그 본심은 선을 좋아하고 악을 미워하지 않음이 없습니다. 그러나 이미 이 형체(形體)의 얽매임이 있고, 또 기품(氣稟)에 구애되기 때문에 물욕의 사사로움이 그 본성을 가려서 천명의 본연이 드러나지 않게 됩니다. 그리하여 그런 사람은 사물의 이치에 대해 참으로 흐리멍덩하게 그 선악의 소재를 알지 못함이 있으며, 또 대략만 겨우 알 뿐 좋아할 만하고 미워할 만한 지극한 점을 참으로 알지 못하는 점이 있습니다.

　선이 참으로 좋아할 만한 것임을 알지 못하면 그가 선을 좋아하는 것이 비록 '선을 좋아한다'라고 말할지라도 선을 좋아하지 않는 마음이 안에서 그 마음을 거역함이 없지 않을 것입니다. 악이 참으로 미워할 만한 것임을 알지 못하면 그가 악을 미워함이 비록 '악을 미워한다'라고 말할지라도 악을 미워하지 않는 마음이 안에서 그 마음을 끌어당김이 없지 않을 것입니다. 그러므로 구차한 짓을 하여 스스로 자신을 속이게 됨을 면치 못하여 생각이 발하는 것에 선으로 가득 차지 않음이 있을 것입니다.

선을 좋아하되 그 마음을 가득 채우지 않으면 선이 되기에 부족할 뿐만 아니라, 도리어 그 선을 해치는 일이 있게 될 것입니다. 악을 미워하되 그 마음을 가득 채우지 않으면 악을 제거하기 부족할 뿐만 아니라 그 악을 조장하는 데로 나아가게 될 것입니다. 이는 해가 되는 것이 단지 심할 뿐이니, 무슨 유익함이 있겠습니까?

성인께서 이 점에 대해 우려하셨기 때문에 태학의 교육을 베풀 때에 반드시 격물치지의 조목을 맨 앞에 두어 심술(心術)을 열어 밝혀서 그들로 하여금 선악의 소재를 알아 좋아할 만하고 미워할 만한 것을 반드시 그렇게 할 수 있도록 한 것입니다. 이에 이른 뒤에 반드시 마음속에 싹튼 생각을 선으로 가득 채워야 한다는 말씀으로써 다시 진보하게 하신 것은 또한 혼자만 알고 있는 은미한 마음속 생각을 삼가서 구차하게 스스로 속이는 싹을 금하고자 한 것입니다. 무릇 그 마음이 발하는 바가 '선을 좋아한다'라고 말하면 반드시 안으로부터 밖으로 미쳐서 털끝만큼의 좋아하지 않는 생각도 없게 하며, 만약 '악을 미워한다'라고 말하면 반드시 안에서 밖으로 미쳐 털끝만큼의 미워하지 않는 생각도 없애야 합니다.

선을 좋아하되 마음속에 선을 좋아하지 않는 생각이 없으면 이는 선을 좋아하는 것이 예쁜 여색을 좋아하는 것처럼 진실된 것이어서 자기의 눈을 유쾌하게 하고자 할 것이니, 이는 애초 남에게 보이기 위해 선을 좋아하는 것이 아닙니다. 악을 미워하되 마음속에 악을 미워하지 않는 마음이 없으면 이는 악을 미워하는 것이 악취를 싫어하는 것처럼 진실된 것이어서 자기의 코를 흡족하게 하고자 할 것이니, 이는 애초 남에게 보이기 위해 악을 미워하는 것이 아닙니다.

마음속에서 발하는 생각을 가득 차게 함을 이와 같이 한 뒤, 잠깐의 시간과 가느다란 지푸라기 같은 미세한 것에 대해 생각이 계속 이어져서 감히 잠시도 끊어짐이 없게 되면 거의 내외가 밝게 통하고 표리가 맑게 통하여 마음은 바르지 않음이 없고 몸은 닦이지 않음이 없을 것입니다.

저 소인과 같은 경우, 남들이 보지 않는 은밀한 곳에서는 실로 불선을 행하면서도 오히려 밖으로는 선을 칭탁하여 자신의 불선을 덮어버리려 하니, 또한 그가 선악의 소재를 전혀 모른다고 말할 수 없지만, 참으로 좋아하고 미워할 만한 것을 알지 못하며, 또 혼자만 알고 있는 마음속 생각을 삼가서 구차하게 스스로 속이는 싹을 금할 수 없습니다. 그러므로 악에 빠져 이와 같은 짓을 하는 데 이르고도 스스로 알지 못하는 것입니다.

이 성의장에 대한 설은 상세한 내용이 이와 같습니다. 이는 참으로 자신을 수양하는 자수(自修)의 선무(先務)가 되는 것이 마땅합니다. 그러나 참된 앎을 열어놓음이 있지 않으면 그 좋아하고 미워하는 실상을 극진히 함이 있을 수 없습니다. 그러므로 경문에 '욕성기의자 선치기지' (欲誠其意者 先致其知)라고 굳이 말하고, 또 '지지이후의성'(知至而后意誠)이라고 한 것입니다. 그러나 자기의 앎이 이미 지극하다는 것을 감히 믿고 스스로의 행위를 결정해서는 안 됩니다. 그러므로 전문에 또 '반드시 그 마음속에 싹튼 생각을 선으로 가득 채워야 한다'(必誠其意)라고 하고, '반드시 혼자만 알고 있는 생각을 삼가야 한다'(必愼其獨)라고 하고, '스스로를 속이지 말아야 한다'(毋自欺)라고 한 것입니다. 그러니 『대학』의 공부 차례가 서로 이어져 수미가 일관되어 다른 방법을 빌려 그 사이에 끼워넣을 수 없음을 알 수 있습니다. 이 뒤로는 모두 그러하니, 이제부터는 거듭 말하지 않겠습니다."

〈或問〉 "六章之旨 其詳猶有可得而言者邪"

曰 "天下之道二 善與惡而已矣 然揆厥所元 而循其次第 則善者 天命所賦之本然 惡者 物欲所生之邪穢也 是以 人之常性 莫

不有善而無惡 其本心 莫不好善而惡惡 然既有是形體之累 而又
爲氣稟之拘 是以 物欲之私 得以蔽之 而天命之本然者 不得而
著 其於事物之理 固有瞢然不知其善惡之所在者 亦有僅識其粗
而不能眞知其可好可惡之極者

夫不知善之眞可好 則其好善也 雖曰好之 而未能無不好者以
拒之於內 不知惡之眞可惡 則其惡惡也 雖曰惡之 而未能無不惡
者以挽之於中 是以 不免於苟焉以自欺 而意之所發 有不誠者
夫好善而不誠 則非唯不足以爲善 而反有以賊乎其善 惡惡而不
誠 則非唯不足以去惡 而適所以長乎其惡 是則其爲害也 徒有甚
焉 而何益之有哉

聖人於此 蓋有憂之 故爲大學之敎 而必首之以格物致知之目
以開明其心術 使既有以識夫善惡之所在與其可好可惡之必然矣
至此而復進之以必誠其意之說焉 則又欲其謹之於幽獨隱微之奧
以禁止其苟且自欺之萌 而凡其心之所發 如曰好善 則必由中及
外 無一毫之不好也 如曰惡惡 則必由中及外 無一毫之不惡也

夫好善而中無不好 則是其好之也 如好好色之眞 欲以快乎己
之目 初非爲人而好之也 惡惡而中無不惡 則是其惡之也 如惡惡
臭之眞 欲以足乎己之鼻 初非爲人而惡之也 所發之實 既如此矣
而須臾之頃 纖芥之微 念念相承 又無敢有少間斷焉 則庶乎內外
昭融 表裏澄徹 而心無不正 身無不修矣

若彼小人 幽隱之間 實爲不善 而猶欲外託於善 以自蓋 則亦
不可謂其全然不知善惡之所在 但以不知其眞可好惡 而又不能
謹之於獨 以禁止其苟且自欺之萌 是以 淪陷 至於如此 而不自
知耳 此章之說 其詳如此 是固宜爲自修之先務矣 然非有以開
其知識之眞 則不能有以致其好惡之實 故必曰欲誠其意者 先致

其知 又曰知至而后意誠 然猶不敢恃其知之已至 而聽其所自爲
也 故又曰必誠其意 必謹其獨 而毋自欺焉 則大學工夫次第相
承 首尾爲一 而不假他術以雜乎其間 亦可見矣 後此皆然 今不
復重出也"

　어떤 사람이 물었다. "그렇다면 '겸'(慊)의 자의(字義)가 '적다'[少]도
되고, '한스럽다'[恨]도 되는데, 그대는 이런 뜻과 다르게 '쾌'(快)·'족'
(足)의 의미로 해석한 것은 어째서입니까?" 나는 아래와 같이 답하였다.
　"'겸'(慊)에는 '겸'(嗛)의 뜻이 있으며, 자서(字書)에는 '입이 음식물
을 물고 있는 모양'이라고 하였습니다. 그렇다면 '겸'(慊)은 '마음에 머
금고 있는 것이 있다'는 뜻이 될 뿐만 아니라 '유쾌하다'[快]는 뜻도 되
고, '만족하다'[足]는 뜻도 되고, '한스럽다'[恨]는 뜻도 되며, '적다'
[少]는 뜻도 되니, 머금고 있는 바가 다른 것으로써 변별되는 것입니다.
　맹자가 이른바 '마음에 머금고 있다'[113]라고 한 것과 악의(樂毅)가 이
른바 '심지에 머금고 있다'[114]라고 한 것은 유쾌하고 만족한 생각을 머
금고 있다는 것으로 말한 것이며, 맹자가 이른바 '내가 어찌 머금고 있으
리오'[115]라고 한 것과 한서(漢書)에 이른바 '율희(栗姬)에게 한을 품고
있다'[116]라고 한 것은 한스럽고 적게 여기는 생각을 머금고 있었다는 뜻
으로 말한 것입니다.

113) 마음에……있다: 이 문구는 『맹자』 「공손추 상」 제2장에 보인다.
114) 심지에……있다: 이 문구는 『사기』 권80의 「악의열전」(樂毅列傳)에 보인다.
115) 내가……있으리오: 이 문구는 『맹자』 「공손추 하」 제2장에 보인다.
116) 율희(栗姬)에게……있다: 이는 『사기』 권125의 「영행열전」(佞幸列傳)에 보이
　　는 내용이다. '한서'(漢書)는 한나라의 역사기록을 가리킨다. 율희(栗姬)는 전
　　한 경제(景帝)의 후궁이다. '겸율희'(嗛栗姬)는 '왕부인'(王夫人)이 율희에게
　　한을 품었다'는 의미이다.

독자들이 각기 가리키는 바를 따라 그 뜻을 살피면 그 의미가 함께 통용되더라도 어긋나지 않을 것입니다. 자서에도 그 뜻이 유쾌하다[快]·만족하다[足]는 것으로써 '협'(愜)과 같은 의미로 읽으라 하였으니, 뜻은 더욱 분명하지만 음은 다릅니다. 그러니 더욱 분별이 없음을 걱정하지 않아도 됩니다."

〈或問〉曰 "然則慊之爲義 或以爲少 又以爲恨 與此不同 何也" 曰 "慊之爲字 有作嗛者 而字書以爲口銜物也 然則慊亦但爲心有所銜之義 而其爲快爲足爲恨爲少 則以所銜之異而別之耳 孟子所謂慊於心 樂毅所謂慊於志 則以銜其快與足之意而言者也 孟子所謂吾何慊 漢書所謂嗛栗姬 則以銜其恨與少之意而言者也 讀者各隨所指而觀之 則旣並行而不悖矣 字書又以其訓快與足者 讀與愜同 則義愈明而音又異 尤不患於無別也"

전 제7장 傳七章

　　어떤 사람이 물었다. "사람은 마음이 있어서 본래 사물에 응접하는 것인데, 이 장의 전문에서는 기뻐하고 노여워하고 걱정하고 두려워하는 바가 있으면 바로 마음의 바름을 얻을 수 없게 된다고 하였습니다. 그렇다면 그 마음 됨은 반드시 말라죽은 나무가 다시 살아날 수 없고 타버린 재가 다시 피어날 수 없는 것과 같은 것이니, 그 바름을 얻는 것이 되겠습니까?" 나는 아래와 같이 답하였다.

　　"사람의 한 마음은 담박하게 허령하고 밝아 텅 빈 거울과 같고 평평한 저울과 같아 일신(一身)의 주인이 되는 것입니다. 참으로 그 참된 본체는 본디 그러한데, 기뻐하고 노여워하고 걱정하고 두려워하는 감정이 느낌에 따라 응하여, 예쁘게 비추기도 하고 밉게 비추기도 하며, 저울대가 올라가기도 하고 내려가기도 하여 사물에 따라 형체를 부여하는 것은 또한 그 작용이 없을 수 없기 때문입니다. 그러므로 감응하지 않았을 때는 지극히 허령하고 지극히 고요하여 이른바 '거울처럼 텅 비고 저울대처럼 평평한 본체는 귀신이라 할지라도 그 경계를 엿볼 수 없음이 있다'[117]라고 한 지경이니, 참으로 득실을 논할 만한 점이 없습니다.

　　그런데 그 마음이 사물에 감응하는 데 이르러서 감응하는 것이 또 모

---

117) 거울처럼……있다: 이 말은 진덕수(眞德秀)의 『서산독서기』(西山讀書記) 권3 등에 보인다.

두 절도에 맞으면 거울처럼 텅 비고 저울대처럼 평평한 작용이 정체 없이 유행하여 정대(正大)하고 광명(光明)하게 되니, 이것이 바로 온 세상에 두루 통하는 도(達道)가 되는 까닭입니다. 그러니 또한 어찌 그 바름을 얻지 않음이 있겠습니까?

오직 사물이 다가올 때에 살피지 않는 바가 있어서 감응하는 것이 혹 잘못이 없을 수 없으며, 또한 그 사물과 함께 따라가게 되면 기뻐하고 노여워하고 걱정하고 두려워하는 감정이 반드시 안에서 움직임이 있어 이 마음의 작용이 비로소 그 바름을 얻지 못함이 있게 됩니다.

전문을 지은 분의 의도는 마음이 사물에 응하는 것으로써 바로 그 바름을 얻지 못하는 것으로 삼은 것이 아니며, 또한 반드시 마른 나무나 타버린 재와 같이 된 뒤에야 그 바름을 얻게 된다고 한 것도 참으로 아닙니다. 오직 이 마음의 신령스러움은 이미 일신의 주인이라고 말하였으니, 그 바름을 얻어 이에 있지 않음이 없으면 이목구비와 사지와 온갖 신체 기관이 명령을 듣는 것이 있어서 그 일을 제공하지 않음이 없을 것이며, 동정어묵(動靜語黙)과 출입기거(出入起居)의 모든 언행이 내가 부리는 바와 같이 되어 이치에 합치되지 않음이 없을 것입니다.

만일 그렇지 못하면 몸은 여기에 있는데 마음은 저곳으로 치달려 육신을 관장하고 통섭할 길이 없을 것입니다. '고개를 들어 새 보기를 탐하고, 머리를 돌려 남에게 응하기를 번갈아 하네'(仰面貪看鳥 回頭錯應人)[118]라고 한 경우가 되지 않을 자는 거의 드물 것입니다. 공자께서는 이른바 '마음을 잡으면 보존되고 놓아두면 달아난다'[119]라고 하신 것과,

---

118) 고개를……하네: 이 시구는 두보(杜甫)의 「만성 2수」(漫成二首) 가운데 두 번째 시에 보인다. 여기서는 주자가 단장취의하여 마음이 보존되지 않은 사례로 인용하였다.
119) 마음을……달아난다: 이 문구는 『맹자』 「고자 상」 제8장에 보인다.

맹자께서 이른바 '놓아버린 마음을 구하라'[120]라고 한 것 그리고 '그 대체(大體)를 따르라'[121]라고 한 것이 대개 모두 이를 말한 것입니다. 그러니 학자들은 그 점을 깊이 생각하여 자주 반성하지 않을 수 있겠습니까?"

〈或問〉"人之有心 本以應物 而此章之傳 以爲有所喜怒憂懼 便爲不得其正 然則其爲心也 必如槁木之不復生 死灰之不復然 乃爲得其正邪"曰"人之一心 湛然虛明 如鑑之空 如衡之平 以爲一身之主者 固其眞體之本然 而喜怒憂懼 隨感而應 妍蚩俯仰 因物賦形者 亦其用之所不能無者也 故其未感之時 至虛至靜 所謂鑑空衡平之體 雖鬼神有不得窺其際者 固無得失之可議 及其感物之際 而所應者 又皆中節 則其鑑空衡平之用 流行不滯 正大光明 是乃所以爲天下之達道 亦何不得其正之有哉 唯其事物之來 有所不察 應之旣或不能無失 且又不能不與俱往 則其喜怒憂懼 必有動乎中者 而此心之用 始有不得其正者耳 傳者之意 固非以心之應物 便爲不得其正 而必如枯木死灰然後 乃爲得其正也 惟是此心之靈 旣曰一身之主 苟得其正而無不在是 則耳目鼻口 四肢百骸 莫不有所聽命以供其事 而其動靜語黙 出入起居 唯吾所使 而無不合於理 如其不然 則身在於此而心馳於彼 血肉之軀 無所管攝 其不爲仰面貪看鳥 回頭錯應人者 幾希矣 孔子所謂操則存 舍則亡 孟子所謂求其放心 從其大體者 蓋皆謂此 學者可不深念而屢省之哉"

---

120) 놓아버린……구하라: 이는 『맹자』「고자 상」 제11장에 보인다.
121) 그……따르라: 이 문구는 『맹자』「고자 상」 제15장에 보인다.

전 제8장 傳八章

　어떤 사람이 물었다. "전 제8장의 '벽'(辟)을 예전에는 '비'(譬)로 읽었는데, 지금은 '벽'(僻)으로 읽는 것은 어째서입니까?" 나는 아래와 같이 답하였다.

　"옛날의 음으로 읽는 구설은 앞 문장으로 예를 들더라도 합치되지 않고, 뒷 문장으로 소급해보더라도 통하지 않습니다. 그러므로 근래 제가 유례(類例)와 문의(文意)로 그 뜻을 찾아 그 설을 터득한 것이 이와 같습니다. 이는 대개 '사람의 정상적인 감정은 이 다섯 가지에 대해 하나라도 지향하는 바가 있으면 좋아하고 미워하는 마음의 평형성을 잃게 되어 한쪽의 치우친 데로 빠지게 됩니다. 그러므로 몸이 닦이지 않음이 있으면 자기 집안사람들을 균평히 대할 수 없는 것입니다'라는 점을 말한 것입니다. 대체로 사랑에 치우치면 거기에 빠져 그의 나쁜 점을 알지 못하고, 미워하는 데 치우치면 거기에 막혀 그의 좋은 점을 알지 못합니다. 이런 경우는, 그 몸이 접하는 바와 좋아하고 미워하며 취하고 버리는 사이에 이치에 합당한 것이 하나도 없을 것인데, 하물며 규문 안에는 은혜가 항상 의리를 가리니, 어떻게 사사로운 애정과 친근함을 극복하여 능히 그 집안사람들을 균평히 대함이 있을 수 있겠습니까?"

　〈或問〉"八章之辟 舊讀爲譬 而今讀爲僻 何也"曰"舊音舊說以上章例之而不合也 以下文逆之而不通也 是以間者 竊以類例文意求之 而得其說如此 蓋曰人之常情 於此五者 一有所向 則

失其好惡之平 而陷於一偏 是以 身有不修 不能齊其家耳 蓋偏
於愛 則溺焉而不知其惡矣 偏於惡 則阻焉而不知其善矣 是其身
之所接 好惡取舍之間 將無一當於理者 而況於閨門之內 恩常掩
義 亦何以勝其情愛暱比之私而能有以齊之哉"

　어떤 사람이 물었다. "이 다섯 가지는 모두 몸이 사물과 접할 때에 없
을 수 없는 것들이며, 또한 이미 당연한 법칙이 있습니다. 그런데 지금
그대는 '하나라도 지향하는 바가 있으면 바로 치우치고 의지하게 되어
몸이 닦이지 않는다'라고 하니, 이는 반드시 사물을 접할 때에 마음이 담
박하여 친하고 소원한 차등과 귀하고 천한 분별이 전혀 없는 뒤에야 치
우침을 면할 수 있을 것입니다. 또한 마음이 이미 바르면 의당 그 몸이
닦이지 않음이 없을 것인데, 지금 오히려 이와 같은 치우침이 있는 것은
어째서입니까?" 나는 아래와 같이 답하였다.

　"이는 그렇지 않습니다. 이 장의 의리는 실로 앞 장을 이어받았으니,
그 글을 짓고 의미를 부여한 것이 대체로 서로 유사합니다. 대개 몸이 일
과 접한 뒤에 혹 치우친 바가 있다고 말한 것이지, 한번 사물과 접하면
반드시 치우친 바가 있다고 말한 것은 아닙니다. 경문에 이른바 '마음이
바른 뒤에 몸이 닦인다'라고 한 것은 또한 '마음이 그 바름을 얻어야 이
에 몸을 닦을 수 있다'라는 점을 말한 것이지, 이 마음이 한번 바르게 되
면 몸은 검속하기를 기다리지 않더라도 저절로 닦인다는 것을 말한 것
이 아닙니다."

　〈或問〉曰 "凡是五者 皆身與物接 所不能無 而亦旣有當然之
則矣 今曰 一有所向 便爲偏倚 而身不修 則是必其接物之際 此
心漠然 都無親疎之等 貴賤之別然後 得免於偏也 且心旣正矣
則宜其身之無不修 今乃猶有若是之偏 何哉" 曰 "不然也 此章

之義 實承上章 其立文命意 大抵相似 蓋以爲身與事接而後 或
有所偏 非以爲一與事接而必有所偏 所謂心正而后身修 亦曰心
得其正 乃能修身 非謂此心一正 則身不待檢而自修也"

어떤 사람이 물었다. "친애(親愛)·천오(賤惡)·외경(畏敬)·애긍(哀
矜)은 참으로 사람 마음이 의당 가지고 있는 것이지만, 오타(敖惰)와 같
은 경우는 흉덕(凶德)입니다. 일찍이 그대는 본심을 말하였는데, 본심에
이와 같은 법칙이 있는 것입니까?" 나는 아래와 같이 답하였다.

"오만〔敖〕이 흉덕이 되는 것은 바로 그가 먼저 이런 마음으로 베풀 바
를 헤아리지 않고 어느 곳인들 오만하지 않음이 없는 경우입니다. 남을
오만하게 대할 만한 점을 인하여 오만하게 대하는 것은 정상적인 감정
을 가진 사람이 의당 가지고 있는 것이며, 사리의 당연한 것입니다. 지금
여기에 어떤 사람이 있다고 칩시다. 친하고 오래된 사귐은 친히 하여 사
랑할 만한 데에 아직 이르지 않았고, 지위와 덕은 두려워하여 공경할 만
한 데에 아직 이르지 않았으며, 곤궁함은 불쌍히 여길 만한 데에 아직 이
르지 않았고, 악은 천하게 여길 만한 데에 아직 이르지 않았으며, 말은
버리고 취할 것이 없고, 행실은 옳고 그르게 여길 것이 없다면 길가는 사
람처럼 범범하게 그를 볼 따름입니다.

또 그보다 하등인 사람은 공자께서 비파를 타고 노래를 부르며 만나
주지 않은 사람[122]이고, 맹자께서 안석에 기대 누워서 만나주지 않은
사람[123]입니다. 이는 대체로 그들에게 스스로 그런 대접을 받을 만한 이

---

122) 공자께서……사람: 이는 『논어』 「양화」 제17장에 보이는 내용으로, 유비(孺
　　悲)가 공자를 만나려 하자 병을 핑계로 거절한 뒤, 바로 비파를 연주하여 그로
　　하여금 듣게 한 것이다.
123) 맹자께서……사람: 이는 『맹자』 「공손추 하」 제11장에 보이는 내용으로 맹자

유가 있는 것이니, 내가 부러 오만하게 대하는 의미가 있는 것은 아닙니다. 그러니 또한 어찌 갑자기 그것을 흉덕이라고 말할 수 있겠습니까? 더구나 이 장의 본지는 그에게 중히 여기는 바가 있는 것을 인하여 한쪽의 치우친 데로 빠질까를 염려하여 말한 데 있어서이겠습니까?

그 말을 한 것에 비록 '오만하게 여기고 태만하게 여기는 대상이 있다'라고 하였지만, 그 의도는 바로 사람이 이 점에 대해 다시 상세히 살피기를 바란 것입니다. 또 비록 '마땅히 오만하게 여기고 태만하게 여겨야 할 대상'이라고 말했을지라도 오히려 감히 오만하고 태만한 마음을 방자하게 하지 않는다면 또한 무슨 병폐가 있겠습니까?"

〈或問〉曰 "親愛賤惡畏敬哀矜 固人心之所宜有 若夫敖惰 則凶德也 曾謂本心而有如是之則哉" 曰 "敖之爲凶德也 正以其先有是心 不度所施 而無所不敖爾 若因人之可敖而敖之 則是常情所宜有 而事理之當然也 今有人焉 其親且舊 未至於可親而愛也 其位與德 未至於可畏而敬也 其窮 未至於可哀 而其惡 未至於可賤也 其言 無足去取 而其行 無足是非也 則視之泛然如塗之人而已爾 又其下者 則夫子之取瑟而歌 孟子之隱几而臥 蓋亦因其有以自取 而非吾故有敖之之意 亦安得而遽謂之凶德哉 又況此章之旨 乃爲慮其因有所重而陷於一偏者 發其言 雖曰有所敖惰 而其意則正欲人之於此 更加詳審 雖曰所當敖惰 而猶不敢肆其敖惰之心也 亦何病哉"

가 제나라를 떠나갈 때에 제나라 왕을 위해 맹자를 머무르게 하는 자와 말을 할 때에 응답하지 않고 안석에 기대 누운 것을 가리킨다.

전 제9장傳九章

어떤 사람이 물었다. "'어린아이를 보호하는 것과 같이 한다'(如保赤子)라는 것은 무슨 뜻입니까?" 나는 아래와 같이 답하였다.

"정자(程子)께서 이에 대해 말씀하셨으니, '어린아이는 자기의 의사(意思)를 스스로 말하지 못하지만 그 어미 된 사람은 자애로운 마음이 지성(至誠)에서 우러나오니, 그 아이의 의사를 구하는 것이 비록 때론 적중하지 않더라도 크게 벗어나는 데에는 이르지 않을 것이다. 그러니 어찌 아이 기르기를 배운 뒤에 능한 것이겠는가. 백성과 같은 경우는 어린아이가 자기 의사를 스스로 말하지 못하는 것과 같지 않지만, 그들을 부리는 위정자가 도리어 그들의 마음을 잃어버림이 없을 수 없으니, 이는 본래 자애하는 실상이 없어서 이 점에 대해 살피지 않음이 있기 때문이다'라고 하였습니다.

전문에서 이를 말한 것은 대체로 대중을 부리는 도는 어린아이를 자애하는 마음에서 미루어 나가는 데 불과하니, 이 또한 밖에서 유입되거나 억지로 하기를 기다림이 있는 것이 아님을 밝힌 것입니다. 임금을 섬기는 효(孝)와 어른을 섬기는 공경(悌)도 무엇이 이와 다르겠습니까? 그 상세한 것을 거론하였으니, 그 큰 것을 알 수 있습니다."

〈或問〉"如保赤子 何也" 曰 "程子有言 赤子未能自言其意 而爲之母者 慈愛之心 出於至誠 則凡所以求其意者 雖或不中 而不至於大相遠矣 豈待學而後能哉 若民則非如赤子之不能自言

266

矣 而使之者 反不能無失於其心 則以本無慈愛之實 而於此有不
察耳 傳之言此 蓋以明夫使衆之道 不過自其慈幼者而推之 而慈
幼之心 又非外鑠而有待於强爲也 事君之孝 事長之弟 亦何以
異於此哉 旣擧其細 則大者 可知矣"

　어떤 사람이 물었다. "'인(仁)과 양(讓)은 가(家)를 말하고, 탐려(貪戾)
는 인(人)을 말한 것은 어째서입니까?" 나는 아래와 같이 답하였다.
　"선은 반드시 쌓은 뒤에 이루어지만 악은 비록 작더라도 두려워할 만
하니, 옛사람들이 깊이 경계한 것입니다. 『서경』에 이른바 '그대는 덕에
대해 작게 여겨서는 안 됩니다. 만방의 사람들이 경사스럽게 여기는 것
은 작은 선을 쌓는 데 있습니다. 그대는 부덕에 대해 큰 것만을 생각해서
는 안 됩니다. 종묘를 무너뜨리는 일은 악이 큰 데에만 있는 것이 아닙니
다'[124]라고 한 것이 또한 이런 의미입니다."
　〈或問〉曰 "仁讓言家 貪戾言人 何也" 曰 "善必積而後成 惡雖
小而可懼 古人之深戒也 書所謂爾惟德 罔小 萬邦惟慶 爾惟不
德 罔大 墜厥宗 亦是意爾"

　어떤 사람이 물었다. "이 장은 본래 윗사람이 행하고 아랫사람이 본받
는 것을 말한 것으로, 그와 같이 되기를 기약하지 않고서도 그렇게 됨이
있는 것입니다. 오늘 자기에게 선을 간직한 뒤에 남에게 선을 요구하고,
자기에게 악을 없앤 뒤에 남에게 악을 비난한다면 이는 오히려 권면하
고 감독하기를 기다린 뒤에 교화됨이 있는 것입니다. 또한 안으로 자수
(自修)만 하면서 갑자기 남들이 모두 그런 선을 소유하길 바라고, 자신

---

124) 그대는……아닙니다: 이 문구는 『서경』「이훈」(伊訓)에 보인다.

이 겨우 악을 면하자마자 드디어 남에게 반드시 그런 악이 없어야 한다고 책임지우려는 것입니다." 나는 아래와 같이 답하였다.

"이는 자기 나라를 잘 다스리고자 하는 사람을 위하여 그 점을 말한 것이니, 내가 소유한 것을 미루어서 백성들과 더불어 함께 말미암는 것입니다. 그 법령을 조목조목 가르치는 일을 시행하는 것과 선한 이를 포상하고 악한 자를 죄주는 정사에 참으로 이치상 당연하여 그만둘 수 없는 점이 있습니다. 다만 윗사람이 명하는 것이 그가 평소 좋아하던 것과 반대가 되면 백성들이 그 명을 따르지 않게 됩니다. 그 때문에 또 근본을 미루어 그 점을 말해서 자기에게 먼저 선을 이룬 뒤에 남의 나쁜 점을 질책함이 있고자 한 것입니다.

이는 참으로 수기(修己)만을 전적으로 힘쓰고 치인(治人)을 전혀 하지 않으면서 손을 놓고 백성들이 스스로 변화되기를 기다린다는 말이 아니며, 또한 자기의 장점을 뽐내고 남의 단점을 부끄럽게 여겨서 반드시 따르도록 그들을 위협한다는 말도 아닙니다. 그러므로 나의 선고(先考)[125]의 말씀에 '자기에게 선을 소유하되 남에게 선을 요구할 필요는 없다. 남에게 선을 요구하면서 자기에게 선이 없는 경우는 불가하다고 생각한다. 자기에게 악을 없애되, 남에게 그것을 구할 필요는 없다. 남을 비난하면서 자기에게 악이 있는 경우는 불가하다고 생각한다'라고 하셨으니, 바로 이런 의미입니다."

〈或問〉曰 "此章本言上行下效 有不期然而然者 今日 有諸己而后求諸人 無諸己而後非諸人 則是猶有待於勸勉程督而后化 且內適自修而遽欲望人之皆有 己方僅免而遂欲責人以必無也" 曰 "此爲治其國者言之 則推吾所有與民共由 其條敎法令之施

---

125) 선고(先考): 주자의 부친 주송(朱松, 1097~1143)을 말한다.

賞善罰惡之政 固有理所當然而不可已者 但以所令 反其所好 則
民不從 故又推本言之 欲其先成於己而有以責人 固非謂其專務
修己 都不治人 而拱手以俟其自化 亦非謂其矜己之長 愧人之短
而脅之以必從也 故先君子之言曰 有諸己不必求諸人 以爲求諸
人而無諸己則不可也 無諸己不必求諸人 以爲非諸人而有諸己
則不可也 正此意也"

　어떤 사람이 물었다. "그렇다면 능히 선을 소유하지 않았으면 드디어
남의 선을 요구하지 않고, 능히 악을 제거하지 않았으면 드디어 남의 악
을 비난하지 않는 것, 이것은 또한 서(恕)로서 종신토록 행할 만한 것이
아니겠습니까?[126]" 나는 아래와 같이 답하였다.

　"'서'(恕)의 의미는 여심(如心)으로 뜻을 삼습니다. 이는 대개 '나를
다스리는 마음과 같이 남을 다스리고, 나를 사랑하는 마음과 같이 남을
사랑한다'는 말로 구차하게 고식적이지 않는 것을 말합니다. 그러나 사
람의 마음은 반드시 이치를 궁구하고 그것을 바르게 하니, 자기를 다스
리고 자기를 사랑하는 것으로 하여금 모두 바른 데서 나오게 한 뒤, 이에
나아가 그 점을 미루어 남에게 미칠 수 있습니다.

　'서'의 도는 말할 만한 점이 있습니다. 그러므로 『대학』의 전문 마지막
두 장에서 비로소 이를 언급하였으니, 그 힘쓰는 차서를 또한 알 수 있습
니다. 이 장에 나아가 그 점을 논하자면 자기를 다스리는 마음과 같이 남
을 다스리고자 하는 것은 또한 자신을 다스리는 일에 힘쓰는 것을 근본
으로 삼은 것에 불과합니다.

---

126) 서(恕)로서⋯⋯아니겠습니까: 이는 『논어』 「위령공」(衛靈公) 제24장에 "子貢
　　問曰 有一言而可以終身行之者乎 子曰 其恕乎 己所不欲 勿施於人"이라고 한 것
　　을 가리킨다.

대개 자신을 다스리는 일에 능히 힘써서 선을 소유하여 남의 선을 요구할 수 있고, 악을 내 몸에서 없애 남의 악을 비난하는 데 이른 뒤에 자기를 미루어 남에게 미쳐 그로 하여금 내가 자신을 다스리는 것과 같이 하여 그 자신을 다스리게 하면 의표(儀表)가 단정하여 그 그림자도 바르며, 근원이 깨끗하여 그 흐르는 물도 맑은 것과 같아서 나를 다스리고 남을 다스리는 데 그 도를 극진히 하지 않음이 없을 것입니다. 그러므로 종신토록 이에 힘쓰더라도 행할 만하지 않을 때가 없을 것입니다.

지금은 그렇지 않아서 단지 자신의 불초한 몸으로 표준을 삼아 나의 치교(治敎)가 미쳐야 할 바를 보기를 한결같이 고식적으로 기다립니다. 그래서 서로 훈계(訓戒)하고 고계(告誡)하는 말이 없고, 서로 금하고 경계하는 말이 없어 천하 사람들을 모두 자기의 불초함과 같이 만들어 서로 거느려 악으로 빠집니다. 이는 크게 어지러운 방도이니, 어찌 이른바 종신토록 행할 만한 '서'라는 것이겠습니까?

근세 이름난 공경(公卿)의 말씀에 '사람이 지극히 어리석더라도 남을 질책하는 것은 밝고, 총명함이 있는 사람일지라도 자기의 마음을 미루어 나가는 것은 어둡다. 능히 남을 질책하는 마음으로 자신을 질책하고, 자기를 관대하게 하는 마음으로 남을 관대하게 대하면 성현의 경지에 이르지 못함을 걱정하지 않을 것이다'[127]라고 하였으니, 이 말은 일상에 가까우면서도 돈후하여 세상 사람들이 많이 일컫습니다.

다만 '서'의 의미는 본디 '나의 마음과 같이 여기다'(如心)라는 뜻으로 만들어진 글자이기 때문에 남에게 베풀 수는 있지만 나에게 베풀 수는 없는 것입니다. 그의 말에 '서기즉혼'(恕己則昏)이라고 하였으니, 이미

---

127) 사람이……것이다: 이는 송나라 때 사람 범순인(范純仁, 1027~1101)의 말이다. 그는 북송 때 학자이자 정치가로 태학사 등을 지냈다.

이와 같은 뜻이 있음을 알고 있는 것인데, 또 '이서기지심서인'(以恕己之心恕人)이라 하였으니, 이는 자신의 혼매함을 스스로 다스릴 줄 알지 못하고서 미루어 남에게 미쳐서 그 또한 나의 혼매함과 같아진 뒤에 그만두려고 한 것입니다. 이런 방법을 말미암아 성현의 경지로 들어가려 하였으니, 어찌 오류가 아니겠습니까?

가령 그의 의도가 단지 이 마음을 돌이켜 남에게 베풀고자 한 것이라면 또한 그것은 아래 장의 애인(愛人)의 일[128]을 말할 수 있을 뿐이니, 이 장의 치인(治人)의 의미와 『중용』의 '이인치인'(以人治人)[129]의 설에는 모두 합치되지 않는 점이 있습니다. 대체로 서(恕)가 되는 점은 같을지라도 하나는 남에게 미치는 것을 주로 하고, 다른 하나는 스스로 다스리는 것을 주로 하였습니다. 이 둘의 사이는 털끝만한 미세한 데에서 달라진 것이니, 바로 학자들이 깊이 살피고 명확히 분변해야 할 바입니다.

후한(後漢)의 광무제(光武帝) 같은 임금은 또한 현군입니다. 어느 날 죄가 없는데도 그의 아내를 내쳤는데, 그의 신하 질운(郅惲)은 대의를 힘써 진달하여 그의 잘못을 구제하지 못하고 짐짓 느슨한 말을 하여 그를 위로하고 달래었습니다. 이것이 이른바 '삼년상을 제대로 치르지 못하면서도 시마복(緦麻服)과 소공복(小功服)[130]에 대해서는 잘 살피며, 밥을 마구 퍼먹고 국물을 질질 흘리면서도 음식물을 이로 끊는 것을 꺼

---

128) 애인(愛人)의 일: '애인'(愛人)은 『대학장구』 전 제10장 제15절의 "唯仁者 爲能愛人 能惡人"이라고 한 문구의 '애인'(愛人)을 가리킨다. 남을 사랑하는 일에 해당될 뿐, 나의 마음을 미루어 남을 헤아리는 서(恕)의 뜻과는 다르다는 것이다.

129) 이인치인(以人治人): 이 문구는 『중용장구』 제13장에 보인다. '인간의 도리로 인간을 다스린다'라는 뜻이다.

130) 시마복(緦麻服)과 소공복(小功服): 시마복은 3개월 동안 상복을 입는 것이고, 소공복은 5개월 동안 상복을 입는 것이다.

린다'라는 격입니다. 광무제는 '질운은 자신의 마음을 잘 미루어서 임금의 마음을 헤아린 사람이다'라고 하였으니, 그의 잘못은 매우 원대하여 신하된 자들이 임금에게 어려운 일을 책임지우고 선을 진달하는 일을 하려 하지 않아 자기 임금을 해치는 죄를 크게 열어놓았습니다. 이는 '서' 한 글자의 의미에 대해 명확하게 알지 못함이 있어서 그 잘못이 이런 데까지 이른 것이니, 삼가지 않을 수 있겠습니까?"

〈或問〉曰 "然則未能有善而遂不求人之善 未能去惡而遂不非人之惡 斯不亦恕而終身可行乎哉" 曰 "恕字之旨 以如心爲義 蓋曰如治己之心以治人 如愛己之心以愛人 而非苟然姑息之謂也 然人之爲心 必嘗窮理以正之 使其所以治己愛己者 皆出於正 然後可以卽是推之以及於人 而恕之爲道 有可言者 故大學之傳 最後兩章 始及於此 則其用力之序 亦可見矣 至卽此章而論之 則欲如治己之心以治人者 又不過以强於自治爲本 蓋能强於自治 至於有善而可以求人之善 無惡而可以非人之惡 然後推己及人 使之亦如我之所以自治而自治焉 則表端景正 源潔流淸 而治己治人 無不盡其道矣 所以終身力此而無不可行之時也 今乃不然 而直欲以其不肖之身爲標準 視吾治敎所當及者 一以姑息待之 不相訓誥 不相禁戒 將使天下之人 皆如己之不肖 而淪胥以陷焉 是乃大亂之道 而豈所謂終身可行之恕哉 近世名卿之言有曰 人雖至愚 責人則明 雖有聰明 恕己則昏 苟能以責人之心責己 恕己之心恕人 則不患不至於聖賢矣 此言近厚 世亦多稱之者 但恕字之義 本以如心而得 故可以施之於人 而不可以施之於己 今曰恕己則昏 則是已知其如此矣 而又曰以恕己之心恕人 則是旣不知自治其昏 而遂推以及人 使其亦將如我之昏而後已也 乃欲由此以入聖賢之域 豈不誤哉 藉令其意 但爲欲反此心以施

於人 則亦止可以言下章愛人之事 而於此章治人之意 與夫中庸
以人治人之說 則皆有未合者 蓋其爲恕雖同 而一以及人爲主 一
以自治爲主 則二者之間 毫釐之異 正學者所當深察而明辨也 若
漢之光武 亦賢君也 一旦以無罪黜其妻 其臣郅惲不能力陳大義
以救其失 而姑爲緩辭以慰解之 是乃所謂不能三年而緦功之察
放飯流歠而齒決是惲者 光武乃謂惲爲善恕己量主 則其失又甚
遠 而大啓爲人臣者不肯責難陳善以賊其君之罪 一字之義 有所
不明 而其禍 乃至於此 可不謹哉"

어떤 사람이 물었다. "이미 앞 문장에서 결론을 짓고, 다시 『시경』의 시
를 세 편이나 인용한 것은 어째서입니까?" 나는 아래와 같이 답하였다.

"옛사람들이 말을 할 때에는 반드시 시를 인용하니, 이는 대체로 시인
이 탄식하고 노래하며 여유 있고 만족하여 사람의 선한 마음을 감발함
이 있는 것을 취한 것이지, 그 시구를 취하여 문장의 의미를 증명한 것만
은 아닙니다. 이 장에서 제가·치국의 일을 논한 것으로 보면 문장이 갖
추어지고 그 의미가 충분합니다. 그런데 다시 세 편의 시를 인용한 것은
능히 이 장에서 논한 것 외에 별도로 발명할 바가 있어서 그런 것이 아닙
니다.

그러나 일찍이 이 장을 읽어보니, 반복해서 읊조리는 사이에 의미가
심원하고 의리가 통창하여 사람으로 하여금 마음과 정신을 융회관통하
게 하여 자신도 모르게 손과 발이 춤을 추고 뛰는 점이 있었습니다. 이는
시를 인용한 효과가 큰 것입니다. 대체로 이 장뿐만 아니라 다른 곳에서
시를 인용한 경우 모두 이런 점으로써 그 뜻을 구해보면 시를 인용한 사
람의 의도를 알 수 있을 것이며, 시가 그곳에서 어떤 의미로 쓰였는지도
터득할 수 있을 것입니다."

〈或問〉曰 "旣結上文 而復引詩者三 何也" 曰 "古人言必引詩
蓋取其嗟嘆咏歌 優游厭飫 有以感發人之善心 非徒取彼之文
證此之義而已也 夫以此章所論齊家治國之事 文具而意足矣 復
三引詩 非能於其所論之外 別有所發明也 然嘗試讀之 則反覆吟
咏之間 意味深長 義理通暢 使人心融神會 有不知手舞而足蹈
者 是則引詩之助與爲多焉 蓋不獨此 他凡引詩云者 皆以是求之
則引者之意 可見 而詩之爲用 亦得矣"

어떤 사람이 물었다. "인용한 세 편의 시에도 차서가 있습니까?" 나는
아래와 같이 답하였다.

"첫 번째 인용한 시는 가인(家人)을 말하였고, 두 번째 인용한 시는 형
제(兄弟)를 말하였으며, 마지막에 인용한 시는 사국(四國)을 말하였으
니, 또한 '나의 아내에게 모범을 보여 형제에게 이르며, 그로써 가정과
나라를 다스린다'[131]라고 한 의미입니다."

〈或問〉曰 "三詩 亦有序乎" 曰 "首言家人 次言兄弟 終言四國
亦刑于寡妻 至于兄弟 以御于家邦之意也"

---

131) 나의……다스린다: 이 시구는 『시경』 대아(大雅) 「사제」(思齊)에 보인다.

전 제10장 傳十章

어떤 사람이 물었다. "위의 장에서 제가·치국의 도를 논하면서 이미 효(孝)·제(悌)·자(慈)로써 말하였습니다. 이 장은 치국·평천하의 도를 논한 것인데, 다시 이 효·제·자로써 말한 것은 어째서입니까?" 나는 아래와 같이 답하였다.

"효·제·자 세 가지는 인도(人道)의 큰 단서로서, 사람의 마음속에 다 같이 가지고 있는 것입니다. 가(家)로부터 국(國)에 미치고, 국으로부터 천하(天下)에 미치는 데에는 크고 작은 차이가 있지만, 그 도는 이와 같은 데 불과할 따름입니다. 다만 앞 장에서는 오로지 자기가 미루어 나가 남들이 변화하는 것으로 말을 하였는데, 이 장에서는 또 거듭 그 점을 말하여 인심(人心)의 같은 바로서 그만둘 수 없는 것이 이와 같음을 드러내었습니다. 그러므로 군자는 그들을 교화할 뿐만 아니라 또한 그들을 조처함이 있는 것입니다.

대개 사람의 마음이 되는 원인은 일찍이 같지 않음이 없다고 말하지만, 귀천(貴賤)에 따라 형세를 달리하고, 현우(賢愚)에 따라 자품(資稟)을 달리합니다. 위에 있는 군자가 진지하게 알고 실제로 실천하여 그들을 창도함이 있지 않으면 이 마음을 가진 아랫사람들은 또한 감발하여 흥기하는 바가 없을 것입니다. 다행히 그들을 창도하여 흥기시킬 수 있지만, 윗사람이 그들의 마음을 능히 살피지 못하여 그들을 조처하는 바의 도리를 잃게 되면, 저들의 흥기한 마음을 이루어줄 수 없어 도리어 균평하게 하지 않는다는 탄식이 있게 될 것입니다. 그러므로 군자는 그들 마음의 같은 점을 살펴서 혈구지도(絜矩之道)를 터득한 뒤에 이들을 조처하여 그들의 흥기한 선한 단서를 이루어줌이 있는 것입니다."

〈或問〉"上章論齊家治國之道 既以孝弟慈爲言矣 此論治國平天下之道 而復以是爲言 何也"曰"三者 人道之大端 衆心之所同得者也 自家以及國 自國以及天下 雖有大小之殊 然其道 不過如此而已 但前章專以己推而人化爲言 此章又申言之 以見人心之所同而不能已者如此 是以 君子不唯有以化之 而又有以處之也 蓋人之所以爲心者 雖曰未嘗不同 然貴賤殊勢 賢愚異稟苟非在上之君子 眞知實蹈 有以倡之 則下之有是心者 亦無所感而興起矣 幸其有以倡焉而興起矣 然上之人 乃或不能察彼之心而失其所以處之之道 則彼其所興起者 或不得遂 而反有不均之歎 是以 君子察其心之所同 而得夫絜矩之道 然後有以處此而遂其興起之善端也"

어떤 사람이 물었다. "무엇을 가지고 '혈'(絜)을 '헤아리다'〔度〕라는 뜻으로 해석합니까?" 나는 아래와 같이 답하였다.

"이는 장자(莊子)가 이른바 '그것을 재보니 백 아름이었다'[132]라고 한 것과 가자(賈子)[133]가 이른바 '길이를 재고 크기를 헤아리다'[134]라고 한 뜻입니다. 예전의 유학자들은 대체로 이 점을 살피지 못하고 억지로 '설'(挈)의 뜻으로 훈해하였는데, 전혀 의의(意義)가 없습니다. 선고의 벗인 태사(太史) 범공(范公)[135]께서 이 점을 미루어 말씀하신 뒤에야 그

---

132) 그것을……아름이었다: 이 문구는 『장자』(莊子) 「인간세」(人間世)에 보인다.
133) 가자(賈子): 한나라 때 가의(賈誼)를 말한다.
134) 길이를……헤아리다: 이 문구는 가의(賈誼)의 「과진론」(過秦論)에 보인다.

이치가 통할 수 있었습니다.

　대개 '혈'(絜)은 '헤아리다'[度]는 뜻이고, '구'(矩)는 모난 각을 만드는 도구입니다. 자기의 마음으로 남의 마음을 헤아려서 남이 싫어하는 것이 자기와 다르지 않음을 알면 감히 자기가 싫어하는 것으로 남에게 베풀지 않을 것입니다. 나의 몸을 한결같이 이런 데에 처하게 하면 상하·사방의 남과 나의 관계에서 각기 그 분수를 얻어 서로 침범하거나 넘어가지 않아 각기 그 중도로 나아가게 될 것입니다. 그 점유한 곳을 비교해보면 넓고 좁고 길고 짧음이 모두 균평하여 한결같이 잘라놓은 듯이 방정해서 남거나 부족한 곳이 없을 것입니다. 이것이 이른바 '혈구'(絜矩)라는 것입니다.

　천하와 국가를 다스리는 데 마음을 두고 일을 절제하는 것이 한결같이 이런 데서 나오면 천지 사이에 어느 한 생물도 제자리를 얻지 않음이 없을 것이며, 백성들이 효(孝)에 흥기되고 공경[悌]에 흥기되고 고아를 긍휼히 여기는 마음을 저버리지 않게 되기를 바라는 천하의 임금들은 모두 그의 마음을 스스로 극진히 해서 균평하지 않다는 탄식이 없게 될 것입니다. 그러니 천하에 어찌 균평하지 못한 자가 있겠습니까?

　그러나 군자가 이런 마음을 갖는 까닭이 어찌 외부에서 이르러 억지로 그것을 하는 것이겠습니까? 또한 이는 '사물의 이치가 이르러 앎이 지극해졌기 때문에 천하 사람의 심지를 통달하여 천만인의 마음이 곧 한 사람의 마음임을 알 수 있기 때문이며, 마음속 생각이 선으로 가득 차고 마음이 바르게 되었기 때문에 자기 한 사람의 사욕을 이겨서 능히 한 사람의 마음으로 천만인의 마음을 삼을 수 있기 때문이다'라고 말할 수 있습니다. 그것이 이와 같을 뿐입니다.

---

135) 태사(太史) 범공(范公): 태사를 지낸 범여규(范如圭)를 말한다.

하나라도 사사로운 생각이 있어 그 사이에 존재하면 한 꺼풀 밖이 바로 호월(胡越)¹³⁶⁾처럼 현격하게 멀어질 것입니다. 그러면 혈구를 하고자 하더라도 막히는 바가 있어서 통할 수 없을 것입니다. 이는 조유(趙由)가 군수가 되어서는 도위(都尉)를 깔보고 도위가 되어서는 군수를 능멸한 일¹³⁷⁾ 그리고 왕숙(王肅)이 자신이 윗사람을 섬긴 것에 비의하여 아랫사람들이 자기에게 아첨하길 좋아한 것¹³⁸⁾과 같은 격일 것입니다. 그 유래를 미루어보면 대개 이런 사심에서 나온 것이며, 그 유형을 확충해보면 걸주(桀紂)와 도척(盜跖)¹³⁹⁾이 한 일일지라도 장차 어느 곳인들 이르지 않겠습니까?"

〈或問〉日 "何以言絜之爲度也" 日 "此莊子所謂絜之百圍 賈子所謂度長絜大者也 前此諸儒 蓋莫之省而强訓以挈 殊無意謂 先友太史范公 乃獨推此以言之 而後其理可得而通也 蓋絜 度也 矩 所以爲方也 以己之心度人之心 知人之所惡者 不異乎己 則不敢以己之所惡者 施之於人 使吾之身一處乎此 則上下四方 物我之際 各得其分 不相侵越而各就其中 校其所占之地 則其廣狹長短 又皆平均如一截然方正 而無有餘不足之處 是則所謂絜矩者也 夫爲天下國家 而所以處心制事者 一出於此 則天地之間 將無一物不得其所 而凡天下之欲爲孝弟不倍者 皆得以自盡其

---

136) 호월(胡越): 북방의 호족(胡族)과 남방의 월나라처럼 현격하게 차이가 난다는 뜻이다.
137) 조유(趙由)가……일: 이는 사마천의 『사기』 「혹리열전」(酷吏列傳)에 보인다. 조유는 한나라 때 인물이다.
138) 왕숙(王肅)이……것: 이는 『위지』(魏志) 「왕숙열전」에 보인다.
139) 걸주(桀紂)와 도척(盜跖): 걸(桀)·주(紂)는 하나라와 은나라 말기의 포악한 군주이고, 도척(盜跖)은 고대 도적의 괴수를 말한다. 모두 포악한 짓을 한 대표적인 사람들이다.

心 而無不均之歎矣 天下 其有不平者乎 然君子之所以有此 亦
豈自外至而强爲之哉 亦曰物格知至 故有以通天下之志 而知千
萬人之心 卽一人之心 意誠心正 故有以勝一己之私 而能以一人
之心爲千萬人之心 其如此而已矣 一有私意 存乎其間 則一膜之
外 便爲胡越 雖欲絜矩 亦將有所隔礙而不能通矣 若趙由之爲
守則易尉 而爲尉則陵守 王肅之方於事上而好人佞己 推其所由
蓋出於此 而充其類 則雖桀紂盜跖之所爲 亦將何所不至哉"

　어떤 사람이 물었다. "그렇다면 혈구(絜矩)를 말한 것, 그것은 이른바
서(恕)라고 하는 것입니까?" 나는 아래와 같이 답하였다.

　"이는 참으로 앞 장에서 이른바 '자기를 사랑하는 마음과 같이 남을
사랑하라'라는 것입니다. 공자께서 이른바 '종신토록 행할 만한 한 마디
말은 서(恕)이다'[140]라고 하신 것과 정자(程子)께서 이른바 '확충하고
개척해 나가면 천지가 변화하여 초목이 번성하고, 확충하고 개척해 나
가지 않으면 천지가 폐쇄되어 현인이 은거한다'[141]라고 한 것은 모두 그
가 그것을 미루어 나갈 수 있어서 통하지 않음이 없기 때문입니다. 그러
나 반드시 궁리(窮理)·정심(正心)으로부터 미루어 나가면 나의 사랑하
고 미워하고 취하고 버리는 것들이 모두 그 바름을 얻어서 미루어 남에
게 미치는 것도 바름을 얻지 않음이 없을 것입니다. 그러므로 상하·사방
의 사람들이 이로써 헤아리면 분명하게 각기 그 분수를 얻지 않음이 없
을 것입니다.

---

140) 종신토록……서(恕)이다: 이는 『논어』「위령공」제24장의 "子貢問曰 有一言
　　而可以終身行之者乎 子曰 其恕乎 己所不欲 勿施於人"이라고 한 것을 가리킨다.
141) 확충하고……은거한다: 이 문구는 출전이 분명치 않다. 주자의 『대학혹문』과
　　『주자어류』등에서부터 보이기 시작한다.

만약 그 이치에 대해 분명치 못해서 마음에 바르지 않음이 있으면 내가 원하는 바는 마땅히 원해야 할 바가 아닐 것이며, 내가 미워하는 것은 마땅히 미워해야 할 바가 아닐 것입니다. 이 점을 살피지 않고 갑자기 이 서(恕)로써 남에게 베푸는 준칙으로 삼고자 하면, 그의 마음속 생각이 비록 공정하더라도 그 일은 사사롭게 될 것입니다. 이런 경우는 상대와 내가 서로 침범하여 피차 서로 병들어 한 집안 안에서 살고 반걸음의 가까운 사이에 있을지라도 또한 참성(參星)과 상성(商星)의 의 관계[142]처럼 모순되어 이 서(恕)를 행할 수 없음을 보게 될 것입니다. 그러니 어찌 종신토록 그것을 행하길 바라겠습니까?

그러므로 성현이 서(恕)를 말한 모든 경우는 반드시 충(忠)으로써 근본을 삼았으며, 정자(程子)도 충(忠)과 서(恕) 두 자를 형체와 그림자 같아서 그 중에 하나를 버리고자 해도 그렇게 할 수 없는 사이라고 하였습니다. 대체로 자신을 충하게 한 뒤에 나와 같이 여기는 마음도 비로소 그 바름을 얻게 될 것이니, 이 또한 이 『대학』의 선후(先後)·본말(本末)의 뜻[143]입니다. 그렇다면 군자의 학문은 그 차서를 삼가지 않을 수 있겠습니까?"

〈或問〉曰 "然則絜矩之云 是則所謂恕者已乎" 曰 "此固前章所謂如愛己之心以愛人者也 夫子所謂終身可行 程子所謂充拓得去 則天地變化而草木蕃 充拓不去 則天地閉而賢人隱 皆以其可以推之而無不通耳 然必自其窮理正心者而推之 則吾之愛惡

---

142) 참성(參星)과……관계: 참성은 서쪽에 있고, 상성은 동쪽에 있어서 참성이 지면 상성이 뜨고 상성이 참성이 뜬다. 즉 서로 대립하거나 만날 수 없는 것처럼 모순된 경우를 말한다.

143) 『대학』의……뜻: 경일장 제3절에 언급한 "物有本末 事有終始 知所先後 則近道矣"를 가리킨다.

取舍 皆得其正 而其所推以及人者 亦無不得其正 是以 上下四
方 以此度之 而莫不截然各得其分 若於理 有未明 而心有未正
則吾之所欲者 未必其所當欲 吾之所惡者 未必其所當惡 乃不察
此 而遽欲以是爲施於人之準則 則其意雖公 而事則私 是將見其
物我相侵 彼此交病 而雖庭除之內 跬步之間 亦且參商矛楯而
不可行矣 尙何終身之望哉 是以 聖賢凡言恕者 又必以忠爲本
而程子亦言忠恕兩言 如形與影 欲去其一而不可得 蓋唯忠而後
所如之心 始得其正 是亦此篇先後本末之意也 然則君子之學 可
不謹其序哉"

어떤 사람이 물었다. "신(身)으로부터 가(家)로, 가로부터 국(國)으로,
국으로부터 천하(天下)로 미루어 나가는 것이 균일하게 나를 미루어 남
에게 미치는 일이 됩니다. 전문에서 그 점을 해석한 것은 한 가지 일이
절로 한 가지 설이 되어 상통할 수 없는 점이 있는 듯하니, 어째서입니
까?" 나는 아래와 같이 답하였다.

"이는 형세의 멀고 가까움과 일의 선후에 따라 베푸는 바에 같지 않은
점이 있기 때문이지, 실제로 다른 일이 있는 것은 아닙니다. 대개 반드시
남을 접하는 것을 살필 적에 호오(好惡)가 치우치지 않은 뒤에야 윤리를
바르게 하고 은의(恩義)를 돈독하게 하여 그 집안사람들을 균평하게 대
할 수 있게 됩니다. 그 집안사람들이 이미 균평하게 되어 그의 일이 모두
본받을 만한 뒤에야 표준을 세워 서로 가르쳐서 그 나라를 태평하게 다
스릴 수 있게 됩니다. 그 나라가 이미 태평하게 다스려져 백성들이 흥기
할 줄 안 뒤에야 자기를 미루어 남을 헤아려서 이것을 들어 저들에게 더
하여 천하를 태평하게 다스릴 수 있습니다.

이는 원근과 선후에 따라 베푸는 것에 다른 점이 있는 것입니다. 그러

나 치국 이전[144]은 안을 다스리는 것이 엄하고 주밀하고 정밀하고 상세하며, 치국 이후는 바깥을 다스리는 것이 넓고 크고 두루 빠뜨림이 없으니, 본말(本末)이 실제로는 일물(一物)이고 수미(首尾)가 실제로는 일신(一身)임을 또한 알 수 있습니다. 그러니 어떤 명칭이 이설(異說)이 되겠습니까?"

〈或問〉曰 "自身而家 自家而國 自國而天下 均爲推己及人之事 而傳之所以釋之者 一事自爲一說 若有不能相通焉者 何也" 曰 "此以勢之遠邇 事之先後 而所施有不同耳 實非有異事也 蓋必審於接物 好惡不偏 然後有以正倫理 篤恩義 而齊其家 其家已齊 事皆可法 然後有以立標準 肙敎誨 而治其國 其國已治 民知興起 然後可以推己度物 舉此加彼 而平天下 此以其遠近先後 而施有不同者也 然自國以上 則治於內者 嚴密而精詳 自國以下 則治於外者 廣博而周遍 亦可見其本末 實一物 首尾實一身矣 何名爲異說哉"

어떤 사람이 물었다. "제3절에 이른바 '민지부모'(民之父母)라고 한 말은 무슨 뜻입니까?" 나는 아래와 같이 답하였다.

"군자에게는 혈구지도(絜矩之道)가 있습니다. 그러므로 능히 자기의 호오(好惡)로써 백성들의 호오를 알며, 또 능히 백성들의 호오로써 자기의 호오를 삼습니다. 그들이 좋아하는 것을 좋아하여 그들을 위해 그것을 모으며[145], 그들이 싫어하는 것을 싫어하여 그것을 베풀지 않으면 윗

---

144) 치국 이전: 원문의 '치국이상'(治國以上)은 팔조목의 치국(治國) 앞에 있는 제가(齊家) 이전의 조목을 말한다. 뒤의 '자국이하'(自國以下)는 팔조목의 치국·평천하를 말한다.

145) 그들을……모으며: 이 문구는 『맹자』 「이루 상」 제9장에 보이는데, 여(與)는

사람이 아랫사람을 사랑하는 것이 참으로 부모가 자기 자식을 사랑하는 것과 같을 것입니다. 그러면 저 백성들이 자기 상관을 친애하는 것이 어찌 자식이 자기 부모를 친애하는 것과 같지 않겠습니까?"

〈或問〉曰 "所謂民之父母者 何也" 曰 "君子有絜矩之道 故能以己之好惡 知民之好惡 又能以民之好惡 爲己之好惡也 夫好其所好而與之聚之 惡其所惡而不以施焉 則上之愛下 眞猶父母之愛其子矣 彼民之親其上 豈不亦猶子之愛其父母哉"

어떤 사람이 물었다. "이 장 제4절에 『시경』의 「절남산」(節南山)을 인용한 것은 무슨 뜻입니까?" 나는 아래와 같이 답하였다.

"높은 자리에 있는 사람은 사람들이 우러러보는 대상이니, 삼가지 않아서는 안 된다는 말입니다. 예컨대 임금이 자기 마음을 방자하게 하고 사사로운 것을 따르며 천하 사람들과 더불어 그 호오를 함께하지 않는다면 그런 임금은 걸왕(桀王)[146]·주왕(紂王)[147]·유왕(幽王)·여왕(厲王)[148]처럼 천하 사람들에게 죽임을 당할 것입니다"

〈或問〉曰 "此所引節南山之詩 何也" 曰 "言在尊位者 人所觀仰 不可不謹 若人君恣己徇私 不與天下同其好惡 則爲天下僇 如桀紂幽厲也"

어떤 사람이 물었다. "제5절의 '민중을 얻으면 나라를 얻고 민중을 잃으면 나라를 잃는다'(得衆則得國 失衆則失國)라고 한 것은 무슨 뜻입니

위(爲)의 뜻으로 '위하여'라고 해석한다.

146) 걸왕(桀王): 하나라 말기의 포악한 군주.

147) 주왕(紂王): 은나라 말기의 포악한 군주.

148) 유왕(幽王)·여왕(厲王): 주나라 중기 혼란스러웠던 시대의 군주.

까?" 나는 아래와 같이 답하였다.

"이는 능히 혈구(絜矩)를 하면 백성들이 그 임금을 부모처럼 섬겨 민중을 얻고 나라를 얻지만, 임금이 능히 혈구를 하지 않으면 천하 사람들에게 죽임을 당하여 민중을 잃고 나라를 잃게 될 것이라는 말입니다"

〈或問〉曰 "得衆得國 失衆失國 何也" 曰 "言能絜矩 則民父母之 而得衆得國矣 不能絜矩 則爲天下僇 而失衆失國矣"

어떤 사람이 물었다. "제6절에 이른바 '먼저 덕을 삼가다'(先愼乎德)라는 말은 무슨 뜻입니까?" 나는 아래와 같이 답하였다.

"앞 절에서 나라를 가진 자는 삼가지 않아서는 안 된다는 점을 말하였고, 이 절에서는 그가 삼가는 바로서 마땅히 먼저 해야 할 것이 더욱 덕에 있다는 점을 말한 것입니다. 덕은 곧 경일장에 이른바 명덕이라고 한 것이니, 그 덕을 삼가는 것은 또한 격물·치지·성의·정심하여 그 몸을 닦는 것일 따름입니다"

〈或問〉曰 "所謂先愼乎德 何也" 曰 "上言有國者不可不謹 此言其所謹而當先者尤在於德也 德 卽所謂明德 所以謹之 亦曰格物致知誠意正心 以修其身而已矣"

어떤 사람이 물었다. "이 장에서 임금이 재물에 힘쓰면 백성을 잃게 된다고 심각하게 말한 것은 어째서입니까?" 나는 아래와 같이 답하였다.

"덕이 있으면 인민이 있게 되고, 인민이 있게 되면 국토가 있게 될 것이니, 자연의 형세를 따라 토지를 나누어주어 경작하게 하면, 국가에 재용(財用)이 없음을 걱정하지 않을 것입니다. 그러나 본말을 알지 못하여 혈구지심(絜矩之心)이 없으면 그 백성을 다투게 하여 겁탈하는 가르침을 베풀지 않을 자가 없을 것입니다. 『주역』「계사전」(繫辭傳)[149]에 '무엇으로 사람들을 모을 것인가? 그것은 재물이다'라고 하였으며, 『춘추외전』(春秋外傳)[150]에 '인민에게 왕 노릇 하는 사람은 백성을 인도하고 이롭게 하는 방도로써 상하에 펴려고 하는 자이다'라고 하였습니다. 그러므로 재물이 윗사람에게 모이면 백성들은 아래에서 흩어지게 되고, 재물이 아랫사람에게 나누어지면 백성들은 윗사람에게 귀의하게 됩니다.

제10절의 '말이 거슬려 나간 경우는 또한 거슬려서 들어오고, 재물이 거슬려 들어온 것은 또한 거슬려서 나간다'(言悖而出者 亦悖而入 貨悖而入者 亦悖而出)에 대해 정씨(鄭氏)[151]는 '임금이 이치에 거역하는 명령을 내리면 백성들은 거스르는 말이 있게 되며, 임금이 이익을 탐하면 아랫사람들은 침범하고 배반하게 될 것이다'라고 해석하였으니, 그 본지를 얻었습니다."

〈或問〉曰 "此其深言務財用而失民 何也"

曰 "有德而有人有土 則因天分地 不患乎無財用矣 然不知本末 而無絜矩之心 則未有不爭鬪其民而施之以劫奪之敎者也 易大傳曰 何以聚人曰財 春秋外傳曰 王人者 將以導利而布之上下者也 故財聚於上 則民散於下矣 財散於下 則民歸於上矣 言悖而出者 亦悖而入 貨悖而入者 亦悖而出 鄭氏以爲君有逆命 則民有逆辭 上貪於利 則下人侵畔 得其旨矣"

어떤 사람이 물었다. "앞의 제5절에서 이미 '천명은 보존하기가 쉽지 않다'(峻命不易)라고 하고서 이 제11절에서는 또 '천명은 일정하지

---

149) 「계사전」(繫辭傳): 원문의 '역대전'(易大傳)은 공자가 『주역』을 해석한 십익(十翼)을 말한다. 여기서는 「계사전 상」(繫辭傳上)을 가리킨다.

150) 『춘추외전』(春秋外傳): 『국어』(國語)의 별칭이다.

151) 정씨(鄭氏): 후한 말의 경학가 정현(鄭玄)을 가리킨다.

않다'(惟命不于常)라고 한 것은 어째서입니까?" 나는 아래와 같이 답하였다.

"이는 천명이 중대하기 때문에 그 정녕한 의미를 극진히 말한 것이니, 또한 앞 문장을 이어서 말한 것입니다. 대개 '임금이 선하면 그것을 얻는다'라는 것은 '덕을 소유하면 인민을 소유하게 된다'라는 것을 말한 것이며, '임금이 선하지 않으면 그것을 잃는다'라는 것은 '거슬려 들어오면 거슬려서 나간다'라는 것을 말한 것입니다. 그렇다면 천명이 일정하지 않은 것은 바로 사람이 스스로 만드는 것이니, 삼가지 않을 수 있겠습니까?"

〈或問〉曰 "前旣言命之不易矣 此又言命之不常 何也" 曰 "以天命之重 而致其丁寧之意 亦承上文而言之也 蓋善則得之者 有德而有人之謂也 不善則失之者 悖入而悖出之謂也 然則命之不常 乃人之所自爲耳 可不謹哉"

어떤 사람이 물었다. "제14절에 『서경』「진서」(秦誓)를 인용한 것은 어째서입니까?" 나는 아래와 같이 답하였다.

"이는 선을 좋아하는 이로움은 그의 자손에게 미치지만, 선을 좋아하지 않는 해로움은 후세에까지 미치니, 혈구를 하는가 하지 않는가 하는 차이로 말미암음을 말한 것입니다"

〈或問〉曰 "其引秦誓 何也" 曰 "言好善之利 及其子孫 不好善之害 流於後世 亦由絜矩與否之異也"

어떤 사람이 물었다. "시기하고 질투하는 사람은 참으로 미워할 만하지만, 인인(仁人)이 그를 미워함이 심하여 제15절에서 말한 것과 같은 데에 이르면, 어찌 그를 미워함이 너무 심하여 난을 일으키게 됨[152]이 없겠습니까?" 나는 아래와 같이 답하였다.

"소인이 악을 행하는 데는 천만 가지 단서가 있으니, 그 미워할 만한 점이 단지 시기하고 질투하는 한 가지 일뿐만 아닙니다. 인인(仁人)이 저 다른 사람을 미워하는 것은 심하지 않으면서 유독 이런 사람을 미워함이 심한 것은, 그가 선한 사람을 해침이 있어서 백성들로 하여금 은택을 입을 수 없게 하여 그 후대에 미치는 화가 길게 뻗쳐 후세에 이르러도 그치지 않기 때문입니다. 그러나 사람을 죽여 재물을 취하는 도둑[153]이 아니라면 죄가 죽음에 이르지 않습니다. 그러므로 그를 추방하고 유배 보내는 것입니다. 그러나 또 생각해보면 피차의 형세가 다르기는 하지만 괴로워하고 즐거워하는 심정은 마찬가지입니다.

지금 저 악인을 추방하여 멀리 보내지 않으면 그 해가 됨이 이곳에서는 베풀어지지 않을 수 있지만 저 악인이 추방된 곳에서는 그 백성들이 다시 무슨 죄가 있겠습니까? 그러므로 감히 자기가 싫어하는 바로써 남에게 베풀지 않고, 반드시 멀리 내쫓아 무인지경에 두어서 악귀들을 방어하게 한 뒤에 그만두는 것입니다. 이는 대체로 선인을 보호하고 안전하게 하여 그 해를 입지 않게 할 뿐만 아니라 흉악한 사람을 금하고 굴복시켜서 그 악을 키울 수 없게 하는 것입니다. 비록 그의 선악에 따라 호오의 다른 점이 있지만, 그를 인애하는 마음 또한 그 사이에서 행해지지 않은 적이 없습니다. 이는 난을 막는 방도가 되는 데 지극한 것이니, 어찌 난을 일으킴이 있겠습니까?"

〈或問〉曰 "媢疾之人 誠可惡矣 然仁人惡之之深 至於如此 得

---

152) 그를……됨: 이는 『논어』 「태백」의 "子曰 好勇疾貧 亂也 人而不仁 疾之已甚 亂也"를 말한 것이다.

153) 사람을…도둑: 이 문구는 『서경』 「강고」(康誥)의 '살월인우화'(殺越人于貨)를 말한 것이다.

無疾之已甚之亂邪" 曰 "小人爲惡 千條萬端 其可惡者 不但媚
疾一事而已 仁人不深惡乎彼 而獨深惡乎此者 以其有害於善人
使民不得被其澤 而其流禍之長 及於後世而未已也 然非殺人于
貨之盜 則罪不至死 故亦放流之而已 然又念夫彼此之勢雖殊 而
苦樂之情則一 今此惡人放而不遠 則其爲害 雖得不施於此 而彼
所放之地 其民復何罪焉 故不敢以己之所惡 施之於人 而必遠
而置之無人之境 以禦魑魅而後已 蓋不惟保安善人 使不蒙其害
亦所以禁伏凶人 使不得稔其惡 雖因彼之善惡而有好惡之殊 然
所以仁之之意 亦未嘗不行乎其間也 此其爲禦亂之術 至矣 而何
致亂之有"

어떤 사람이 물었다. "제15절의 '병'(迸)을 '물리치다'라는 뜻으로 해
석하는 것은 어째서입니까?" 나는 아래와 같이 답하였다.

"옛날의 글자에는 통용되는 것이 많습니다. 한(漢)나라 때 석각에 있
는 문구에 『논어』의 '존오미 병사악'(尊五美 屏四惡)[154]을 인용한 구절
이 있는데, '존'(尊)을 '준'(遵)으로 쓰고 '병'(屏)을 '병'(迸)으로 썼으
니, 그런 사례의 증거가 됩니다."

〈或問〉曰 "迸之爲屏 何也" 曰 "古字之通用者 多矣 漢石刻詞
有引尊五美屏四惡者 而以尊爲遵 以屏爲迸 則其證也"

어떤 사람이 물었다. "'오직 인인(仁人)이라야 능히 남을 사랑하고 능
히 남을 미워하는 일을 할 수 있다'(唯仁人 爲能愛人 能惡人)[155]라고 한

---

154) 존오미 병사악(尊五美 屛四惡): 이 문구는 『논어』 「요왈」(堯曰) 제2장에 보인다.
155) 오직……있다: 이 문구는 『대학장구』 전 제10장 제15절에 보인다. 『논어』의
　　 공자 말씀을 인용한 것이다.

것은 무슨 뜻입니까?" 나는 아래와 같이 답하였다.

"인인(仁人)은 사욕이 싹트지 않아 천하의 공공의 이치가 나에게 있게 됩니다. 그러므로 시비가 어긋나지 않아 거행하고 조처하는 일이 마땅함을 얻게 됩니다"

〈或問〉曰 "仁人之能愛人能惡人 何也" 曰 "仁人者 私欲不萌 而天下之公 在我 是以 是非不謬 而擧措得宜也"

어떤 사람이 물었다. "제16절의 '명'(命)은 '만'(慢)의 뜻으로 보기도 하고, '태'(怠)의 뜻으로 보기도 하는데, 어느 것이 옳습니까?" 나는 아래와 같이 답하였다.

"대체로 뜻이 의심스러울 경우 그것을 결정하는 방법은 의리(義理)·문세(文勢)·사증(事證) 세 가지에 불과할 뿐입니다. 지금 이 만(慢)·태(怠) 두 자는 의리·문세로 결정하고자 하면 모두 뜻이 통하지만, 사증으로 결정하려고 하면 고증할 것이 없습니다. 이 글자는 대체로 깊이 그 뜻을 구해서는 안 됩니다. 가령 그 글자가 큰 의리와 사실에 대해서 향하는 바와 등지는 바가 있다면, 그 뜻을 궁구하지 않을 수 없습니다. 그럴 경우에는 오히려 그 완급을 살펴 선후를 정해야 할 것입니다. 하물며 이 글자와 같은 경우에는 두 가지 의미 모두 통하여 사실과 의리에 잘잘못이 크지 않으니, 어찌 굳이 고심하고 힘을 다해 그 뜻을 찾아서 부질없이 시간을 허비해도 유익한 바가 없게 하겠습니까? 이런 점으로 미루어보면 다른 글자도 모두 알 수가 있습니다."

〈或問〉曰 "命之爲慢 與其爲怠也 孰得" 曰 "大凡疑義 所以決之 不過乎義理文勢事證三者而已 今此二字 欲以義理文勢決之 則皆通 欲以事證決之 則無考 蓋不可以深求矣 若使其於義理事實之大者 有所鄕背 而不可以不究 猶當視其緩急 以爲先後 況

於此等字旣兩通 而於事義無大得失 則亦何必苦心極力以求之
徒費日而無所益乎 以是而推 他亦皆可見矣"

어떤 사람이 물었다. "선을 좋아하고 악을 미워하는 것은 사람의 본성
이 그러한 것입니다. 그런데 사람의 본성을 어기는 자가 있는 것은 어째
서입니까?" 나는 아래와 같이 답하였다.

"어질지 못한 사람은 아첨하고 편당을 짓고 시기하고 질투하여 그 마
음을 악에 빠뜨림이 있습니다. 그러므로 그의 좋아하고 미워하는 바가
떳떳한 인간의 본성을 어기는 것이 이와 같은 것입니다. 이런 사람은 '백
성의 부모가 되어 백성이 좋아하는 것을 능히 좋아하고, 백성이 싫어하
는 것을 능히 싫어하는 사람'156)과 정반대가 됩니다. 가령 그가 능히 사
심을 이겨 혈구를 하면 이런 경지에 이르지 않을 것입니다."

〈或問〉曰 "好善惡惡 人之性然也 有拂人之性者 何哉" 曰 "不
仁之人 阿黨媚疾 有以陷溺其心 是以 其所好惡 戾於常性 如此
與民之父母 能好惡人者 正相反 使其能勝私而絜矩 則不至於
是矣"

어떤 사람이 물었다. "제18절의 '충신'(忠信)과 '교태'(驕泰)가 득(得)
이 되고 실(失)이 되는 까닭은 무엇입니까?" 나는 아래와 같이 답하였다.

"충신은 자신의 마음을 극진히 하여 남을 거역하지 않는 것이니, 이는
혈구의 근본입니다. 교태는 자기의 마음을 방자하게 하고 사사로운 것을
따라서 사람으로서 사욕을 따르는 경우이니, 이는 남과 호오를 함께할

---

156) 백성의……사람: 이는 『대학장구』 전 제10장 제3절의 "民之所好 好之 民之所惡
惡之 此之謂民之父母"를 줄여서 쓴 것이다.

수 없는 것입니다."

〈或問〉曰 "忠信驕泰之所以爲得失者 何也" 曰 "忠信者 盡己之心 而不違於物 絜矩之本也 驕泰 則恣己徇私 以人從欲 不得與人同好惡矣"

어떤 사람이 물었다. "위의 문장에서는 재용(財用)에 힘쓰는 것이 백성을 잃는다는 점을 심각하게 진술하였는데, 이 제19절에서 다시 재물을 생산하는 도리를 말한 것은 어째서입니까?" 나는 아래와 같이 답하였다.

"이는 앞의 제6절에 이른바 국토가 있으면 재물이 있다는 것을 말한 것입니다. 『서경』「홍범」(洪範)의 팔정(八政)에 식(食)과 화(貨)를 앞에 두었으며,[157] 자공(子貢)이 정사를 질문하자 공자께서 이르신 말씀에도 족식(足食)을 맨 앞에 두셨으니,[158] 대체로 백성을 기르는 도리에서 이 재물은 하루도 없어서는 안 되는 것들입니다. 그러니 성인이 어찌 이를 경시했겠습니까?

다만 나라를 다스리는 자가 이익으로 이로움을 삼으면 반드시 백성들을 착취하여 자신을 봉양하는 데 이르러 재물이 이치에 거슬러 지출되는 화가 따를 것입니다. 그러므로 해로운 점을 심각하게 말하여 경계를 한 것입니다. 근본을 숭상하고 재용을 절약하는[159] 데 이르면 나라에 떳떳한 정사가 있을 것입니다. 아랫사람을 후하게 하고 백성들을 풍족하는

---

157) 『서경』……두었으며: 『서경』「홍범」에 "三 八政 一曰食 二曰貨 三曰祀 四曰司空 五曰司徒 六曰司寇 七曰賓 八曰師"라 하였다.

158) 자공(子貢)이……두셨으니: 이는 『논어』「안연」 제7장에 보이는 "子貢問政 子曰 足食 足兵 民信之矣"라고 한 것을 가리킨다.

159) 근본을……절약하는: 대전본 소주에 숭본(崇本)은 '생지자중 위지자질'(生之者衆 爲之者疾)이라 하였고, 절용(節用)은 '식지자과 용지자서'(食之者寡 用之者舒)라 하였다.

것은 참으로 폐지한 적이 없습니다.

『대학장구』전 제10장 제19절의 주에 인용한 여씨(呂氏)의 설¹⁶⁰⁾은 그 본지를 얻었습니다. 유자(有子)¹⁶¹⁾가 '백성이 넉넉하면 임금은 누구와 더불어 부족하겠습니까?'¹⁶²⁾라고 한 말씀과 맹자가 '정사가 없으면 재용이 부족하다'¹⁶³⁾라고 한 말씀이 바로 이 뜻입니다. 그러나 맹자가 이른바 정사(政事)라고 한 것은 제 선왕(齊宣王)과 양 혜왕(梁惠王)에게 고한 것으로, 그들로 하여금 백성들의 산업을 제정하게 한 것이 그것이니, 어찌 백성들의 머릿수를 헤아려 세금을 거두며 백성들을 해쳐서 자신을 봉양하는 후세 군주들의 정사를 말하는 것이겠습니까?"

〈或問〉曰 "上文深陳財用之失民矣 此復言生財之道 何也" 曰 "此所謂有土而有財者也 夫洪範八政 食貨爲先 子貢問政 而夫子告之亦以足食爲首 蓋生民之道 不可一日而無者 聖人豈輕之哉 特以爲國者 以利爲利 則必至於剝民以自奉 而有悖出之禍 故深言其害以爲戒耳 至於崇本節用 有國之常政 所以厚下而足民者 則固未嘗廢也 呂氏之說 得其旨矣 有子曰 百姓足 君孰與不足 孟子曰 無政事則財用不足 正此意也 然孟子所謂政事 則所以告齊梁之君 使之制民之産者 是已 豈若後世頭會箕斂 厲民自養之云哉"

어떤 사람이 물었다. "제20절의 '인자(仁者)는 재물로써 자신을 드러내고, 불인자(不仁者)는 자신으로써 재물을 드러낸다'(仁者 以財發身

160) 여씨(呂氏)의 설: 여씨(呂氏)는 정자의 문인인 여대림(呂大臨)을 가리킨다.
161) 유자(有子): 공자의 제자 유약(有若)을 말한다.
162) 백성이……부족하겠습니까: 이 문구는 『논어』「안연」제9장에 보인다.
163) 정사가……부족하다: 이 문구는 『맹자』「진심 하」제12장에 보인다.

不仁者 以身發財)라고 한 것은 무슨 뜻입니까?" 나는 아래와 같이 답하였다.

"인자는 그 소유를 사사로이 하지 않기 때문에 재물이 분산되고 백성이 모여들어 자신은 존귀해지며, 불인자는 이익만을 도모하기 때문에 자신을 망치며 화를 불러와 재물을 숭상합니다. 그러나 이는 또한 재물에 나아가 그 효과로써 말한 것일 뿐이지, 인자는 진실로 재물로써 자신을 드러낸다는 의미가 있음을 말하는 것은 아닙니다."

〈或問〉曰 "仁者 以財發身 不仁者 以身發財 何也" 曰 "仁者 不私其有 故財散民聚而身尊 不仁者 惟利是圖 故損身賈禍以崇貨也 然亦卽財貨而以其效言之爾 非謂仁者眞有以財發身之意也"

어떤 사람이 물었다. "제21절의 '창고의 재물이 자기의 재물 아닌 경우는 아직까지 없었다'(未有府庫財 非其財者)라는 것은 무슨 뜻입니까?" 나는 아래와 같이 답하였다.

"윗사람이 인(仁)을 좋아하면 아랫사람은 의(義)를 좋아하게 되고, 아랫사람이 의를 좋아하면 정사에 끝맺음이 있게 됩니다. 정사에 끝맺음이 있으면 임금 된 사람은 편안하고 부유하고 존귀하고 영광되어 창고의 재물이 길이 보존될 수 있을 것입니다. 이것이 재물로써 자신을 드러내는 효과입니다.

윗사람이 인을 좋아하지 않으면 아랫사람들이 의를 좋아하지 않게 되며, 아랫사람이 의를 좋아하지 않으면 정사가 끝마쳐지지 않을 것입니다. 이런 경우는 장차 천하 사람들에게 죽임을 당하는 것도 겨를이 없을 것인데, 하물며 창고의 재물이 어찌 나의 재물이 될 수 있겠습니까? 예컨대 상(商)나라 주왕(紂王)은 스스로 불속에 뛰어들어 죽으면서도 거교(鉅橋)와 녹대(鹿臺)의 재물을 일으켰으며,[164] 당나라 덕종(德宗)은 출궁하여 도주하면서도 경림(瓊林)과 대영(大盈)에 재물을 쌓아두기를 풍족하게 하였으니,[165] 이 모두 자신으로써 재물을 드러낸 효과입니다."

〈或問〉曰 "未有府庫財 非其財者 何也" 曰 "上好仁 則下好義 矣 下好義 則事有終矣 事有終 則爲君者 安富尊榮 而府庫之財 可長保矣 此以財發身之效也 上不好仁 則下不好義 下不好義 則其事不終 是將爲天下僇之不暇 而況府庫之財 又豈得爲吾之 財乎 若商紂以自焚而起鉅橋鹿臺之財 德宗以出走而豊瓊林大 盈之積 皆以身發財之效也"

어떤 사람이 물었다. "제22절에 맹헌자(孟獻子)의 말을 인용한 것은 어째서입니까?" 나는 아래와 같이 답하였다.

"닭·돼지·소·양은 백성이 길러서 이익으로 삼는 것들입니다. 자신이 이미 임금의 녹을 먹으며 백성의 봉양을 받으면 다시 백성들과 그 이익을 다투는 것은 마땅하지 않습니다. 이는 공의자(公儀子)가 정원의 아욱을 모두 뽑아버리고 길쌈하는 부인을 내쫓은 일,[166] 동자(董子)가 '날카로운 이빨을 부여해준 생명체에게는 뿔을 주지 않고, 날개를 부여해준

---

164) 상(商)나라……일으켰으며: 이는 『사기』「은본기」(殷本紀)에 보이는 내용을 간추려 쓴 것이다. 거교와 녹대는 재물과 곡식을 쌓아둔 창고의 이름이다.

165) 당나라……하였으니: 이는 『당서』(唐書) 「육지열전」(陸贄列傳)에 보이는 내용을 간추려 쓴 것이다. 경림과 대영은 창고의 이름이다.

166) 공의자(公儀子)가……일: 이 내용은 『사기』 권119 「순리열전」(循吏列傳)에 보인다. 공의자(公儀子)는 노나라에서 박사를 지낸 공의휴(公儀休)를 가리킨다. 공의자는 노나라 재상이 되었을 때, 자기 집 채소밭의 아욱을 뽑아버리고, 집 안에서 베를 짜는 부인을 보고서 부인을 내쫓고 베틀을 불태우고서 "나라의 녹을 먹는 몸으로서 백성과 이익을 다툰다면 백성들이 어디에서 삶을 영위하겠는가?"라고 하였다 한다.

생명체에게는 발을 두 개만 주었다'는 비유가 있는 것을 인하여 대책(對策)을 올린 일[167] 등이니, 이 모두 혈구의 뜻입니다.

세금을 마구 거두어들이는 신하는 백성의 고혈을 벗겨 윗사람을 봉양하여 백성들이 그 재앙을 받으며, 도둑질하는 신하는 임금의 창고 속 재물을 훔쳐 스스로 사사로이 사용하여 화가 아랫사람에게 미칩니다. 인자의 마음은 지극한 충성으로 백성을 가엾게 여겨 차라리 자신의 재물을 잃을지언정 차마 백성의 힘을 상하게 하지 않습니다. 그러므로 '세금을 마구 거두어들이는 신하를 두기보다는 차라리 도둑질하는 신하를 두는 편이 더 낫다'고 한 것이니, 이 또한 혈구의 뜻입니다.

옛날 공자께서 장문중(臧文仲)의 첩이 부들자리를 짜서 팔자 곧장 그의 불인(不仁)을 지척하셨으며,[168] 또 염구(冉求)가 노나라 계씨(季氏)의 가신이 되어 세금을 마구 거두어들이자 공자께서 제자들에게 북을 쳐서 그의 죄를 성토하는 것이 옳다고 말씀하셨습니다.[169] 성인의 광대한 도량과 큰 포용력으로 사람들을 온화하고 선량하게 대하며 널리 사랑하면서도 이 두 사람을 질책하는 것은 통렬하고 심각하고 박절하여 조금도 관대하지 않았으니, 그 의도를 알 수 있습니다."

---

167) 동자(董子)가……일: 동자(董子)는 한나라 때 유학자 동중서(董仲舒)를 가리킨다. 이는 하늘이 모든 생명체에게 공평하게 삶을 부여했으니, 이익을 독차지해서는 안 된다는 점을 말한 것이다. 이 내용은 『전한서』(前漢書) 권56의 「동중서전」(董仲舒傳)에 보인다.

168) 공자께서……지척하셨으며: 이는 『춘추좌씨전』 문공(文公) 2년조에 보인다. 대전본 소주에 『논어』「공야장」에 보인다고 한 것은 「공야장」 제15장 주자의 주에 '장문중 불인자삼 부지자삼'(臧文仲 不仁者三 不知者三)이라고 한 것을 가리킨다. 장문중의 세 가지 불인한 것 가운데 하나가 그의 첩이 부들자리를 짜서 파는 데도 내치지 않은 것이다. 이는 즉 노나라 대부로서 백성들의 이익까지 집안에서 독차지하는 것을 불인한 것으로 여겨 비판한 것이다.

169) 염구(冉求)가……하셨습니다: 이 내용은 『논어』「선진」 제17장에 보인다.

〈或問〉曰 "其引孟獻子之言 何也" 曰 "雞豚牛羊 民之所畜養
以爲利者也 旣已食君之祿 而享民之奉矣 則不當復與之爭 此公
儀子所以拔園葵去織婦 而董子因有與之齒者去其角傅之翼者兩
其足之喩 皆絜矩之義也 聚斂之臣 剝民之膏血以奉上 而民被
其殃 盜臣 竊君之府庫以自私 而禍不及下 仁者之心 至誠惻怛
寧亡己之財 而不忍傷民之力 所以與其有聚斂之臣 寧有盜臣 亦
絜矩之義也 昔 孔子以臧文仲之妾織蒲 而直斥其不仁 以冉求
聚斂於季氏 而欲鳴鼓以聲其罪 以聖人之宏大兼容 溫良博愛 而
所以責二子者 疾痛深切 不少假借如此 其意 亦可見矣"

어떤 사람이 물었다. "'나라는 이익으로써 이로움을 삼지 않고 의리로
써 이로움을 삼는다'(國不以利爲利 以義爲利)라고 한 것은 무슨 뜻입니
까?" 나는 아래와 같이 답하였다.

"이익으로써 이로움을 삼으면 상하가 서로 이익을 다투어 남의 것을
빼앗지 않고서는 만족하지 않을 것입니다. 그러나 의리로써 이로움을 삼
으면 자기 어버이를 버리지 않고, 자기 임금을 뒷전에 두지 않을 것입니
다. 이는 대개 의리가 편안하면 저절로 어느 곳인들 이롭지 않음이 없기
때문입니다. 정자(程子)께서 '성인이 의리로써 이로움을 삼았으니, 의
리가 편안한 곳이 곧 이익이 생기는 곳이다'라고 하셨으니, 바로 이 점을
말한 것입니다. 맹자께서 의(義)와 이(利)를 분별하여 발본색원하려 한
의도[170]는 전수받은 것이 대개 여기에서 나온 것입니다."

---

170) 맹자께서……의도: 이는 『맹자』「양혜왕 상」 제1장에서 의(義)와 이(利)를 분
별하여 말한 것을 두고 한 말이다. 『맹자집주』「양혜왕 상」 제1장 주자의 주에
"程子曰……當是之時 天下之人 惟利是求 而不復知有仁義 故孟子言仁義而不言利
所以拔本塞源而救其弊 此聖賢之心也"라고 하였다.

〈或問〉曰 "國不以利爲利 以義爲利 何也" 曰 "以利爲利 則上下交征 不奪不饜 以義爲利 則不遺其親 不後其君 蓋惟義之安而自無所不利矣 程子曰 聖人 以義爲利 義之所安 卽利之所生 正謂此也 孟子分別義利 拔本塞源之意 其傳 蓋亦出於此云"

어떤 사람이 물었다. "이 제23절에서 '천재(天災)와 인재(人災)가 함께 이르러 비록 선한 사람이 있을지라도 어찌해볼 수 없을 것이다'(災害並至 雖有善者 亦無如之何矣)라고 한 것은 무슨 뜻입니까?" 나는 아래와 같이 답하였다.

"원망이 백성들의 마음에 이미 맺혔으니, 하루아침이나 하루저녁에 풀 수 있는 것이 아닙니다. 성현이 그 실상을 깊이 탐구하여 그 점을 극도로 말씀하시어, 사람들로 하여금 그런 일이 일어나기 전에 미리 살펴서 정사에 미치지 못한 후회를 하지 않게 하고자 하신 것이니, 이로써 방비를 삼아야 합니다. 역대의 임금들 중에는 상양(桑羊)[171] · 공근(孔僅)[172] · 우문융(宇文融)[173] · 양긍(楊矜)[174] · 진경(陳京)[175] · 배연령(裴延齡)[176] 등을 등용하여 나라의 재정을 맡겼다가 그 나라를 패망하게 한 일이 있었습니다.

---

171) 상양(桑羊): 전한 때 인물 상홍양(桑弘羊)을 말한다. 무제(武帝) 때 치속도위(治粟都尉)가 되어 염철(鹽鐵)을 관리하였으며, 소제(昭帝) 때 연왕(燕王)과 모반했다가 처형되었다.

172) 공근(孔僅): 전한 때 인물로 무제 때 대농령(大農令)을 지냈다.

173) 우문융(宇文融): 당 현종(唐玄宗) 때 어사중승(御使中丞) 등을 지냈는데, 속임수에 능한 인물이다.

174) 양긍(楊矜): 당 현종 때 인물 양신긍(楊愼矜)을 말한다. 어사중승을 지냈는데, 참위설을 주장하다가 사사되었다.

175) 진경(陳京): 당 덕종(唐德宗) 때 급사중(給事中)을 지냈다.

176) 배연령(裴延齡): 당 덕종 때 사농소경(司農少卿)을 지냈다.

그러므로 육선공(陸宣公)[177]의 말에 '백성은 나라의 근본이고, 재물은 백성의 마음입니다. 백성의 마음이 상하면 나라의 근본이 상하게 되고, 나라의 근본이 상하면 가지와 줄기가 시들게 되어 뿌리까지 뽑히게 됩니다'라고 하였으며, 여정헌공(呂正獻公)[178]의 말에 '소인이 세금을 마구 거두어들여 임금의 욕심을 채워주는데, 임금은 그것을 깨닫지 못하고 나라에 이로움이 있다고 생각할 뿐 그것이 끝내 해가 될 줄은 모르며, 그가 충성을 바친 것만 상주기를 생각할 뿐 그것이 크게 불충한 짓인 줄 알지 못하며, 그가 백성들의 원망을 감당한 것을 가상히 여길 뿐 그 원한이 임금에게 돌아올 줄 모릅니다'라고 하였습니다.

아! 이 두 공의 말씀은 이 장의 본지를 깊이 체득했다고 할 만합니다. 그러니 나라를 가진 자는 이를 거울로 삼지 않을 수 있겠습니까?"

〈或問〉曰 "此其言災害並至 無如之何 何也" 曰 "怨已結於民心 則非一朝一夕之可解矣 聖賢深探其實而極言之 欲人有以審於未然 而不爲無及於事之悔也 以此爲防 人猶有用桑羊孔僅宇文融楊矜陳京裴延齡之徒 以敗其國者 故陸宣公之言曰 民者 邦之本 財者 民之心 其心傷 則其本傷 其本傷 則枝幹凋瘁而根柢蹶拔矣 呂正獻公之言曰 小人聚斂以佐人主之欲 人主不悟 以爲有利於國而不知其終爲害也 賞其納忠而不知其大不忠也 嘉其任怨而不知其怨歸於上也 嗚呼 若二公之言 則可謂深得此章之指者矣 有國家者 可不監哉"

어떤 사람이 물었다. "이 전 제10장의 문장에 대해 정자(程子)는 개정

---

177) 육선공(陸宣公): 당 덕종 때 인물 육지(陸贄)를 말한다. 선(宣)은 그의 시호이다.
178) 여정헌공(呂正獻公): 북송 때 정치가 여공저(呂公著)를 말한다. 중서시랑 등을 지냈다.

한 것이 많은데, 그대는 유독 예전의 문장이 바르다고 여기는 것은 어째서입니까?" 나는 아래와 같이 답하였다.

"이 장의 의리는 광박하기 때문에 전문의 말이 상세한 것입니다. 그러나 그 실상은 호오(好惡)·의리(義利)의 양단에 불과할 따름입니다. 다만그 상세함을 극진히 하고자 했기 때문에 말한 것이 이미 충분한 데도 다시 단서를 바꾸어 그 의미를 넓힌 것입니다. 그러므로 이 두 가지 의리가서로 번갈아가며 사이사이 드러나고 층층이 나타나서 도치되어 잘못 진술한 듯한 점이 있습니다.

그러나 찬찬히 고찰해보면 그 단서는 접속되고 맥락은 관통되는데 정녕하고 반복해 말하여 사람들을 위해 심도 있고 절실하게 말한 뜻이 또한 언외에 절로 드러나니, 그 차서를 바꿀 수 없습니다. 반드시 호오·의리 두 가지 설을 양분하여 유별로 따르게 해서 처음부터 끝까지 두 절로 나누어 만들면 그 경계의 분변은 남음이 있을 듯하지만, 그 의미는 도리어 부족할 것입니다. 이 점은 살피지 않아서는 안 됩니다."

〈或問〉曰 "此章之文 程子多所更定 而子獨以舊文爲正者 何也"
曰 "此章之義博 故傳言之詳 然其實則不過好惡義利之兩端而已 但以欲致其詳 故所言已足 而復更端以廣其意 是以 二義相循 間見層出 有似於易置而錯陳耳 然徐而考之 則其端緖接續 脈絡貫通 而丁寧反復 爲人深切之意 又自別見於言外 不可易也 必欲二說中判 以類相從 自始至終 畫爲兩節 則其界辨雖若有餘 而意味或反不足 此不可不察也"

옮긴이의 말

　1980년대 참여문학·민중문학이 한 시대를 풍미하고 있을 때 한문학계에서는 조선 후기 실학파문학이나 여항문학에 주목하고 있었다. 나는 그런 시기에 경학을 하겠다고 불모지에 발을 들여놓았다. 처음에는 사서오경 중에서 문학과 가까운 『시경』을 연구해 한국시경학사를 정리해보겠다는 포부를 가졌다. 그래서 「성호 이익의 시경학」으로 박사학위를 받은 뒤, 여말선초의 양촌 권근에서 연구를 시작하여 퇴계 이황, 백호 윤휴 등 조선 중기 시경학까지 훑어 내려갔다.

　그러다가 1996년 『한국경학가사전』을 만들기 위해 한국학중앙연구원에 1년 동안 파견을 나가 있었는데, 그때 경학 관련 자료를 수집 정리하면서 생각이 크게 바뀌었다. 조선시대 사상사를 공부하기 위해서는 무엇보다도 학문의 근간이 된 사서학(四書學)을 연구하는 것이 중요함을 깨닫고 사서학으로 전공을 바꾸었다. 사서 가운데서도 주자학의 근원이 된 『대학』과 『중용』의 해석을 연구하는 것이 조선시대 사상사의 핵심을 파악하는 일이라고 생각해 그에 관한 연구를 시작했다. 그리하여 여러 편의 논문을 쓰다 보니 비로소 『대학』과 『중용』의 의미가 조금 보이는 듯했다.

그러나 이 두 책에 내가 평생 연구해도 다할 수 없을 만큼 많은 자료가 있다는 것을 알고서는 그 가운데 가장 핵심이 되거나 먼저 연구해야할 부분이 무엇인가를 생각하게 되었다. 그래서 주자의 『대학장구』를 개정한 것에 대한 논쟁을 중심으로 단행본을 집필하였고, 또 도설(圖說)이 많은 것에 주목하여 『조선시대 대학도설』과 『조선시대 중용도설』을 집필하였다.

그러는 과정에서 조선시대 500년 동안 그토록 중시된 주자의 『대학장구』와 『대학혹문』 그리고 『중용장구』와 『중용혹문』에 대해 제대로 된 번역본이 없다는 사실을 돌아보게 되었다. 그리하여 언젠가는 『대학』과 『중용』을 공부하는 사람들이 입문할 수 있는 번역서를 만들고, 또 경학 전공자가 아니더라도 『대학』과 『중용』을 제대로 읽어보고자 하는 독자들을 위해 번역서를 내야겠다고 마음먹었다.

조선시대 학문은 사서가 중심이었고, 그중에서도 『대학』과 『중용』이 근간이었다. 그것은 이 두 책이 주자학의 근원일 뿐만 아니라 사대부시대 지식인이 갖추어야 할 공부의 규모가 모두 들어 있기 때문이다. 특히 『대학』에는 격물·치지의 진리탐구, 심신을 수양하여 도덕성을 제고하는 성의·정심·수신의 자기 실천, 남들까지 새롭게 변화시키는 제가·치국·평천하의 사회적 실천 등의 논리가 모두 갖추어져 있다. 그래서 이 책은 덕으로 들어가는 문과 같다고 하였다. 지식과 도덕성 확립 그리고 그것의 사회적 확산을 위한 실천이 곧 지식인이 걸어가야 할 일생의 길이다.

퇴계 선생은 지식인이 덕으로 들어가는 문에 해당하는 이 『대학』에 대해 학문의 규모를 모두 갖추어놓은 큰 빌딩(大廈) 같다고 비유하였다. 진리탐구와 도덕성 제고 그리고 사회적 실천과 같은 이런 사업의 규모를 정해 놓고 그 공간에 내용물을 채우라는 말씀이다. 그런데 오늘날에는 『대학』을 제대로 이해하는 사람이 거의 없다.

『대학』은 논리구조를 가진 한 편의 글인데, 내 경험에 의하면 읽을수록 모르는 것이 많은 책이다. 그러니 삼강령과 팔조목을 나열하는 것으로는 『대학』을 온전히 안다고 할 수 없다. 조선시대 학자들이 팔조목에 대해 세부적으로 논한 내용을 보면 얼마나 심오한가를 알게 된다. 『대학』을 제대로 이해하기 위해서는 우선 주자의 『대학장구』를 기본교재로 하고, 『대학혹문』을 부교재로 삼아야 한다. 그리고 『주자어류』나 『주자대전』 등에 산재된 『대학』 관련 글을 참고해야 한다.

이 책은 동아시아에서 수백 년 동안 교재로 읽힌 주자의 『대학장구』와 『대학혹문』을 현대어로 번역하는 데 일차적인 목적을 두었다. 그리고 조선 500년 동안 학문의 근간을 이루었던 『대학』을 올바로 이해하는 데 도움을 주기 위해 『대학장구』 번역은 각 장 말미에 '해설'을 붙여놓았다. 이 책을 통해 공부하는 사람들이 입덕문(入德門)으로 곧장 나아갈 수 있기를 희망하며, 또한 주자의 『대학장구』와 『대학혹문』이 우리 시대에도 필독서로 자리 잡아 지(知)·행(行)을 겸비한 지식인이 배출되기를 희망한다.

2014년 3월 1일
경상대학교 남명학관 산해실(山海室)에서
최석기가 삼가 씀

찾아보기

지은이 주희

주희는 중국 남송시대의 유학자로, 자(字)는 원회(元晦)·중회(仲晦),
호는 회암(晦庵)·회옹(晦翁) 등이며, 흔히 주자(朱子)라는 존칭으로 불린다.
주희는 부친이 근무하던 중국 복건성(福建省) 우계현(尤溪縣)에서 출생했다.
19세에 진사가 된 후 오랫동안 관직에 있었지만, 실제로 나아가
정치를 한 것은 수년에 불과하다. 그는 연평(延平) 이통(李侗)에게 수학해
정자(程子)-양시(楊時)-나종언(羅從彦)-이통으로 전해진 학통을 계승하였으며,
북송시대 신유학을 연 주돈이(周敦頤)·장재(張載)·정호(程顥)·정이(程頤) 등의 사상을
적극적으로 계승 발전시켰다. 송대 신유학을 집대성해 우주론과 심성론 등
형이상학적 사상체계를 만들었으며, 한(漢)·당(唐)나라 때의
훈고학적 해석의 한계에서 벗어나 우주와 인간을 하나의 논리구도 속에서
이해하는 주자학을 완성하였다. 이후 주자의 철학은 20세기 초에 이르기까지
동아시아를 지배하는 주도 이념으로 자리 잡았다.
사후 문공(文公)이라는 시호를 받고 휘국공(徽國公)에 추봉되었다.
주희는 이전까지 전래된 오경 체제의 경학을 사서 체제로 개편하였다.
그는 사서를 해석하는 데 공력을 쏟았는데, 특히 『대학』과 『중용』의 해석에
일생의 정력을 바쳤다. 『대학』의 경우 편차를 개정하고 장구(章句)를 나누어
논리구조를 체계화하였으며, 『중용』은 33장으로 나누고 단락을 크게
구별하여 해석하였다. 또한 사서 가운데서도 학자가 공부해야 할 내용이
『대학』에 모두 갖추어져 있기 때문에 학문의 규모가 된다고 생각해
제일 먼저 읽어야 할 책으로 제시하였다. 이어 『논어』와 『맹자』를 읽고,
마지막으로 천인합일을 언급한 『중용』을 맨 뒤에 읽으라고 하였다.
이와 같이 주희가 정립한 사서 중심의 경서 체제는 후대 동아시아 사상계를
지배하는 이념으로 오랫동안 지속되면서 학문의 필독서가 되었다.

옮긴이 최석기

최석기(崔錫起)는 성균관대학교 한문교육과를 졸업하고 같은 대학교 대학원에서
문학박사 학위를 받았다. 또한 한국고전번역원 연수부 및 상임연구원 과정을 졸업하고
국역실에서 전문위원으로 일했다. 지금은 경상대학교 인문대학 한문학과 교수로 있다.
저서로 『조선시대 대학도설』 『조선시대 중용도설』 등이 있으며
논문으로 「성호 이익의 시경학(詩經學)」 등이 있다.

HANGIL GREAT BOOKS 131

대학

지은이 • 주희
옮긴이 • 최석기
펴낸이 • 김언호
펴낸곳 • (주)도서출판 한길사

등록 • 1976년 12월 24일 제74호
주소 • (413-120) 경기도 파주시 광인사길 37
www.hangilsa.co.kr
E-mail: hangilsa@hangilsa.co.kr
전화 • 031-955-2000~3
팩스 • 031-955-2005

부사장 · 박관순 | 총괄이사 · 김서영 | 관리이사 · 곽명호
영업이사 · 이경호 | 경영담당이사 · 김관영 | 기획위원 · 류재화
책임편집 · 김지희 김춘길 | 편집 · 백은숙 서상미 안민재 김지연 이지은 김광연 이주영
마케팅 · 윤민영 | 관리 · 이중환 문주상 김선희 원선아

CTP출력 · 알래스카 커뮤니케이션 | 인쇄 · 오색프린팅 | 제본 · 경일제책

제1판 제1쇄 2014년 10월 20일

값 23,000원
ISBN 978-89-356-6434-4 94150
ISBN 978-89-356-6427-6 (세트)

• 잘못 만들어진 책은 구입하신 서점에서 바꿔드립니다.

• 이 도서의 국립중앙도서관 출판시도서목록(CIP)은
e-CIP 홈페이지(http://www.nl.go.kr/ecip)에서 이용하실 수 있습니다.
(CIP제어번호: CIP2014028515)

한길그레이트북스 인류의 위대한 지적 유산을 집대성한다

● 한길그레이트북스는 계속 간행됩니다.